JN088057

2024年度版

FP技能検定2級 過去問題集

学科試験

近代セールス社

はじめに

「ファイナンシャル・プランニング技能検定（FP技能検定）」は、職業能力開発促進法に基づき、ファイナンシャル・プランニングの技能を国として証明する国家検定制度です。この技能検定の合格者に付与される「ファイナンシャル・プランニング技能士（FP技能士）」は国家資格であり、技能検定合格者しか名乗れない名称独占資格（永久資格）です。

FP技能検定は、厚生労働省から指定試験機関の指定を受けた特定非営利活動法人・日本ファイナンシャル・プランナーズ協会（日本FP協会）と一般社団法人・金融財政事情研究会（金財）が、年３回（５月、９月、１月）試験を実施しています（2020年５月試験は、新型コロナウイルス感染拡大により中止）。試験は、学科試験と実技試験の２種類で行われ、両方に合格する必要があります。

学科試験は日本FP協会・金財とも同一問題ですが、実技試験は業務別試験で、日本FP協会は「資産設計提案業務」、金財は「個人資産相談業務」「中小企業主資産相談業務」「生保顧客資産相談業務」「損保顧客資産相談業務」を実施しています（２級の場合）。

本書は、このうち「学科試験」の過去問題５回分を掲載しています。

「合格の決め手は『過去問』にあり！」

緊張感あふれる試験会場で決められた時間内に数多くの問題に挑み合格点に達するには、出題の傾向を知り解答の勘所を身に付け時間配分にも慣れることが肝要です。そのために、過去問を２、３度繰り返し解くという勉強法は、合格に達する必須の訓練です。

本書が、FP技能検定２級（学科試験）合格への近道を提供できれば幸いです。

株式会社 近代セールス社

目　次

学科試験の出題傾向……………………………………P4

２級試験の合格率……………………………………P8

	問題編	解答・解説編
2024年１月試験	P　9	P175
2023年９月試験	P　43	P209
2023年５月試験	P　75	P239
2023年１月試験	P107	P271
2022年９月試験	P141	P303

学科試験の出題傾向

	2021年			2022年			2023年			2024年	過去10回合計	分野別出題率
	1月	5月	9月	1月	5月	9月	1月	5月	9月	1月		
A ライフプランニングと資金計画											100	100%
1．ファイナンシャル・プランニングと倫理											0	0%
2．ファイナンシャル・プランニングと関連法規	1	1	1	2	1	1	1	1	1	1	11	11%
3．ライフプランニングの考え方・手法	1	1	2		1		1		1	1	8	8%
4．社会保険	2	2	2	2	2	2	3	3	2	1	21	21%
5．公的年金	3	2	2	1	2	2	2	1	2	2	19	19%
6．企業年金・個人年金等	1	1	1	1	2	2	1	1	1	1	12	12%
7．年金と税金						1		1	1	1	4	4%
8．ライフプラン策定上の資金計画	1	2	1	2	1	1	1	1	1	1	12	12%
9．中小法人の資金計画	1	1		1	1	1	1	1	1	1	9	9%
10．ローンとカード			1	1				1		1	4	4%
11．ライフプランニングと資金計画の最新の動向											0	0%
B リスク管理											100	100%
1．リスクマネジメント											0	0%
2．保険制度全般	1			1			1		1	1	5	5%
3．生命保険	4	4	5	4	4	6	4	5	5	4	45	45%
4．損害保険	4	4	3	3	4	2	3	3	2	3	31	31%
5．第三分野の保険	1	1	1	1	1	1	1	1	1	1	10	10%
6．リスク管理と保険		1	1	1	1	1	1	1	1	1	9	9%
7．リスク管理の最新の動向											0	0%
C 金融資産運用											100	100%
1．マーケット環境の理解	2	1	1		1	1		1	1	1	9	9%
2．預貯金・金融類似商品等	1	1	1	1	1		1			1	7	7%
3．投資信託	1	1	1	2	1	1	1	1	1	1	11	11%
4．債券投資	1	1	1	2	1	2	1	1	1	1	12	12%
5．株式投資	1	1	1	2	1	2	2	2	2	2	16	16%
6．外貨建商品	1		1		1		1	1	1		6	6%
7．保険商品											0	0%
8．金融派生商品		1	1		1	1			1	1	6	6%
9．ポートフォリオ運用	1	1	1	1	1	1	1	2	1	1	11	11%
10．金融商品と税金	1	1		1	1	1	1	1	1	1	9	9%
11．セーフティネット			1		1	1	1		1	1	6	6%
12．関連法規	1	1		1			1	1			5	5%
13．金融資産運用の最新の動向		1	1								2	2%
D タックスプランニング											100	100%
1．わが国の税制			1	1				1			3	3%
2．所得税の仕組み	1	1	1		2		1		1	1	8	8%
3．各種所得の内容	1		1	1		1	1	1	1	1	8	8%
4．損益通算	1	1	1	1	1	1	1	1	1	1	10	10%
5．所得控除	1	1	1	1	1	1	1	1	1	1	10	10%
6．税額控除	1	1	1	1	1	1	1	1			8	8%
7．所得税の申告と納付	1	1		1		1	1		1	1	7	7%
8．個人住民税					1						1	1%
9．個人事業税		1									1	1%
10．法人税	1	2	2	1	1	2	1	2	2	2	16	16%
11．法人住民税											0	0%
12．法人事業税											0	0%
13．消費税	1	1	1	1	1	1	1	1	1	1	10	10%
14．会社、役員間および会社間の税務	1	1		1	1	1	1	1	1	1	9	9%
15．決算書と法人税申告書	1		1	1	1	1	1	1	1	1	9	9%
16．諸外国の税制度											0	0%
17．タックスプランニングの最新の動向											0	0%

	2021年			2022年			2023年			2024年	過去10回合計	分野別出題率
	1月	5月	9月	1月	5月	9月	1月	5月	9月	1月		
E 不動産											100	100%
1．不動産の見方	2	1	1	2	2	2	2	1	2	1	16	16%
2．不動産の取引	2	2	3	2	2	2	3	3	3	2	24	24%
3．不動産に関する法令上の規制	3	3	3	2	2	3	2	2	2	3	25	25%
4．不動産の取得・保有に係る税金	1	1	1	1	1	1	1	1	1	1	10	10%
5．不動産の譲渡に係る税金	1	2	1	2	1	1	1	1	1	2	13	13%
6．不動産の賃貸			1					1			2	2 %
7．不動産の有効活用	1	1		1	1	1	1				6	6 %
8．不動産の証券化					1			1	1	1	4	4 %
9．不動産の最新の動向											0	0 %
F 相続・事業承継											100	100%
1．贈与と法律	1	1	1	1	2	1	1	1	1	1	11	11%
2．贈与と税金	2	1	1	2	2	1	2		2	2	15	15%
3．相続と法律	2	3	2	3	2	1	3	3	3	1	23	23%
4．相続と税金		1	2	1	1	1	2	2	2	2	14	14%
5．相続財産の評価 （不動産以外）	1		1	1	1	2		2		1	9	9 %
6．相続財産の評価 （不動産）	2	3	1	2	1	2	1	1	1	1	15	15%
7．不動産の相続対策	1		1				1				3	3 %
8．相続と保険の活用		1				0.5					1.5	1.5%
9．事業承継対策	1					0.5		1		1	3.5	3.5%
10．事業と経営			1		1	1			1	1	5	5 %
11．相続・事業承継に関する最新の動向											0	0 %
計	60	60	60	60	60	60	60	60	60	60	600	

ライフプランニングと資金計画

「ライフプランニングと資金計画」では、「ライフプランニングの考え方・手法」「社会保険」「公的年金」「ライフプラン策定上の資金計画」など幅広い分野からまんべんなく出題されています。なかでも中心となるのは社会保険・公的年金で、最近の改正事項についての出題率も高くなっています。

また、10問中少なくとも1問程度はＦＰの倫理、関連法規に関する問題が出題されます。

社会保険分野からは、公的年金の老齢給付・遺族給付、健康保険の給付内容、雇用保険・労災保険の概要など、幅広く出題されていますが、基本的な知識をしっかりと整理しておけば答えられる問題が出題されています。全体的には「老後の生活設計」に関連する出題が多い傾向にあります。

リスク管理

「リスク管理」では、生命保険分野と損害保険分野から出題されますが、出題比率は各回ごとに多少ばらつきがあります。また、１問の４つの選択肢の中に両分野が混在している問題も、わずかですがみられます。第三分野については独立して１問を構成していることもありますが、他の分野と混在している１問の中で選択肢の１つとなっていることもあります。

生命保険分野からの出題は３問から６問の間ですが、ベーシックな商品知識や税務・経理処理などを問う問題が多いといえます。ただし、法人の経理処理関連では難問も出題されています。損害保険分野からの出題は２～４問程度ですが、各種保険商品において保険金支払いの対象になるかどうかといったオーソドックスな出題や税務・経理処理に関連する出題が中心です。両分野とも、１～２問は「リスク管理と保険」として応用的な問題が出題されています。

金融資産運用

「金融資産運用」では、マーケット全般、株式、債券、投資信託を中心に、預貯金、外貨建て商品などほぼすべてのジャンルから出題されています。また、ポートフォリオ運用についての問題も定例化しており、期待収益率、標準偏差、相関係数などに関してポイントをおさえておく必要があります。

また、セーフティネットや金融商品取引法、金融サービス提供法、消費者契約法などについても出題されることがあります。ＦＰ業務に直接関係のある最新金融動向についても出題されることがあります。

タックスプランニング

「タックスプランニング」では、ライフプランニングで重要な所得税が出題の中心です。

学科試験では、所得税７割、住民税、消費税および法人税で３割の配分で出題されています。専門的な問題も出題されていますが、基本的な事項がわかれば正解は得られる程度の水準です。

所得税の一連の計算の流れ、給与所得、退職所得、譲渡所得、一時所得、雑所得（特に公的年金等）などの代表的所得の特徴と計算、損益通算の特徴、所得控除の代表的なもの（医療費控除、扶養控除、配偶者控除、配偶者特別控除など）はしっかり理解し、プラスアルファで居住用財産に関する特例（住宅ローン控除、買換えの特例など）を押さえておくとよいでしょう。また、法人税については「会計上の利益」と「税務上の所得」の違いや、役員関連がポイントとなります。会社法関連の出題もされています。

消費税については非課税となる代表的なものや届出、課税事業となる要件、簡易課税制度や申告納付の基本事項を理解することが大事です。

不動産

「不動産」の分野は、実務面で欠かすことのできない知識からの出題が特に目立ちます。不動産の運用設計を行うのに不可欠な知識である「不動産の権利関係の調査」「借地借家法」「建築基準法」「不動産に関する税金」が出題され、「不動産の有効活用」や「不動産投資の判断手法」も毎回のように出題されています。

相続・事業承継

「相続・事業承継」では、相続人、法定相続分や遺産分割などの民法における「相続と法律」、相続税の計算や延納・物納などの「相続と税金」からの出題が中心となります。また、宅地の評価を中心にした財産評価に関する問題や取引相場のない株式（自社株）の評価など事業承継に関する問題も出題されています。贈与については最近出題数が多くなる傾向で、２～３問程度、法律・税金両面から基本的な問題が出題されています。

相続時精算課税制度に関する問題もよく出題されていますので、正確な知識を身につけておく必要があります。

2級試験の合格率

実施時期	試験科目		受検申請者数	受検者数（A）	合格者数（B）	合格率（B／A）
2022年5月	学科	金財	47,971	36,863	8,152	22.11％
		日本FP協会	34,877	27,678	13,617	49.20％
	実技	個人資産相談業務	16,701	12,319	3,874	31.44％
		資産設計提案業務	30,454	23,237	14,432	62.11％
2022年9月	学科	金財	44,968	34,872	5,495	15.75％
		日本FP協会	31,989	26,265	11,074	42.16％
	実技	個人資産相談業務	15,634	11,716	4,867	41.54％
		資産設計提案業務	27,115	21,516	12,167	56.55％
2023年1月	学科	金財	47,555	36,713	10,676	29.07％
		日本FP協会	37,352	29,466	16,537	56.12％
	実技	個人資産相談業務	16,943	12,487	4,257	34.09％
		資産設計提案業務	31,645	23,944	14,283	59.53％
2023年5月	学科	金財	35,898	27,239	4,772	17.51％
		日本FP協会	30,511	24,727	12,072	48.82％
	実技	個人資産相談業務	13,187	9,827	3,908	39.76％
		資産設計提案業務	27,999	22,167	12,991	58.61％
2023年9月	学科	金財	36,884	28,094	6,393	22.75％
		日本FP協会	29,220	23,917	12,804	53.54％
	実技	個人資産相談業務	12,444	9,065	3,750	41.36％
		資産設計提案業務	26,198	20,892	10,867	52.02％
2024年1月	学科	金財	37,990	29,226	3,881	13.27％
		日本FP協会	33,648	26,563	10,360	39.00％
	実技	個人資産相談業務	13,675	10,036	3,725	37.11％
		資産設計提案業務	31,907	24,632	15,055	61.12％

＊最新の試験の結果は、金財・日本FP協会のHPで確認できます。

問題編

2024年１月試験

実 施 日 ◆ 2024年１月22日（日）
試験時間 ◆ 10：00～12：00(120分)

解答にあたっての注意

・試験問題については、特に指示のない限り、2023年10月１日現在施行の法令等に基づいて解答してください。なお、東日本大震災の被災者等に対する各種特例等については考慮しないものとします。
・次の各問について答えを１つ選び、その番号を解答用紙にマークしてください。

問題 1

ファイナンシャル・プランナー（以下「FP」という）の顧客に対する行為に関する次の記述のうち、関連法規に照らし、最も不適切なものはどれか。

1．社会保険労務士の登録を受けていないFPのAさんは、顧客の求めに応じ、老齢基礎年金や老齢厚生年金の受給要件や請求方法を無償で説明した。

2．税理士の登録を受けていないFPのBさんは、個人事業主である顧客からの依頼に基づき、当該顧客が提出すべき確定申告書を有償で代理作成した。

3．金融商品取引業の登録を受けていないFPのCさんは、顧客からiDeCo（確定拠出年金の個人型年金）について相談を受け、iDeCoの運用商品の一般的な特徴について無償で説明した。

4．司法書士の登録を受けていないFPのDさんは、顧客から将来判断能力が不十分になった場合の財産の管理を依頼され、有償で当該顧客の任意後見受任者となった。

問題 2

ライフプランニングにおける各種係数を用いた必要額の算出に関する次の記述の空欄（ア）、（イ）にあてはまる語句の組み合わせとして、最も適切なものはどれか。なお、算出に当たっては下記<資料>の係数を乗算で使用し、手数料や税金等については考慮しないものとする。

- Ａさんが60歳から65歳になるまでの５年間、年率２％で複利運用しながら、毎年200万円を受け取る場合、60歳時点の元金として（　ア　）が必要となる。
- Ｂさんが45歳から毎年一定額を積み立てながら年率２％で複利運用し、15年後の60歳時に1,000万円を準備する場合、毎年の積立金額は（　イ　）となる。

<資料>年率２％の各種係数

	５年	15年
終価係数	1.1041	1.3459
現価係数	0.9057	0.7430
減債基金係数	0.1922	0.0578
資本回収係数	0.2122	0.0778
年金終価係数	5.2040	17.2934
年金現価係数	4.7135	12.8493

1．（ア）9,057,000円　（イ）578,000円
2．（ア）9,057,000円　（イ）778,000円
3．（ア）9,427,000円　（イ）578,000円
4．（ア）9,427,000円　（イ）778,000円

問題 3

全国健康保険協会管掌健康保険（協会けんぽ）に関する次の記述のうち、最も適切なものはどれか。

1．一般保険料率は全国一律であるのに対し、介護保険料率は都道府県によって異なる。

2．被保険者の配偶者の父母が被扶養者と認定されるためには、主としてその被保険者により生計を維持され、かつ、その被保険者と同一の世帯に属していなければならない。

3．退職により被保険者資格を喪失した者は、所定の要件を満たせば、最長で３年間、任意継続被保険者となることができる。

4．退職により被保険者資格を喪失した者が任意継続被保険者となるためには、資格喪失日の前日まで継続して１年以上の被保険者期間がなければならない。

問題 4

在職老齢年金に関する次の記述のうち、最も適切なものはどれか。

1．在職老齢年金の仕組みにおいて、支給停止調整額は、受給権者が65歳未満の場合と65歳以上の場合とでは異なっている。

2．在職老齢年金の仕組みにより老齢厚生年金の全部が支給停止される場合、老齢基礎年金の支給も停止される。

3．65歳以上70歳未満の厚生年金保険の被保険者が受給している老齢厚生年金の年金額は、毎年９月１日を基準日として再計算され、その翌月から改定される。

4．厚生年金保険の被保険者が、70歳で被保険者資格を喪失した後も引き続き厚生年金保険の適用事業所に在職する場合、総報酬月額相当額および基本月額の合計額にかかわらず、在職老齢年金の仕組みにより老齢厚生年金が支給停止となることはない。

問題 5

公的年金制度の障害給付および遺族給付に関する次の記述のうち、最も不適切なものはどれか。

1. 障害等級１級または２級に該当する程度の障害の状態にある障害厚生年金の受給権者が、所定の要件を満たす配偶者を有する場合、その受給権者に支給される障害厚生年金には加給年金額が加算される。
2. 障害厚生年金の額を計算する際に、その計算の基礎となる被保険者期間の月数が300月に満たない場合、300月として計算する。
3. 遺族基礎年金を受給することができる遺族は、国民年金の被保険者等の死亡の当時、その者によって生計を維持され、かつ、所定の要件を満たす「子のある配偶者」または「子」である。
4. 遺族厚生年金の受給権者が、65歳到達日に老齢厚生年金の受給権を取得した場合、65歳以降、その者の選択によりいずれか一方の年金が支給され、他方の年金は支給停止となる。

問題 6

確定拠出年金に関する次の記述のうち、最も不適切なものはどれか。

1. 企業型年金において、加入者が掛金を拠出することができることを規約で定める場合、加入者掛金の額は、その加入者に係る事業主掛金の額を超える額とすることができない。
2. 企業型年金や確定給付企業年金等を実施していない一定規模以下の中小企業の事業主は、労使の合意かつ従業員の同意を基に、従業員が加入している個人型年金の加入者掛金に事業主掛金を上乗せして納付することができる。
3. 個人型年金に加入できるのは、国内に居住する国民年金の被保険者に限られる。
4. 個人型年金の加入者が60歳から老齢給付金を受給するためには、通算加入者等期間が10年以上なければならない。

問題 7

公的年金等に係る税金に関する次の記述のうち、最も不適切なものはどれか。

1．遺族基礎年金および遺族厚生年金は、所得税の課税対象とならない。
2．確定拠出年金の老齢給付金は、年金として受給する場合、雑所得として所得税の課税対象となる。
3．老齢基礎年金および老齢厚生年金の受給者が死亡した場合、その者に支給されるべき年金給付のうち、まだ支給されていなかったもの（未支給年金）は、当該年金を受け取った遺族の一時所得として所得税の課税対象となる。
4．老齢基礎年金を受給権発生日から数年後に請求し、遡及してまとめて年金が支払われた場合、所得税額の計算上、その全額が、支払われた年分において収入すべき金額となる。

問題 8

Ａ銀行の住宅ローン（変動金利型）を返済中であるＢさんの、別の金融機関の住宅ローンへの借換えに関する次の記述のうち、最も不適切なものはどれか。

1．「フラット35」や「フラット50」などの住宅金融支援機構と民間金融機関が提携して提供する住宅ローンは、すべての商品が住宅取得時における利用に限定されているため、住宅ローンの借換先として選択することができない。
2．全期間固定金利型の住宅ローンに借り換えた場合、借換後の返済期間における市中金利の上昇によって返済負担が増加することはない。
3．住宅ローンの借換えに際して、Ａ銀行の抵当権を抹消し、借換先の金融機関の抵当権を新たに設定する場合、登録免許税等の諸費用が必要となる。
4．Ａ銀行の住宅ローンの借入時と比較してＢさんの収入が減少し、年収に占める住宅ローンの返済額の割合が上昇している場合、住宅ローンの借換えができない場合がある。

問題 9

下記＜Ａ社の貸借対照表＞に関する次の記述のうち、最も不適切なものはどれか。なお、Ａ社の売上高は年間7.5億円であるものとする。

＜Ａ社の貸借対照表＞（単位：百万円）

科目	金額	科目	金額
（資産の部）		（負債の部）	
流動資産		流動負債	
現金及び預金	200	買掛金	30
売掛金	20	短期借入金	170
商品	20	流動負債合計	200
流動資産合計	240	固定負債	
		固定負債合計	220
固定資産		負債合計	420
固定資産合計	360	（純資産の部）	
		株主資本	
		資本金	100
		利益剰余金	80
		純資産合計	180
資産合計	600	負債・純資産合計	600

1．Ａ社の自己資本比率は、30％である。
2．Ａ社の流動比率は、120％である。
3．Ａ社の総資本回転率は、0.8回である。
4．Ａ社の固定比率は、200％である。

問題 10

クレジットカード会社（貸金業者）が発行するクレジットカードの一般的な利用に関する次の記述のうち、最も不適切なものはどれか。

1．クレジットカードで商品を購入（ショッピング）した場合の返済方法の一つである定額リボルビング払い方式は、カード利用時に代金の支払回数を決め、利用代金をその回数で分割して支払う方法である。

2．クレジットカードで無担保借入（キャッシング）をする行為は、貸金業法上、総量規制の対象となる。

3．クレジットカード会員規約では、クレジットカードは他人へ貸与することが禁止されており、クレジットカード会員が生計を維持している親族に対しても貸与することはできない。

4．クレジットカード会員の信用情報は、クレジットカード会社が加盟する指定信用情報機関により管理されており、会員は自己の信用情報について所定の手続きにより開示請求をすることができる。

問題 11

保険法に関する次の記述のうち、最も不適切なものはどれか。

1．保険金受取人の変更は、遺言によってもすることができる。

2．死亡保険契約の保険契約者または保険金受取人が、死亡保険金を受け取ることを目的として被保険者を故意に死亡させ、または死亡させようとした場合、保険会社は当該保険契約を解除することができる。

3．死亡保険契約において、保険契約者と被保険者が離婚し、被保険者が当該保険契約に係る同意をするに当たって基礎とした事情が著しく変更した場合、被保険者は保険契約者に対して当該保険契約を解除することを請求することができる。

4．生命保険契約の締結に際し、保険契約者または被保険者になる者は、保険会社から告知を求められた事項以外の保険事故の発生の可能性に関する重要な事項について、自発的に判断して事実の告知をしなければならない。

問題 12

生命保険の一般的な商品性に関する次の記述のうち、最も不適切なものはどれか。なお、特約については考慮しないものとする。

1．外貨建て終身保険では、死亡保険金を円貨で受け取る場合、受け取る金額は為替相場によって変動する。
2．変額保険（終身型）では、資産の運用実績に応じて死亡保険金額が変動するが、契約時に定めた保険金額（基本保険金額）は保証される。
3．こども保険（学資保険）では、契約者（＝保険料負担者）が死亡した場合であっても、保険契約は継続し、被保険者である子の成長に合わせて祝金（学資金）等を受け取ることができる。
4．低解約返戻金型終身保険では、他の契約条件が同一であれば、低解約返戻金型ではない終身保険と比較して、保険料払込期間満了後も解約返戻金額が低く設定されている。

問題 13

総合福祉団体定期保険および団体定期保険（Ｂグループ保険）の一般的な商品性に関する次の記述のうち、最も不適切なものはどれか。

1．総合福祉団体定期保険は、企業（団体）が保険料を負担し、従業員等を被保険者とする１年更新の定期保険である。
2．総合福祉団体定期保険のヒューマン・ヴァリュー特約では、被保険者である従業員等が不慮の事故によって身体に障害を受けた場合や傷害の治療を目的として入院した場合に、所定の保険金が従業員等に支払われる。
3．団体定期保険（Ｂグループ保険）は、従業員等が任意に加入する１年更新の定期保険であり、毎年、保険金額を所定の範囲内で見直すことができる。
4．団体定期保険（Ｂグループ保険）の加入に際して、医師の診査は不要である。

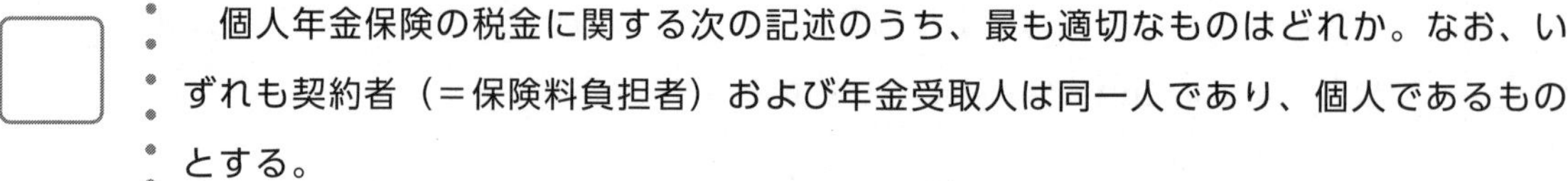

問題 14

個人年金保険の税金に関する次の記述のうち、最も適切なものはどれか。なお、いずれも契約者（＝保険料負担者）および年金受取人は同一人であり、個人であるものとする。

1．個人年金保険の年金に係る雑所得の金額は、その年金額から、その年金額に対応する払込保険料および公的年金等控除額を差し引いて算出する。
2．個人年金保険の年金に係る雑所得の金額が25万円以上である場合、その年金の支払時に当該金額の20.315％相当額が源泉徴収等される。
3．個人年金保険（10年確定年金）において、年金受取人が年金受取開始日後に将来の年金給付の総額に代えて受け取った一時金は、一時所得として所得税の課税対象となる。
4．個人年金保険（保証期間付終身年金）において、保証期間中に年金受取人が死亡して遺族が取得した残りの保証期間の年金受給権は、雑所得として所得税の課税対象となる。

問題 15

契約者（＝保険料負担者）を法人とする生命保険に係る保険料等の経理処理に関する次の記述のうち、最も不適切なものはどれか。なお、いずれの保険契約も保険料は年払いかつ全期払いで、2023年10月に締結したものとする。

1．被保険者が役員、死亡保険金受取人が法人である終身保険の支払保険料は、その全額を資産に計上する。
2．被保険者が役員・従業員全員、死亡保険金受取人が被保険者の遺族、満期保険金受取人が法人である養老保険の支払保険料は、その全額を損金の額に算入することができる。
3．被保険者が役員・従業員全員、給付金受取人が法人である医療保険について、法人が受け取った入院給付金および手術給付金は、その全額を益金の額に算入する。
4．被保険者が役員、死亡保険金受取人が法人で、最高解約返戻率が80％である定期保険（保険期間30年）の支払保険料は、保険期間の前半４割相当期間においては、その60％相当額を資産に計上し、残額を損金の額に算入することができる。

問題 16

任意加入の自動車保険の一般的な商品性に関する次の記述のうち、最も不適切なものはどれか。なお、記載のない事項については考慮しないものとする。

1．自動車保険のノンフリート等級別料率制度では、人身傷害保険の保険金が支払われる場合、３等級ダウン事故となる。

2．記名被保険者が被保険自動車を運転中に、ハンドル操作を誤って散歩をしていた同居の父に接触してケガをさせた場合、対人賠償保険の補償の対象とならない。

3．台風による高潮で被保険自動車に損害が生じた場合、一般条件の車両保険の補償の対象となる。

4．記名被保険者が被保険自動車を運転中に対人事故を起こし、法律上の損害賠償責任を負担する場合、自動車損害賠償責任保険等により補償される部分を除いた額が、対人賠償保険の補償の対象となる。

問題 17

傷害保険の一般的な商品性に関する次の記述のうち、最も不適切なものはどれか。なお、特約については考慮しないものとする。

1．普通傷害保険では、海外旅行中に転倒したことによるケガは補償の対象とならない。

2．家族傷害保険では、保険期間中に誕生した契約者（＝被保険者本人）の子は被保険者となる。

3．海外旅行傷害保険では、海外旅行中に罹患したウイルス性食中毒は補償の対象となる。

4．国内旅行傷害保険では、国内旅行中に発生した地震および地震を原因とする津波によるケガは補償の対象とならない。

問題 18

契約者（＝保険料負担者）を法人、被保険者を従業員とする損害保険に係る保険金の経理処理に関する次の記述のうち、最も適切なものはどれか。

1．業務中の事故によるケガが原因で入院をした従業員が、普通傷害保険の入院保険金を保険会社から直接受け取った場合、法人は当該保険金相当額を益金の額に算入する。

2．業務中の事故で従業員が死亡したことにより、法人が普通傷害保険の死亡保険金を受け取った場合、法人は当該保険金相当額を益金の額に算入する。

3．従業員が法人の所有する自動車で対人事故を起こし、その相手方に保険会社から自動車保険の対人賠償保険の保険金が直接支払われた場合、法人は当該保険金相当額を益金の額に算入する。

4．従業員が法人の所有する自動車で交通事故を起こし、法人が、当該車両が全損したことにより受け取った自動車保険の車両保険の保険金で業務用機械設備を取得した場合、圧縮記帳が認められる。

問題 19

第三分野の保険の一般的な商品性に関する次の記述のうち、最も適切なものはどれか。なお、記載のない特約については考慮しないものとする。

1．所得補償保険では、勤務先企業の倒産によって失業した場合、保険金は支払われない。

2．更新型の医療保険では、保険期間中に入院給付金を受け取った場合、保険契約を更新することができない。

3．先進医療特約では、契約時点において先進医療に該当していた治療であれば、療養を受けた時点において先進医療に該当しない場合であっても、保険金の支払対象となる。

4．がん保険では、通常、180日間または６ヵ月間の免責期間が設けられている。

問題 20

損害保険を活用した事業活動のリスク管理に関する次の記述のうち、最も不適切なものはどれか。

1．生活用品を製造する事業者が、製造した製品の欠陥が原因で顧客がケガをして、法律上の損害賠償責任を負担する場合に備えて、生産物賠償責任保険（PL保険）を契約した。
2．建設業を営む事業者が、建設中の建物が火災により損害を被る場合に備えて、建設工事保険を契約した。
3．清掃業務を請け負っている事業者が、清掃業務中の事故により従業員がケガをして、法律上の損害賠償責任を負担する場合に備えて、請負業者賠償責任保険を契約した。
4．ボウリング場を運営する事業者が、設備の管理不備に起因する事故により顧客がケガをして、法律上の損害賠償責任を負担する場合に備えて、施設所有（管理）者賠償責任保険を契約した。

問題 21

銀行等の金融機関で取り扱う預貯金の一般的な商品性に関する次の記述のうち、最も不適切なものはどれか。

1．決済用預金は、「無利息」「要求払い」「決済サービスを提供できること」という３つの条件を満たした預金である。
2．当座預金は、株式の配当金の自動受取口座として利用することができる。
3．スーパー定期預金は、預入期間が３年以上の場合、単利型と半年複利型があるが、半年複利型を利用することができるのは法人に限られる。
4．大口定期預金は、最低預入金額が1,000万円に設定された固定金利型の定期預金である。

問題 22

公募株式投資信託の費用に関する次の記述のうち、最も不適切なものはどれか。

1．購入時手数料がかからない投資信託は、一般に、ノーロード型（ノーロードファンド）と呼ばれる。
2．運用管理費用（信託報酬）は投資信託の銘柄ごとに定められており、一般に、インデックス型投資信託よりもアクティブ型投資信託の方が高い傾向がある。
3．会計監査に必要な費用（監査報酬）や組入有価証券に係る売買委託手数料は、信託財産から支出されるため、受益者（投資家）の負担となる。
4．信託財産留保額は、長期に投資信託を保有する投資家との公平性を確保するための費用であり、すべての投資信託に設定されている。

問題 23

固定利付債券の利回り（単利・年率）に関する次の記述の空欄（ア）、（イ）にあてはまる語句の組み合わせとして、最も適切なものはどれか。なお、手数料、経過利子、税金等については考慮しないものとし、計算結果は表示単位の小数点以下第３位を四捨五入するものとする。

表面利率が0.90％、償還までの残存期間が10年の固定利付債券を、額面100円当たり103円で購入した投資家が、購入から４年後に額面100円当たり102円で売却した場合の所有期間利回りは（　ア　）であり、償還期限まで10年保有した場合の最終利回りよりも（　イ　）。

1．（ア）0.63％　　（イ）高い
2．（ア）0.63％　　（イ）低い
3．（ア）0.58％　　（イ）高い
4．（ア）0.58％　　（イ）低い

問題 24

東京証券取引所の市場区分等に関する次の記述のうち、最も適切なものはどれか。

1．プライム市場の上場維持基準では、新規上場から一定期間経過後の株主数および流通株式数について、新規上場基準よりも高い数値基準が設定されている。
2．プライム市場の新規上場基準では、上場申請会社の直近事業年度におけるROEの数値基準について、８％以上と定められている。
3．スタンダード市場の上場会社がプライム市場へ市場区分の変更を申請することはできるが、プライム市場の上場会社がスタンダード市場へ市場区分の変更を申請することはできない。
4．JPX日経インデックス400は、プライム市場、スタンダード市場、グロース市場を主市場とする普通株式の中から、ROEや営業利益等の指標等により選定された400銘柄を対象として算出される。

問題 25

下記＜Ｘ社のデータ＞に基づき算出される投資指標に関する次の記述のうち、最も不適切なものはどれか。

＜Ｘ社のデータ＞

株価	4,500円
発行済株式数	0.8億株
売上高	2,500億円
営業利益	180億円
当期純利益	120億円
自己資本（＝純資産）	2,000億円
配当金総額	36億円

1．ROEは、６％である。
2．PERは、20倍である。
3．PBRは、1.8倍である。
4．配当利回りは、１％である。

問題 26

オプション取引の一般的な特徴に関する次の記述のうち、最も不適切なものはどれか。

1．オプション取引において、コール・オプションは「権利行使価格で買う権利」であり、プット・オプションは「権利行使価格で売る権利」である。
2．オプション取引のうち、満期日だけに権利行使ができるものはヨーロピアンタイプと呼ばれ、満期日までの権利行使期間中であればいつでも権利行使ができるものはアメリカンタイプと呼ばれる。
3．コール・オプションおよびプット・オプションは、他の条件が同一であれば、いずれも満期までの期間が長いほど、プレミアム（オプション料）が高くなる。
4．プット・オプションの売り手の最大利益は無限定であるが、コール・オプションの売り手の最大利益はプレミアム（オプション料）に限定される。

問題 27

ポートフォリオ理論に関する次の記述のうち、最も不適切なものはどれか。

1．システマティック・リスクは、市場全体の変動の影響を受けるリスクであり、分散投資によっても消去しきれないリスクとされている。
2．ポートフォリオのリスクは、組み入れた各資産のリスクを組入比率で加重平均した値以下となる。
3．異なる2資産からなるポートフォリオにおいて、2資産間の相関係数が－1である場合、ポートフォリオを組成することによる分散投資の効果（リスクの低減）は得られない。
4．同一期間における収益率が同じ2つのファンドをシャープ・レシオで比較する場合、収益率の標準偏差の値が小さいファンドの方が、収益率の標準偏差の値が大きいファンドよりも当該期間において効率的に運用されていたと評価することができる。

問題 28

上場株式等の譲渡および配当等（一定の大口株主等が受けるものを除く）に係る税金に関する次の記述のうち、最も不適切なものはどれか。なお、本問においては、NISA（少額投資非課税制度）により投資収益が非課税となる口座をNISA口座という。

1．上場株式の配当に係る配当所得の金額について、総合課税を選択して所得税の確定申告をした場合、特定口座内で生じた上場株式等に係る譲渡損失の金額と損益通算することができる。

2．NISA口座で保有する上場株式の配当金を非課税扱いにするためには、配当金の受取方法として株式数比例配分方式を選択しなければならない。

3．上場株式等に係る配当所得等の金額と損益通算してもなお控除しきれない上場株式等に係る譲渡損失の金額は、所得税の確定申告をすることにより、翌年以後３年間にわたって繰り越すことができる。

4．NISA口座で取得した上場株式等を売却したことにより生じた損失の金額については、特定口座内で保有する上場株式等の配当等に係る配当所得の金額と損益通算することができない。

問題 29

わが国における個人による金融商品取引に係るセーフティネットに関する次の記述のうち、最も不適切なものはどれか。

1．日本国内に本店のある銀行の海外支店や外国銀行の在日支店に預け入れた預金は、その預金の種類にかかわらず、預金保険制度の保護の対象とならない。

2．日本国内に本店のある銀行の国内支店に預け入れた外貨預金は、その金額の多寡にかかわらず、預金保険制度による保護の対象とならない。

3．日本国内の証券会社が破綻し、分別管理が適切に行われていなかったために、一般顧客の資産の一部または全部が返還されない事態が生じた場合、日本投資者保護基金により、補償対象債権に係る顧客資産について一般顧客１人当たり1,000万円を上限として補償される。

4．日本国内の証券会社が保護預かりしている一般顧客の外国株式は、日本投資者保護基金による補償の対象とならない。

問題 30

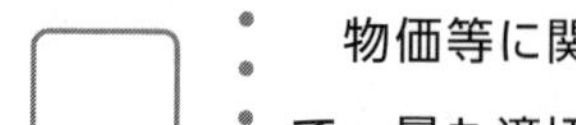

物価等に関する次の記述の空欄（ア）～（ウ）に当てはまる語句の組み合わせとして、最も適切なものはどれか。

> ・財やサービスの価格（物価）が継続的に上昇する状態をインフレーション（インフレ）という。インフレには、その発生原因に着目した分類として、好景気等を背景とした需要の増大が原因となる（　ア　）型や、賃金や材料費の上昇等が原因となる（　イ　）型などがある。
>
> ・消費者物価指数（CPI）と（　ウ　）は、いずれも物価変動に係る代表的な指標であるが、消費者物価指数（CPI）がその対象に輸入品の価格を含む一方、（　ウ　）は、国内生産品の価格のみを対象とする点などで違いがある。なお、（　ウ　）は、国内要因による物価動向を反映することから、ホームメイド・インフレを示す指標と呼ばれる。

1．（ア）コストプッシュ　（イ）ディマンドプル　（ウ）企業物価指数
2．（ア）ディマンドプル　（イ）コストプッシュ　（ウ）GDPデフレーター
3．（ア）コストプッシュ　（イ）ディマンドプル　（ウ）GDPデフレーター
4．（ア）ディマンドプル　（イ）コストプッシュ　（ウ）企業物価指数

問題 31

所得税の基本的な仕組みに関する次の記述のうち、最も適切なものはどれか。

1．所得税では、納税者が申告した所得金額に基づき、納付すべき税額を税務署長が決定する賦課課税方式が採用されている。
2．所得税の課税対象は国内において生じた所得のみであり、国外において生じた所得が課税対象となることはない。
3．所得税における居住者とは、国内に住所を有し、または現在まで引き続いて1年以上居所を有する個人をいう。
4．所得税額の計算において課税総所得金額に乗じる税率には、課税総所得金額が大きくなるにつれて段階的に税率が高くなる超過累進税率が採用されており、その最高税率は30％である。

問題 32

所得税における各種所得に関する次の記述のうち、最も適切なものはどれか。

1．不動産の貸付けをしたことに伴い敷金の名目により収受した金銭の額のうち、その全部または一部について、返還を要しないことが確定した金額は、その確定した日の属する年分の不動産所得の金額の計算上、総収入金額に算入する。
2．老齢基礎年金の受給者の公的年金等に係る雑所得以外の所得に係る合計所得金額が1,000万円を超える場合、雑所得の金額の計算上、老齢基礎年金に係る収入金額から公的年金等控除額は控除されない。
3．退職一時金を受け取った退職者が、「退職所得の受給に関する申告書」を提出している場合、所得税および復興特別所得税として、退職一時金の支給額の20.42％が源泉徴収される。
4．為替予約を締結していない外貨定期預金を満期時に円貨で払い戻した結果生じた為替差益は、一時所得として総合課税の対象となる。

問題 33

所得税の損益通算に関する次の記述のうち、最も適切なものはどれか。

1．先物取引に係る雑所得の金額の計算上生じた損失の金額は、不動産所得の金額と損益通算することができる。
2．業務用車両を譲渡したことによる譲渡所得の金額の計算上生じた損失の金額は、事業所得の金額と損益通算することができる。
3．不動産所得の金額の計算上生じた損失の金額のうち、不動産所得を生ずべき土地の取得に要した負債の利子の額に相当する部分の金額は、事業所得の金額と損益通算することができる。
4．生命保険の解約返戻金を受け取ったことによる一時所得の金額の計算上生じた損失の金額は、不動産所得の金額と損益通算することができる。

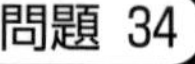

所得税における寡婦控除に関する次の記述のうち、最も不適切なものはどれか。なお、記載されたもの以外の要件はすべて満たしているものとする。

1．夫と死別した後に婚姻をしていない納税者は、扶養親族を有していない場合であっても、寡婦控除の適用を受けることができる。

2．夫と離婚した後に婚姻をしていない納税者は、納税者と事実上婚姻関係と同様の事情にあると認められる一定の者がいる場合であっても、寡婦控除の適用を受けることができる。

3．納税者の合計所得金額が500万円を超えている場合、寡婦控除の適用を受けることはできない。

4．寡婦控除とひとり親控除は、重複して適用を受けることができない。

問題 35

次のうち、青色申告者のみが適用を受けることができる所得税の青色申告の特典として、最も不適切なものはどれか。

1．棚卸資産の評価における低価法の選択

2．純損失の繰戻還付

3．雑損失の繰越控除

4．中小事業者の少額減価償却資産の取得価額の必要経費算入

問題 36

法人税の仕組みに関する次の記述のうち、最も適切なものはどれか。

1．法人は、法人税の納税地に異動があった場合、原則として、異動前および異動後の納税地の所轄税務署長にその旨を届け出なければならない。
2．新設法人が設立事業年度から青色申告の適用を受けようとする場合は、設立の日から1ヵ月以内に、「青色申告の承認申請書」を納税地の所轄税務署長に提出し、その承認を受けなければならない。
3．期末資本金の額等が1億円以下の一定の中小法人に対する法人税の税率は、所得金額のうち年800万円以下の部分について軽減税率が適用される。
4．青色申告法人は、仕訳帳・総勘定元帳等の帳簿を備えて取引に関する事項を記録するとともに、当該帳簿を、その事業年度の確定申告書の提出期限の翌日から事業の廃止日後7年を経過するまで保存しなければならない。

問題 37

法人税の益金に関する次の記述のうち、最も不適切なものはどれか。なお、法人は内国法人（普通法人）であるものとする。

1．法人が法人税の還付を受けた場合、その還付された金額は、原則として、還付加算金を除き、益金の額に算入する。
2．法人が個人から債務の免除を受けた場合、その免除された債務の金額は、原則として、益金の額に算入する。
3．法人が個人から無償で土地の譲渡を受けた場合、その土地の時価に相当する金額は、原則として、益金の額に算入する。
4．法人が支払いを受けた完全支配関係のある他の法人の株式等（完全子法人株式等）に係る配当等の額は、所定の手続により、その全額が益金不算入となる。

問題 38

消費税に関する次の記述のうち、最も不適切なものはどれか。

1．消費税の課税事業者が行う居住の用に供する家屋の貸付けは、その貸付期間が１ヵ月以上であれば、消費税の課税取引に該当する。
2．簡易課税制度の適用を受けることができるのは、消費税の課税期間に係る基準期間における課税売上高が5,000万円以下の事業者である。
3．消費税の課税事業者が行う金融商品取引法に規定する有価証券の譲渡は、消費税の非課税取引に該当する。
4．消費税の課税事業者である法人は、原則として、消費税の確定申告書を各課税期間の末日の翌日から２ヵ月以内に、納税地の所轄税務署長に提出しなければならない。

問題 39

会社と役員間の取引に係る所得税・法人税に関する次の記述のうち、最も不適切なものはどれか。

1．会社が役員に対して無利息で金銭の貸付けを行った場合、原則として、通常収受すべき利息に相当する金額が、会社の益金の額に算入される。
2．役員が会社の所有する社宅に無償で居住している場合、原則として、通常の賃貸料相当額が、その役員の給与所得の収入金額に算入される。
3．会社が役員に対して支給する当該会社の株式上場に係る記念品（現物に代えて支給する金銭は含まない）であって、社会通念上記念品としてふさわしく、かつ、その価額が１万円以下のものは、役員の給与所得の収入金額に算入しない。
4．役員が所有する建物を適正な時価の２分の１以上かつ適正な時価未満の価額で会社に譲渡した場合、その役員は、適正な時価により当該土地を譲渡したものとして譲渡所得の計算を行う。

問題 40

貸借対照表および損益計算書の一般的な特徴に関する次の記述のうち、最も不適切なものはどれか。

1．貸借対照表の無形固定資産は、物理的な形態を持たない特許権や商標権等の資産の金額を表示している。
2．貸借対照表の固定負債は、返済期限が決算日の翌日から起算して１年以内に到来しない借入金等の負債の金額を表示している。
3．損益計算書の営業利益は、売上総利益金額から販売費及び一般管理費の合計額を控除した金額を表示している。
4．損益計算書の税引前当期純利益は、経常利益または経常損失の金額に営業外収益・営業外費用を加算・減算した金額を表示している。

問題 41

土地の価格に関する次の記述のうち、最も適切なものはどれか。

1．地価公示の公示価格は、毎年４月１日を標準地の価格判定の基準日としている。
2．都道府県地価調査の標準価格は、毎年７月１日を基準地の価格判定の基準日としている。
3．相続税路線価は、地価公示の公示価格の70％を価格水準の目安としている。
4．固定資産税評価額は、全国の各地域を管轄する国税局長が、固定資産評価基準に基づき決定する。

問題 42

宅地建物取引業法に関する次の記述のうち、最も適切なものはどれか。なお、買主は宅地建物取引業者ではないものとする。

1．アパートやマンションの所有者が、当該建物の賃貸を自ら業として行うためには、あらかじめ宅地建物取引業の免許を取得しなければならない。

2．宅地建物取引業者が、自ら売主となる宅地の売買契約の締結に際して手付を受領したときは、その手付がいかなる性質のものであっても、買主が契約の履行に着手する前であれば、当該宅地建物取引業者はその手付を返還することで、契約の解除をすることができる。

3．専任媒介契約を締結した宅地建物取引業者は、依頼者に対し、当該専任媒介契約に係る業務の処理状況を、５日間に１回以上報告しなければならない。

4．宅地建物取引業者は、自ら売主となる宅地の売買契約の締結に際して、代金の額の10分の２を超える額の手付を受領することができない。

問題 43

民法および借地借家法に関する次の記述のうち、最も不適切なものはどれか。なお、本問においては、借地借家法第38条における定期建物賃貸借契約を定期借家契約といい、それ以外の建物賃貸借契約を普通借家契約という。また、記載のない特約については考慮しないものとする。

1．賃借人は、建物の引渡しを受けた後の通常の使用および収益によって生じた建物の損耗ならびに経年変化については、賃貸借が終了したときに原状に復する義務を負わない。

2．普通借家契約において、賃借人が賃貸人の同意を得て建物に付加した造作について、賃貸借終了時、賃借人が賃貸人に、その買取りを請求しない旨の特約をした場合、その特約は無効である。

3．定期借家契約を締結するときは、賃貸人は、あらかじめ、賃借人に対し、契約の更新がなく、期間満了により賃貸借が終了することについて、その旨を記載した書面を交付し、または、賃借人の承諾を得て当該書面に記載すべき事項を電磁的方法により提供して、説明しなければならない。

4．定期借家契約において、経済事情の変動があっても賃貸借期間中は賃料を増減額しないこととする特約をした場合、その特約は有効である。

問題 44

都市計画法に関する次の記述のうち、最も適切なものはどれか。

1．すべての都市計画区域について、都市計画に市街化区域と市街化調整区域の区域区分を定めなければならない。

2．都市計画区域のうち、市街化調整区域は、おおむね10年以内に優先的かつ計画的に市街化を図るべき区域である。

3．開発許可を受けた開発区域内の土地においては、開発工事完了の公告があるまでの間は、原則として、建築物を建築することができない。

4．市街化調整区域内において、農業を営む者の居住の用に供する建築物の建築を目的として行う開発行為は、開発許可を受ける必要がある。

問題 45

都市計画区域および準都市計画区域内における建築基準法の規定に関する次の記述のうち、最も不適切なものはどれか。

1．建築基準法第42条第２項により道路境界線とみなされる線と道路との間の敷地部分（セットバック部分）は、建蔽率を算定する際の敷地面積に算入することができない。

2．建築物の敷地が２つの異なる用途地域にわたる場合、その全部について、敷地の過半の属する用途地域の建築物の用途に関する規定が適用される。

3．防火地域内にある耐火建築物は、いずれの用途地域内にある場合であっても、建蔽率の制限に関する規定の適用を受けない。

4．商業地域内の建築物には、北側斜線制限（北側高さ制限）は適用されない。

問題 46

建物の区分所有等に関する法律に関する次の記述のうち、最も不適切なものはどれか。

1．管理者は、少なくとも毎年１回、集会を招集しなければならない。
2．区分所有者は、敷地利用権が数人で有する所有権である場合、規約に別段の定めがない限り、敷地利用権を専有部分と分離して処分することができない。
3．共用部分に対する各区分所有者の共有持分は、各共有者が有する専有部分の床面積の割合によるものとされ、規約で別段の定めをすることはできない。
4．専有部分が数人の共有に属するときは、共有者は、議決権を行使すべき者１人を定めなければならない。

問題 47

不動産に係る固定資産税および都市計画税に関する次の記述のうち、最も不適切なものはどれか。

1．年の中途に固定資産税の課税対象となる土地または家屋が譲渡された場合、その譲受人は、原則として、その年度内の所有期間に応じた当年度分の固定資産税を納付しなければならない。
2．住宅用地に係る固定資産税の課税標準については、小規模住宅用地（住宅１戸当たり200㎡以下の部分）について、課税標準となるべき価格の６分の１相当額とする特例がある。
3．土地および家屋に係る固定資産税の標準税率は1.4％と定められているが、各市町村はこれと異なる税率を定めることができる。
4．都市計画税は、都市計画区域のうち、原則として、市街化区域内に所在する土地または家屋の所有者に対して課される。

問題 48

個人が土地を譲渡した場合の譲渡所得に関する次の記述のうち、最も不適切なものはどれか。

1. 土地の譲渡に係る所得については、その土地を譲渡した日の属する年の１月１日における所有期間が10年以下の場合、短期譲渡所得に区分される。
2. 譲渡所得の金額の計算上、譲渡した土地の取得費が不明な場合には、譲渡収入金額の５％相当額を取得費とすることができる。
3. 相続（限定承認に係るものを除く）により取得した土地を譲渡した場合、その土地の所有期間を判定する際の取得の時期は、被相続人の取得の時期が引き継がれる。
4. 土地を譲渡する際に支出した仲介手数料は、譲渡所得の金額の計算上、譲渡費用に含まれる。

問題 49

不動産の譲渡に係る各種特例に関する次の記述のうち、最も適切なものはどれか。なお、記載されたもの以外の要件はすべて満たしているものとする。

1. 自宅を譲渡して「居住用財産を譲渡した場合の3,000万円の特別控除」の適用を受ける場合、当該自宅の所有期間は、譲渡した日の属する年の１月１日において10年を超えていなければならない。
2. 自宅を譲渡して「居住用財産を譲渡した場合の長期譲渡所得の課税の特例」（軽減税率の特例）の適用を受ける場合、同年に取得して入居した家屋について住宅借入金等特別控除の適用を受けることはできない。
3. 「居住用財産を譲渡した場合の3,000万円の特別控除」と「居住用財産を譲渡した場合の長期譲渡所得の課税の特例」（軽減税率の特例）は、重複して適用を受けることができない。
4. 相続により取得した土地について、「相続財産に係る譲渡所得の課税の特例」（相続税の取得費加算の特例）の適用を受けるためには、当該土地を、当該相続の開始があった日の翌日から相続税の申告期限の翌日以後１年を経過する日までの間に譲渡しなければならない。

問題 50

不動産の投資判断手法等に関する次の記述のうち、最も適切なものはどれか。

1．NOI利回り（純利回り）は、対象不動産から得られる年間の総収入を総投資額で除して算出される利回りであり、不動産の収益性を測る指標である。
2．DCF法は、連続する複数の期間に発生する総収入および復帰価格を、その発生時期に応じて現在価値に割り引き、それぞれを合計して対象不動産の収益価格を求める手法である。
3．借入金併用型投資では、投資の収益率が借入金の金利を下回っている場合、レバレッジ効果により、自己資金に対する投資の収益率向上を期待することができる。
4．IRR（内部収益率）とは、投資によって得られる将来のキャッシュフローの現在価値と投資額が等しくなる割引率をいう。

問題 51

民法上の贈与に関する次の記述のうち、最も適切なものはどれか。

1．贈与は、当事者の一方が、ある財産を無償で相手方に与える意思表示をすることにより効力が生じ、相手方が受諾する必要はない。
2．定期贈与は、贈与者または受贈者のいずれか一方が生存している限り、その効力を失うことはない。
3．死因贈与は、民法の遺贈に関する規定が準用されるため、書面によってしなければならない。
4．書面によらない贈与は、その履行の終わった部分を除き、各当事者が解除をすることができる。

問題 52

みなし贈与財産等に関する次の記述のうち、最も不適切なものはどれか。

1. 負担付贈与があった場合において、受贈者の負担額が贈与者以外の第三者の利益に帰すときは、原則として、当該第三者が受贈者の負担額に相当する金額を贈与によって取得したこととなり、贈与税の課税対象となる。
2. 子が父から著しく低い価額の対価で土地を譲り受けた場合には、原則として、その相続税評価額と支払った対価の額との差額を、子が父から贈与により取得したものとみなされ、贈与税の課税対象となる。
3. 債務者である個人が資力を喪失して債務を弁済することが困難になり、債権者である個人から当該債務の免除を受けた場合、当該免除を受けた金額のうちその債務を弁済することが困難である部分の金額は、贈与税の課税対象とならない。
4. 離婚による財産分与により取得した財産は、その価額が婚姻中の夫婦の協力によって得た財産の額その他一切の事情を考慮して社会通念上相当な範囲内である場合、原則として、贈与税の課税対象とならない。

問題 53

贈与税の配偶者控除（以下「本控除」という）に関する次の記述のうち、最も不適切なものはどれか。

1. 本控除は、贈与を受けた年の１月１日時点において婚姻期間が20年以上である配偶者から受けた贈与でなければ、適用を受けることができない。
2. 配偶者から受けた贈与について本控除の適用を受けたことがある場合、その後、同一の配偶者から贈与を受けても、再び本控除の適用を受けることはできない。
3. 本控除の適用を受けた場合、贈与税額の計算上、贈与税の課税価格から、基礎控除額のほかに最高2,000万円を控除することができる。
4. 本控除の適用を受け、その翌年に贈与者の相続が開始した場合、本控除の適用を受けた財産のうち、その控除額に相当する金額は、相続税の課税価格に加算されない。

問題 54

民法上の相続人等に関する次の記述のうち、最も適切なものはどれか。なお、記載のない事項については考慮しないものとする。

1．離婚した元配偶者との間に出生した被相続人の子が当該元配偶者の親権に服している場合、その子は相続人とならない。
2．特別養子縁組による養子は、実方の父母および養親の相続人となる。
3．被相続人の子が廃除により相続権を失った場合、その者に被相続人の直系卑属である子がいるときは、その子（被相続人の孫）は代襲相続人となる。
4．被相続人と婚姻の届出をしていないが、被相続人といわゆる内縁関係にあった者は、被相続人の配偶者とみなされて相続人となる。

問題 55

相続税の非課税財産に関する次の記述のうち、最も適切なものはどれか。

1．被相続人の死亡により、相続人が被相続人に支給されるべきであった退職手当金の支給を受けた場合、当該退職手当金の支給が被相続人の死亡後５年以内に確定したものであれば、相続人は、当該退職手当金について死亡退職金の非課税金額の規定の適用を受けることができる。
2．死亡退職金の非課税金額の規定による非課税限度額は、被相続人の死亡が業務上の死亡である場合、被相続人の死亡時における賞与以外の普通給与の３年分に相当する金額である。
3．契約者（＝保険料負担者）および被保険者を被相続人とする生命保険契約に基づき、相続の放棄をした者が受け取った死亡保険金については、死亡保険金の非課税金額の規定は適用されない。
4．死亡保険金の非課税金額の規定による非課税限度額の計算上の相続人の数には、相続の放棄をした者は含まれない。

問題 56

下記<親族関係図>において、Aさんの相続が開始した場合の相続税額の計算における遺産に係る基礎控除額として、最も適切なものはどれか。なお、CさんはAさんの相続開始前に死亡している。また、Eさんは、Aさんの普通養子（特別養子縁組以外の縁組による養子）であり、相続の放棄をしている。

<親族関係図>

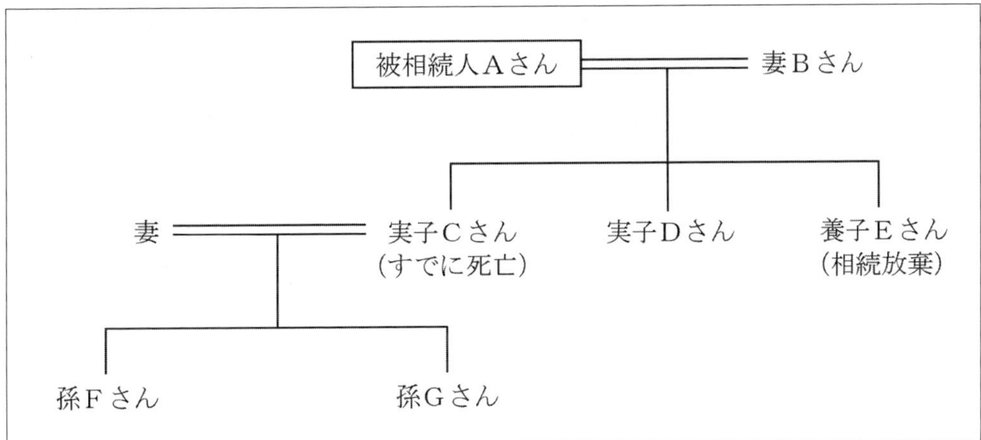

1．4,200万円
2．4,800万円
3．5,400万円
4．6,000万円

問題 57

相続税における取引相場のない株式の評価等に関する次の記述のうち、最も適切なものはどれか。なお、評価の対象となる株式は、特定の評価会社の株式には該当しないものとする。

1．株式を取得した株主が同族株主に該当するかどうかは、その株主およびその同族関係者が有する議決権割合により判定する。
2．会社規模が小会社である会社において、中心的な同族株主が取得した株式の価額は、原則として、類似業種比準方式によって評価する。
3．同族株主のいる会社において、同族株主以外の株主が取得した株式の価額は、その会社規模にかかわらず、原則として、純資産価額方式によって評価する。
4．配当還元方式では、株式の１株当たりの年配当金額を５％の割合で還元して元本である株式の価額を評価する。

問題 58

宅地の相続税評価額の算定方法等に関する次の記述のうち、最も適切なものはどれか。

1．宅地の評価方法には、路線価方式と倍率方式があり、どちらの方式を採用するかについては、納税者が任意に選択することができる。
2．倍率方式は、固定資産税評価額に国税局長が一定の地域ごとに定める倍率を乗じて計算した金額によって評価する方式である。
3．正面と側方に路線がある宅地（角地）を路線価方式によって評価する場合、原則として、それぞれの路線価に奥行価格補正率を乗じた価額を比較し、低い方の路線価が正面路線価となる。
4．路線価は、路線に面する標準的な宅地の１坪当たりの価額であり、千円単位で表示される。

問題 59

非上場企業の事業承継のための自社株移転等に関する次の記述のうち、最も不適切なものはどれか。

1. 「非上場株式等についての贈与税の納税猶予及び免除の特例」の適用を受けるためには、特例承継計画を策定し、所定の期限までに都道府県知事に提出して、その確認を受ける必要がある。
2. 「非上場株式等についての贈与税の納税猶予及び免除の特例」と相続時精算課税は、重複して適用を受けることができない。
3. 経営者が保有している自社株式を後継者である子に譲渡した場合、当該株式の譲渡による所得に対して、申告分離課税により所得税および住民税が課される。
4. 株式の発行会社が、経営者の親族以外の少数株主が保有する自社株式を買い取ることにより、当該会社の株式の分散を防止または抑制することができる。

問題 60

会社法に関する次の記述のうち、最も不適切なものはどれか。

1. すべての株式会社は、取締役会を置かなければならない。
2. 株式会社において株主は、その有する株式の引受価額を限度として責任を負う。
3. 定時株主総会は、毎事業年度終了後一定の時期に招集しなければならないが、臨時株主総会は、必要がある場合にいつでも招集することができる。
4. 取締役は、いつでも、株主総会の決議によって解任することができる。

問題編

2023年９月試験

実 施 日◆ 2023年９月10日（日）
試験時間◆ 10：00～12：00(120分)

解答にあたっての注意

・試験問題については、特に指示のない限り、2023年４月１日現在施行の法令等に基づいて解答してください。なお、東日本大震災の被災者等に対する各種特例等については考慮しないものとします。
・次の各問について答えを１つ選び、その番号を解答用紙にマークしてください。

問題 1

ファイナンシャル・プランナー（以下「FP」という）の顧客に対する行為に関する次の記述のうち、関連法規に照らし、最も不適切なものはどれか。

1．金融商品取引業の登録を受けていないFPのＡさんは、顧客と資産運用に関する投資顧問契約を締結したうえで、値上がりが期待できる株式の個別銘柄の購入を勧めた。

2．弁護士の登録を受けていないFPのＢさんは、財産管理の相談に来た顧客の求めに応じ、有償で、当該顧客を委任者とする任意後見契約の受任者となった。

3．税理士の登録を受けていないFPのＣさんは、顧客から配偶者控除と配偶者特別控除の適用要件を聞かれ、所得税法の条文等を示しつつ、それぞれの適用要件の違いを説明した。

4．生命保険募集人の登録を受けていないFPのＤさんは、顧客からライフプランの相談を受け、老後資金を準備するための生命保険の一般的な活用方法を説明した。

問題 2

ライフプランの作成の際に活用される各種係数に関する次の記述のうち、最も不適切なものはどれか。

1．一定の利率で複利運用しながら一定期間経過後の元利合計額を試算する際、現在保有する資金の額に乗じる係数は、終価係数である。

2．一定の利率で複利運用しながら一定期間、毎年一定金額を積み立てた場合の一定期間経過後の元利合計額を試算する際、毎年の積立額に乗じる係数は、年金終価係数である。

3．一定の利率で複利運用しながら一定期間、毎年一定金額を受け取るために必要な元本を試算する際、毎年受け取りたい金額に乗じる係数は、資本回収係数である。

4．一定の利率で複利運用しながら一定期間経過後に目標とする額を得るために必要な毎年の積立額を試算する際、目標とする額に乗じる係数は、減債基金係数である。

問題 3

公的医療保険に関する次の記述の空欄（ア）～（ウ）にあてはまる語句の組み合わせとして、最も適切なものはどれか。

・健康保険の適用事業所に常時使用される（　ア　）未満の者は、原則として、健康保険の被保険者となる。
・健康保険の傷病手当金の額は、原則として、1日につき、支給開始日の属する月以前の直近の継続した（　イ　）間の各月の標準報酬月額を平均した額の30分の1に相当する額の3分の2に相当する金額である。
・個人事業主や農林漁業者などが被保険者となる国民健康保険は、（　ウ　）もしくは国民健康保険組合が保険者として運営している。

1．（ア）70歳　（イ）6ヵ月　（ウ）都道府県および市町村（特別区を含む）
2．（ア）70歳　（イ）12ヵ月　（ウ）国
3．（ア）75歳　（イ）6ヵ月　（ウ）国
4．（ア）75歳　（イ）12ヵ月　（ウ）都道府県および市町村（特別区を含む）

問題 4

雇用保険の失業等給付に関する次の記述のうち、最も不適切なものはどれか。

1．雇用保険の一般被保険者が失業した場合、基本手当を受給するためには、原則として、離職の日以前2年間に被保険者期間が通算して12ヵ月以上あること等の要件を満たす必要がある。
2．正当な理由がなく自己都合により退職し、基本手当の受給を申請した場合、7日間の待期期間経過後、4ヵ月間は給付制限期間として基本手当を受給することができない。
3．基本手当の受給期間内に、出産、疾病等の理由で引き続き30日以上職業に就くことができない場合、所定の申出により、受給期間を離職日の翌日から最長4年まで延長することができる。
4．雇用保険の高年齢被保険者が失業した場合、高年齢求職者給付金を受給するためには、原則として、離職の日以前1年間に被保険者期間が通算して6ヵ月以上あること等の要件を満たす必要がある。

問題 5

公的年金に関する次の記述のうち、最も不適切なものはどれか。

1. 国民年金の保険料納付済期間が10年以上あり、厚生年金保険の被保険者期間を有する者は、原則として、65歳から老齢基礎年金および老齢厚生年金を受給することができる。
2. 学生納付特例の承認を受けた期間に係る国民年金保険料のうち、追納することができる保険料は、追納に係る厚生労働大臣の承認を受けた日の属する月前10年以内の期間に係るものに限られる。
3. 老齢厚生年金の繰上げ支給を請求する場合、老齢基礎年金の繰上げ支給の請求も同時に行わなければならない。
4. 加給年金額が加算される老齢厚生年金について繰下げ支給の申出をする場合、加給年金額についても繰下げ支給による増額の対象となる。

問題 6

厚生年金保険における離婚時の年金分割制度に関する次の記述のうち、最も不適切なものはどれか。なお、本問においては、「離婚等をした場合における特例」による標準報酬の改定を合意分割といい、「被扶養配偶者である期間についての特例」による標準報酬の改定を３号分割という。

1. 合意分割および３号分割の請求期限は、原則として、離婚等をした日の翌日から起算して２年以内である。
2. 合意分割は、離婚等をした当事者間において、標準報酬の改定または決定の請求をすることおよび請求すべき按分割合についての合意が得られない限り、請求することができない。
3. ３号分割の対象となるのは、2008年４月１日以降の国民年金の第３号被保険者であった期間における、当該第３号被保険者の配偶者に係る厚生年金保険の保険料納付記録（標準報酬月額・標準賞与額）である。
4. 老齢厚生年金を受給している者について、３号分割により標準報酬の改定または決定が行われた場合、３号分割の請求をした日の属する月の翌月から年金額が改定される。

問題 7

確定拠出年金に関する次の記述のうち、最も不適切なものはどれか。

1．国民年金の任意加入被保険者のうち、所定の要件を満たす者は、個人型年金に加入することができる。
2．企業型年金において、加入者が掛金を拠出することができることを規約で定める場合、加入者掛金の額は、その加入者に係る事業主掛金の額を超える額とすることができない。
3．企業型年金加入者であった者が退職し、国民年金の第３号被保険者となった場合、所定の手続きにより、企業型年金の個人別管理資産を個人型年金に移換し、個人型年金加入者または個人型年金運用指図者となることができる。
4．企業型年金および個人型年金の老齢給付金は、70歳に達する日の属する月までに受給を開始しなければならない。

問題 8

公的年金等に係る税金に関する次の記述のうち、最も不適切なものはどれか。

1．障害基礎年金および遺族基礎年金は、所得税の課税対象とならない。
2．小規模企業共済の加入者が事業を廃止した際に受け取る共済金は、一括受取りを選択した場合、退職所得として所得税の課税対象となる。
3．国民年金基金の掛金は、所得税の社会保険料控除の対象となる。
4．年末調整の対象となる給与所得者が学生納付特例の承認を受けた期間に係る国民年金保険料を追納する場合、当該保険料に係る社会保険料控除の適用を受けるためには所得税の確定申告をしなければならず、年末調整によってその適用を受けることはできない。

問題 9

リタイアメントプランニング等に関する次の記述のうち、最も不適切なものはどれか。

1. 金融機関のリバースモーゲージには、一般に、利用者が死亡し、担保物件の売却代金により借入金を返済した後も債務が残った場合に、利用者の相続人がその返済義務を負う「リコース型」と、返済義務を負わない「ノンリコース型」がある。
2. 高齢者の居住の安定確保に関する法律に定める「サービス付き高齢者向け住宅」に入居した者は、「状況把握サービス」や「生活相談サービス」を受けることができる。
3. 将来、本人の判断能力が不十分になった場合に備えて、あらかじめ本人が選任した者と締結する任意後見契約は、公正証書によらない場合であっても有効である。
4. 確定拠出年金の加入者が、老齢給付金を60歳から受給するためには、通算加入者等期間が10年以上なければならない。

問題 10

中小企業の資金調達の一般的な特徴に関する次の記述のうち、最も不適切なものはどれか。

1. 日本政策金融公庫の中小企業事業における融資では、事業用資金だけでなく、投資を目的とする有価証券等の資産の取得資金についても融資対象となる。
2. 信用保証協会保証付融資（マル保融資）は、中小企業者が金融機関から融資を受ける際に信用保証協会が保証するものであり、利用するためには、業種に応じて定められた資本金の額（出資の総額）または常時使用する従業員数の要件を満たす必要がある。
3. ABL（動産・債権担保融資）は、企業が保有する売掛債権や在庫・機械設備等の資産を担保として資金を調達する方法である。
4. クラウドファンディングは、インターネット等を介して不特定多数の者に資金の提供を呼びかけて資金を調達する方法であり、「購入型」「寄付型」等に分類される。

問題 11

少額短期保険に関する次の記述のうち、最も適切なものはどれか。

1．少額短期保険業者と締結した保険契約は、保険法の適用対象となる。
2．少額短期保険業者が取り扱う保険契約は、生命保険契約者保護機構または損害保険契約者保護機構の保護の対象となる。
3．少額短期保険の保険料は、保障内容に応じて、所得税の生命保険料控除または地震保険料控除の対象となる。
4．少額短期保険の保険期間は、損害保険では１年、生命保険および傷害疾病保険では２年が上限である。

問題 12

生命保険の一般的な商品性に関する次の記述のうち、最も不適切なものはどれか。なお、記載のない特約については考慮しないものとする。

1．養老保険では、保険金の支払事由が発生せずに保険期間満了となった場合、死亡・高度障害保険金と同額の満期保険金を受け取ることができる。
2．定期保険特約付終身保険では、定期保険特約の保険金額を同額で更新した場合、更新後の保険料は更新前の保険料に比べて高くなる。
3．外貨建て個人年金保険では、年金を円貨で受け取る場合、外貨と円貨との為替レートの変動により、年金受取総額が払込保険料相当額を下回ることがある。
4．こども保険（学資保険）では、契約者が死亡した場合、あらかじめ指定された受取人に死亡給付金が支払われる。

問題 13

個人年金保険の一般的な商品性に関する次の記述のうち、最も不適切なものはどれか。

1．確定年金では、年金受取開始日前に被保険者が死亡した場合、死亡給付金受取人が契約時に定められた年金受取総額と同額の死亡給付金を受け取ることができる。
2．10年保証期間付終身年金では、被保険者の性別以外の契約条件が同一である場合、保険料は女性の方が男性よりも高くなる。
3．変額個人年金保険では、特別勘定における運用実績によって、将来受け取る年金額や解約返戻金額が変動する。
4．外貨建て個人年金保険では、円換算支払特約を付加することで、年金や解約返戻金、死亡給付金を円貨で受け取ることができる。

問題 14

総合福祉団体定期保険の一般的な商品性に関する次の記述のうち、最も不適切なものはどれか。なお、契約者は法人であるものとする。

1．契約の締結には、被保険者になることについての加入予定者の同意が必要である。
2．保険期間は、１年から５年の範囲内で、被保険者ごとに設定することができる。
3．法人が負担した保険料は、その全額を損金の額に算入することができる。
4．ヒューマン・ヴァリュー特約を付加した場合、当該特約の死亡保険金受取人は法人となる。

問題 15

生命保険料控除に関する次の記述のうち、最も適切なものはどれか。なお、各選択肢において、ほかに必要とされる要件等はすべて満たしているものとする。

1．2012年1月1日以後に締結した生命保険契約に付加された傷害特約の保険料は、生命保険料控除の対象となる。

2．2012年1月1日以後に締結した生命保険契約の保険料は、一般の生命保険料または個人年金保険料のうち、いずれか1つに区分される。

3．住宅ローンの借入れの際に加入した団体信用生命保険の保険料は、一般の生命保険料控除の対象となる。

4．終身保険の月払保険料のうち、2024年1月に払い込まれた2023年12月分の保険料は、2024年分の生命保険料控除の対象となる。

問題 16

生命保険の税金に関する次の記述のうち、最も不適切なものはどれか。なお、いずれも契約者（＝保険料負担者）および保険金受取人は個人であるものとする。

1．契約者と被保険者が同一人である養老保険において、被保険者の相続人ではない者が受け取った死亡保険金は、相続税の課税対象となる。

2．契約者と被保険者が同一人である終身保険において、被保険者がリビング・ニーズ特約に基づいて受け取る特約保険金は、非課税となる。

3．契約者と年金受取人が同一人である個人年金保険において、年金受取人が毎年受け取る年金は、所得税における公的年金等控除の対象となる。

4．契約から10年を経過した一時払養老保険を解約して契約者が受け取る解約返戻金は、所得税において総合課税の対象となる。

問題 17

任意加入の自動車保険の一般的な商品性に関する次の記述のうち、最も不適切なものはどれか。

1．被保険者が被保険自動車を運転中に、車庫入れを誘導していた運転者の同居の父親に誤って接触してケガをさせた場合、対人賠償保険の補償の対象となる。
2．被保険者が被保険自動車を運転中に、対人事故を起こして法律上の損害賠償責任を負った場合、自動車損害賠償責任保険等によって補償される部分を除いた額が、対人賠償保険の補償の対象となる。
3．被保険者が被保険自動車を運転中に、交通事故を起こして被保険者がケガをした場合、その損害額のうち、被保険者の過失割合に相当する部分についても人身傷害保険の補償の対象となる。
4．被保険者が被保険自動車を運転中に、ハンドル操作を誤って飲食店に衝突して損害を与えた場合、店舗を修復する期間の休業損害は対物賠償保険の補償の対象となる。

問題 18

個人を契約者（＝保険料負担者）および被保険者とする損害保険の税金に関する次の記述のうち、最も不適切なものはどれか。

1．業務中のケガで入院したことにより契約者が受け取る傷害保険の入院保険金は、非課税となる。
2．契約者が不慮の事故で死亡したことにより契約者の配偶者が受け取る傷害保険の死亡保険金は、相続税の課税対象となる。
3．被保険自動車を運転中に自損事故を起こしたことにより契約者が受け取る自動車保険の車両保険金は、当該車両の修理をしない場合、所得税の課税対象となる。
4．自宅が火災で焼失したことにより契約者が受け取る火災保険の保険金は、非課税となる。

問題 19

第三分野の保険の一般的な商品性に関する次の記述のうち、最も不適切なものはどれか。

1．生命保険会社が取り扱う介護保険は、公的介護保険の加入年齢である40歳から加入可能となり、保険期間は65歳までとされる。
2．医療保険では、人間ドック等の治療を目的としない入院をし、異常が発見されなかった場合、入院給付金は支払われない。
3．先進医療特約で先進医療給付金の支払対象とされている先進医療は、療養を受けた時点において厚生労働大臣によって定められたものである。
4．がん保険では、被保険者ががんで入院したことにより受け取る入院給付金について、１回の入院での支払日数に制限はない。

問題 20

損害保険を利用した事業活動のリスク管理に関する次の記述のうち、最も不適切なものはどれか。

1．家庭用品を製造する事業者が、製造した製品が原因で、当該製品を使用した顧客がケガをして法律上の損害賠償責任を負うリスクに備えて、生産物賠償責任保険（PL保険）を契約した。
2．ボウリング場を経営する事業者が、施設の管理不備により、来場者がケガをして法律上の損害賠償責任を負うリスクに備えて、施設所有（管理）者賠償責任保険を契約した。
3．建設業を営む事業者が、従業員が業務中の事故によりケガをする場合に備えて、労働者災害補償保険（政府労災保険）の上乗せとして労働災害総合保険（法定外補償）を契約した。
4．事業用ビルの賃貸業を営む事業者が、賃貸ビルに設置した機械設備が火災により損害を被る場合に備えて、機械保険を契約した。

問題 21

景気動向指数および全国企業短期経済観測調査（日銀短観）に関する次の記述のうち、最も不適切なものはどれか。

1．景気動向指数は、生産、雇用などさまざまな経済活動での重要かつ景気に敏感に反応する指標の動きを統合することによって作成された指標であり、ディフュージョン・インデックス（DI）を中心として公表される。
2．景気動向指数に採用されている系列は、おおむね景気の１つの山もしくは谷が経過するごとに見直しが行われている。
3．日銀短観は、日本銀行が全国約１万社の企業を対象に、四半期ごとに実施する統計調査であり、全国の企業動向を的確に把握し、金融政策の適切な運営に資することを目的としている。
4．日銀短観で公表される「業況判断DI」は、回答時点の業況とその３ヵ月後の業況予測について、「良い」と回答した企業の社数構成比から「悪い」と回答した企業の社数構成比を差し引いて算出される。

問題 22

わが国における上場投資信託（ETF）および上場不動産投資信託（Ｊ－REIT）の特徴に関する次の記述のうち、最も適切なものはどれか。

1．ETFは、非上場の投資信託と異なり、運用管理費用（信託報酬）は発生しない。
2．ETFを市場で売却する際には、信託財産留保額はかからない。
3．J-REITの分配金は、所得税の配当控除の対象となる。
4．J-REITは、一般に、信託財産の解約ができるオープン・エンド型の投資信託として設定されている。

問題 23

表面利率が0.5%で、償還までの残存期間が８年の固定利付債券を額面100円当たり101円で購入し、購入から５年後に額面100円当たり100円で売却した場合の所有期間利回り（単利・年率）として、最も適切なものはどれか。なお、手数料、経過利子、税金等については考慮しないものとし、計算結果は表示単位の小数点以下第３位を四捨五入するものとする。

1．0.17%
2．0.30%
3．0.37%
4．0.50%

問題 24

東京証券取引所の市場区分等に関する次の記述のうち、最も適切なものはどれか。

1．スタンダード市場は、「多くの機関投資家の投資対象になりうる規模の時価総額（流動性）を持ち、より高いガバナンス水準を備え、投資者との建設的な対話を中心に据えて持続的な成長と中長期的な企業価値の向上にコミットする企業向けの市場」である。
2．プライム市場は、「高い成長可能性を実現するための事業計画及びその進捗の適時・適切な開示が行われ一定の市場評価が得られる一方、事業実績の観点から相対的にリスクが高い企業向けの市場」である。
3．スタンダード市場の上場会社がプライム市場へ市場区分の変更をするためには、プライム市場の新規上場基準と同様の基準に基づく審査を受ける必要がある。
4．東証株価指数（TOPIX）は、プライム市場、スタンダード市場およびグロース市場の全銘柄を対象として算出されている。

問題 25

下記＜X社のデータ＞に基づき算出される株式の投資指標に関する次の記述のうち、最も不適切なものはどれか。

＜X社のデータ＞

株価	18,000
当期純利益	3,000億円
純資産（自己資本）	1兆5,000億円
配当金総額	540億円
発行済株式数	3億株

1．ROEは、20.0％である。
2．PERは、18倍である。
3．PBRは、3.6倍である。
4．配当利回りは、1.2％である。

問題 26

以下の＜条件＞で、円貨を米ドルに交換して米ドル建て定期預金に10,000米ドルを預け入れ、満期時に米ドルを円貨に交換して受け取る場合における円ベースでの利回り（単利・年率）として、最も適切なものはどれか。なお、税金については考慮しないものとし、計算結果は表示単位の小数点以下第３位を四捨五入するものとする。

＜条件＞

・預入期間　１年

・預金金利　3.00％（年率）

・為替予約なし

・為替レート（米ドル／円）

	TTS	TTB
預入時	130.00円	129.00円
満期時	135.00円	134.00円

1．3.17％
2．4.79％
3．6.17％
4．7.79％

問題 27

金融派生商品に関する次の記述のうち、最も適切なものはどれか。

1．クーポンスワップは、異なる通貨間で将来の金利および元本を交換する通貨スワップである。
2．先物取引を利用したヘッジ取引には、将来の価格上昇リスク等を回避または軽減する売りヘッジと、将来の価格下落リスク等を回避または軽減する買いヘッジがある。
3．オプション取引において、コール・オプションの買い手は「権利行使価格で買う権利」を放棄することができるが、プット・オプションの買い手は「権利行使価格で売る権利」を放棄することができない。
4．オプション取引において、コール・オプションの売り手の最大利益とプット・オプションの売り手の最大利益は、いずれもプレミアム（オプション料）の額となる。

問題 28

ポートフォリオ理論に関する次の記述のうち、最も適切なものはどれか。

1．ポートフォリオのリスクは、組み入れた各資産のリスクを組入比率で加重平均した値以下となる。
2．ポートフォリオのリスクのうち、分散投資によって消去できないリスクをアンシステマティック・リスクという。
3．ポートフォリオの期待収益率は、組み入れた各資産の期待収益率を組入比率で加重平均した値よりも大きくなる。
4．国債や社債のうち、発行時に将来の利息支払額が確定する固定利付債券は、すべて安全資産（無リスク資産）に分類される。

問題 29

上場株式等の譲渡および配当等（一定の大口株主等が受けるものを除く）に係る所得税の課税等に関する次の記述のうち、最も適切なものはどれか。なお、本問においては、特定口座のうち、源泉徴収がされない口座を簡易申告口座といい、源泉徴収がされる口座を源泉徴収選択口座という。

1．上場株式等の配当等について、総合課税を選択して確定申告をした場合、上場株式等に係る譲渡損失の金額と損益通算することができる。
2．上場株式等に係る配当所得等の金額と損益通算してもなお控除しきれない上場株式等に係る譲渡損失の金額は、確定申告をすることにより、翌年以後３年間にわたって繰り越すことができる。
3．簡易申告口座では、源泉徴収選択口座と異なり、その年中における口座内の取引内容が記載された「特定口座年間取引報告書」が作成されないため、投資家自身でその年中の上場株式等に係る譲渡損益および配当等の金額を計算する必要がある。
4．年末調整の対象となる給与所得者が、医療費控除の適用を受けるために確定申告をする場合、源泉徴収選択口座における上場株式等に係る譲渡所得等および配当所得等についても申告しなければならない。

問題 30

わが国における個人による金融商品取引に係るセーフティネットに関する次の記述のうち、最も適切なものはどれか。

1．外国銀行の在日支店に預け入れた当座預金は預金保険制度による保護の対象とならないが、日本国内に本店のある銀行の海外支店に預け入れた当座預金は預金保険制度による保護の対象となる。
2．金融機関の破綻時において、同一の預金者が当該金融機関に複数の預金口座を有している場合、普通預金や定期預金などの一般預金等については、原則として、１口座ごとに元本1,000万円までとその利息等が、預金保険制度による保護の対象となる。
3．日本国内で事業を行う生命保険会社が破綻した場合、生命保険契約者保護機構による補償の対象となる保険契約については、高予定利率契約を除き、原則として、破綻時点の責任準備金等の90％まで補償される。
4．証券会社が破綻し、分別管理が適切に行われていなかったために、一般顧客の資産の一部または全部が返還されない事態が生じた場合、日本投資者保護基金は、補償対象債権に係る顧客資産について、その金額の多寡にかかわらず、全額を補償する。

問題 31

所得税の基本的な仕組みに関する次の記述のうち、最も不適切なものはどれか。

1．所得税では、原則として、納税者本人の申告により納付すべき税額が確定し、この確定した税額を納付する申告納税制度が採用されている。
2．所得税の納税義務を負うのは居住者のみであり、非居住者が所得税の納税義務を負うことはない。
3．所得税では、課税対象となる所得を10種類に区分し、それぞれの所得の種類ごとに定められた計算方法により所得の金額を計算する。
4．所得税額の計算において課税総所得金額に乗じる税率は、課税総所得金額が大きくなるにつれて段階的に税率が高くなる超過累進税率が採用されている。

問題 32

所得税における所得の種類に関する次の記述のうち、最も適切なものはどれか。

1．不動産の貸付けを事業的規模で行ったことにより生じた賃料収入に係る所得は、不動産所得となる。
2．会社の役員が役員退職金を受け取ったことによる所得は、給与所得となる。
3．個人年金保険の契約者（＝保険料負担者）である個人が、その保険契約に基づき、年金受給開始後に将来の年金給付の総額に代えて受け取った一時金に係る所得は、退職所得となる。
4．会社員が勤務先から無利息で金銭を借り入れたことにより生じた経済的利益は、雑所得となる。

問題 33

所得税の損益通算に関する次の記述のうち、最も適切なものはどれか。

1．終身保険の解約返戻金を受け取ったことによる一時所得の金額の計算上生じた損失の金額は、給与所得の金額と損益通算することができる。
2．先物取引に係る雑所得の金額の計算上生じた損失の金額は、上場株式等に係る譲渡所得の金額と損益通算することができる。
3．不動産所得の金額の計算上生じた損失の金額のうち、不動産所得を生ずべき業務の用に供する土地の取得に要した負債の利子の額に相当する部分の金額は、事業所得の金額と損益通算することができる。
4．業務用車両を売却したことによる譲渡所得の金額の計算上生じた損失の金額は、事業所得の金額と損益通算することができる。

問題 34

所得税における所得控除に関する次の記述のうち、最も適切なものはどれか。

1．納税者が支払った生命保険の保険料は、その金額の多寡にかかわらず、支払った全額を生命保険料控除として総所得金額等から控除することができる。
2．納税者が支払った地震保険の保険料は、その金額の多寡にかかわらず、支払った全額を地震保険料控除として総所得金額等から控除することができる。
3．控除対象扶養親族のうち、その年の12月31日現在の年齢が19歳以上23歳未満の者は、特定扶養親族に該当する。
4．控除対象扶養親族のうち、その年の12月31日現在の年齢が65歳以上の者は、老人扶養親族に該当する。

問題 35

所得税の申告に関する次の記述のうち、最も適切なものはどれか。

1．青色申告者は、仕訳帳、総勘定元帳その他一定の帳簿を原則として10年間保存しなければならない。
2．青色申告者が申告期限後に確定申告書を提出した場合、適用を受けることができる青色申告特別控除額は最大55万円となる。
3．青色申告者の配偶者で青色事業専従者として給与の支払いを受ける者は、その者の合計所得金額の多寡にかかわらず、控除対象配偶者には該当しない。
4．青色申告者に損益通算してもなお控除しきれない損失の金額（純損失の金額）が生じた場合、その損失の金額を翌年以後最長で7年繰り越して、各年分の所得金額から控除することができる。

問題 36

法人税の仕組みに関する次の記述のうち、最も不適切なものはどれか。

1．法人税の各事業年度の所得の金額は、その事業年度の益金の額から損金の額を控除した金額である。
2．新設法人が設立事業年度から青色申告の適用を受けようとする場合は、設立の日から２ヵ月以内に、「青色申告の承認申請書」を納税地の所轄税務署長に提出し、その承認を受けなければならない。
3．期末資本金の額等が１億円以下の一定の中小法人に対する法人税の税率は、所得金額のうち年800万円以下の部分については軽減税率が適用される。
4．過去に行った法人税の確定申告について、計算に誤りがあったことにより、納付した税額が過大であったことが判明した場合、原則として、法定申告期限から５年以内に限り、更正の請求をすることができる。

問題 37

法人税の損金に関する次の記述のうち、最も不適切なものはどれか。

1．法人が従業員の業務遂行中の交通違反に係る反則金を負担した場合、その負担金は、損金の額に算入することができる。
2．法人が減価償却資産として損金経理した金額のうち、償却限度額に達するまでの金額は、その全額を損金の額に算入することができる。
3．損金の額に算入される租税公課のうち、事業税については、原則として、その事業税に係る納税申告書を提出した日の属する事業年度の損金の額に算入することができる。
4．法人が国または地方公共団体に対して支払った寄附金は、原則として、その全額を損金の額に算入することができる。

問題 38

消費税に関する次の記述のうち、最も不適切なものはどれか。

1．消費税の課税期間に係る基準期間は、個人事業者についてはその年の前年である。

2．消費税の課税期間に係る基準期間における課税売上高が1,000万円を超える法人は、その課税期間は消費税の課税事業者となる。

3．簡易課税制度の適用を受けることができる事業者は、消費税の課税期間に係る基準期間における課税売上高が5,000万円以下の事業者である。

4．簡易課税制度を選択した事業者は、事業を廃止した場合等を除き、原則として、２年間は簡易課税制度の適用を継続しなければならない。

問題 39

会社と役員間の取引に係る所得税・法人税に関する次の記述のうち、最も不適切なものはどれか。

1．会社が役員に対して無利息で金銭の貸付けを行った場合、原則として、通常収受すべき利息に相当する金額が、その会社の所得金額の計算上、益金の額に算入される。

2．会社が役員からの借入金について債務免除を受けた場合、その債務免除を受けた金額が、その会社の所得金額の計算上、益金の額に算入される。

3．役員が所有する土地を適正な時価の２分の１未満の価額で会社に譲渡した場合、その役員は、適正な時価の２分の１に相当する金額により当該土地を譲渡したものとして譲渡所得の計算を行う。

4．役員が会社の所有する社宅に無償で居住している場合、原則として、通常の賃貸料相当額が、その役員の給与所得の収入金額に算入される。

問題 40

決算書の見方に関する次の記述のうち、最も不適切なものはどれか。

1. 損益計算書の営業利益の額は、売上総利益の額から販売費及び一般管理費の額を差し引いた額である。
2. 損益計算書の税引前当期純利益の額は、経常利益の額に営業外損益の額を加算・減算した額である。
3. 流動比率（%）は、「流動資産÷流動負債×100」の算式で計算される。
4. 自己資本比率（%）は、「自己資本÷総資産×100」の算式で計算される。

問題 41

不動産の登記や調査に関する次の記述のうち、最も不適切なものはどれか。

1. 抵当権の登記の登記事項は、権利部乙区に記録される。
2. 区分建物を除く建物に係る登記記録において、床面積は、壁その他の区画の中心線で囲まれた部分の水平投影面積（壁芯面積）により記録される。
3. 新築した建物の所有権を取得した者は、その所有権の取得の日から1ヵ月以内に、所有権保存登記を申請しなければならない。
4. 登記情報提供サービスでは、登記所が保有する登記情報を、インターネットを使用してパソコン等で確認することができるが、取得した登記情報に係る電子データには登記官の認証文は付されない。

問題 42

不動産の鑑定評価の手法に関する次の記述のうち、最も不適切なものはどれか。

1．原価法は、価格時点における対象不動産の再調達原価を求め、この再調達原価について減価修正を行って対象不動産の価格を求める手法である。
2．取引事例比較法では、取引事例の取引時点が価格時点と異なり、その間に価格水準の変動があると認められる場合、当該取引事例の価格を価格時点の価格に修正する必要がある。
3．収益還元法は、対象不動産が将来生み出すであろうと期待される純収益の現在価値の総和を求めることにより、対象不動産の価格を求める手法である。
4．収益還元法は、文化財の指定を受けた建造物等の一般的に市場性を有しない不動産や賃貸の用に供されていない自用の不動産の価格を求める際には、基本的に適用してはならないとされる。

問題 43

不動産の売買契約に係る民法の規定に関する次の記述のうち、最も不適切なものはどれか。なお、特約については考慮しないものとする。

1．同一の不動産について二重に売買契約が締結された場合、譲受人相互間においては、売買契約の締結の先後にかかわらず、原則として、所有権移転登記を先にした者が、当該不動産の所有権の取得を他方に対抗することができる。
2．不動産の売買契約において買主が売主に手付金を交付した場合、売主が契約の履行に着手する前であれば、買主はその手付金を放棄することで契約を解除することができる。
3．不動産が共有されている場合に、各共有者が、自己の有している持分を第三者に譲渡するときは、他の共有者の同意を得る必要がある。
4．売買の目的物である建物が、その売買契約の締結から当該建物の引渡しまでの間に、地震によって全壊した場合、買主は、売主に対する建物代金の支払いを拒むことができる。

問題 44

借地借家法に関する次の記述のうち、最も不適切なものはどれか。なお、本問においては、同法第22条の借地権を一般定期借地権といい、第22条から第24条の定期借地権等以外の借地権を普通借地権という。

1．普通借地権の設定契約において、期間の定めがないときは、存続期間は30年とされる。

2．普通借地権の存続期間が満了した時点で借地上に建物が存在しない場合は、借地権者が契約の更新を請求しても、従前の契約と同一の条件で契約が更新されたものとはみなされない。

3．一般定期借地権の設定契約において、存続期間は30年とすることができる。

4．一般定期借地権の設定契約は、公正証書による等書面（電磁的記録による場合を含む）によってしなければならない。

問題 45

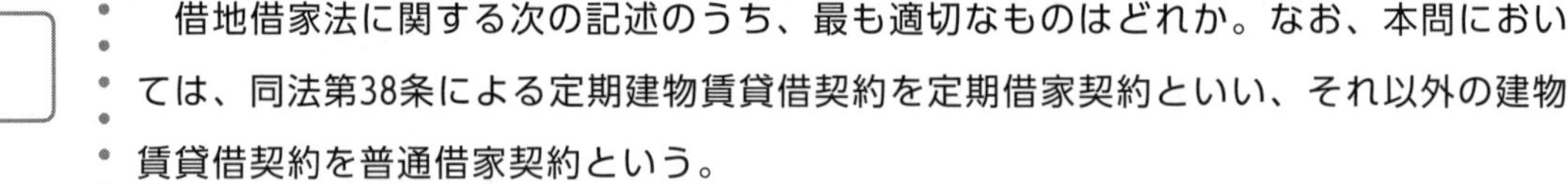

借地借家法に関する次の記述のうち、最も適切なものはどれか。なお、本問においては、同法第38条による定期建物賃貸借契約を定期借家契約といい、それ以外の建物賃貸借契約を普通借家契約という。

1．普通借家契約において存続期間を６ヵ月と定めた場合、その存続期間は１年とみなされる。

2．期間の定めのない普通借家契約において、建物の賃貸人が賃貸借の解約の申入れをし、正当の事由があると認められる場合、建物の賃貸借は、解約の申入れの日から６ヵ月を経過することによって終了する。

3．もっぱら事業の用に供する建物について定期借家契約を締結する場合、その契約は公正証書によってしなければならない。

4．定期借家契約は、契約当事者間の合意があっても、存続期間を３ヵ月未満とすることはできない。

問題 46

都市計画区域および準都市計画区域内における建築基準法の規定に関する次の記述のうち、最も不適切なものはどれか。

1. 商業地域、工業地域および工業専用地域においては、地方公共団体の条例で日影規制（日影による中高層の建築物の高さの制限）の対象区域として指定することができない。
2. 建築物の高さに係る隣地斜線制限は、第一種低層住居専用地域、第二種低層住居専用地域および田園住居地域には適用されない。
3. 第一種低層住居専用地域内には、原則として、老人ホームを建築することはできるが、病院を建築することはできない。
4. 道路斜線制限（前面道路との関係についての建築物の各部分の高さの制限）は、原則として、第一種低層住居専用地域、第二種低層住居専用地域における建築物にのみ適用され、商業地域における建築物には適用されない。

問題 47

建物の区分所有等に関する法律に関する次の記述のうち、最も不適切なものはどれか。

1. 建物ならびにその敷地および附属施設の管理を行うための団体は、区分所有者によって構成されるが、その構成員になるかどうかの選択についてはそれぞれの区分所有者の任意である。
2. 一棟の建物のうち、構造上の独立性と利用上の独立性を備えた建物の部分は、区分所有権の目的となる専有部分の対象となるが、規約により共用部分とすることができる。
3. 区分所有者が建物および建物が所在する土地と一体として管理または使用する庭、通路その他の土地は、規約により建物の敷地とすることができる。
4. 集会においては、区分所有者および議決権の各５分の４以上の多数により、建替え決議をすることができる。

問題 48

不動産の取得に係る税金に関する次の記述のうち、最も不適切なものはどれか。

1．不動産取得税は、相続により不動産を取得した場合には課されないが、贈与により不動産を取得した場合には課される。
2．不動産取得税は、土地の取得について所有権移転登記が未登記であっても、当該取得に対して課される。
3．登録免許税は、建物を新築した場合の建物表題登記に対して課される。
4．登録免許税は、贈与により不動産を取得した場合の所有権移転登記に対して課される。

問題 49

個人が土地を譲渡した場合の譲渡所得に関する次の記述のうち、最も不適切なものはどれか。

1．相続により取得した土地を譲渡した場合、その土地の所有期間を判定する際の取得の日は、相続人が当該相続を登記原因として所有権移転登記をした日である。
2．土地の譲渡に係る所得が長期譲渡所得に区分される場合、課税長期譲渡所得金額に対し、原則として、所得税（復興特別所得税を含む）が15.315％、住民税が５％の税率で課される。
3．土地の譲渡に係る所得については、その土地を譲渡した日の属する年の１月１日における所有期間が５年以下の場合、短期譲渡所得に区分される。
4．譲渡所得の金額の計算上、譲渡した土地の取得費が不明な場合には、譲渡収入金額の５％相当額を取得費とすることができる。

問題 50

不動産の投資判断の手法等に関する次の記述のうち、最も適切なものはどれか。

1．DCF法は、対象不動産の一期間の純収益を還元利回りで還元して対象不動産の収益価格を求める手法である。

2．NPV法（正味現在価値法）による投資判断においては、対象不動産から得られる収益の現在価値の合計額が投資額を上回っている場合、その投資は有利であると判定することができる。

3．NOI利回り（純利回り）は、対象不動産から得られる年間の総収入額を総投資額で除して算出される利回りであり、不動産の収益性を測る指標である。

4．DSCR（借入金償還余裕率）は、対象不動産から得られる収益による借入金の返済余裕度を評価する指標であり、対象不動産に係る当該指標の数値が1.0を下回っている場合は、対象不動産から得られる収益だけで借入金を返済することができる。

問題 51

民法上の贈与に関する次の記述のうち、最も適切なものはどれか。

1．書面によらない贈与は、その履行の終わった部分についても、各当事者が解除をすることができる。

2．負担付贈与とは、贈与者が受贈者に対して一定の債務を負担させることを条件とする贈与をいい、その受贈者の負担により利益を受ける者は贈与者に限られる。

3．死因贈与とは、贈与者の死亡によって効力が生じる贈与をいい、贈与者のみの意思表示により成立する。

4．定期贈与とは、贈与者が受贈者に対して定期的に財産を給付することを目的とする贈与をいい、贈与者または受贈者の死亡によって、その効力を失う。

問題 52

贈与税の非課税財産等に関する次の記述のうち、最も不適切なものはどれか。

1．扶養義務者相互間において生活費または教育費に充てるためにした贈与により取得した財産のうち、通常必要と認められるものは、贈与税の課税対象とならない。
2．個人から受ける社交上必要と認められる香典や見舞金等の金品で、贈与者と受贈者との関係等に照らして社会通念上相当と認められるものは、贈与税の課税対象とならない。
3．離婚に伴う財産分与により取得した財産は、その価額が婚姻中の夫婦の協力によって得た財産の額等の事情を考慮して社会通念上相当な範囲内である場合、原則として、贈与税の課税対象とならない。
4．父が所有する土地の名義を無償で子の名義に変更した場合、その名義変更により取得した土地は、原則として、贈与税の課税対象とならない。

問題 53

贈与税の申告と納付に関する次の記述のうち、最も適切なものはどれか。

1．贈与税の申告書は、原則として、贈与を受けた年の翌年２月１日から３月15日までの間に、受贈者の納税地の所轄税務署長に提出しなければならない。
2．国税電子申告･納税システム（e－Tax）は、贈与税の申告には対応していない。
3．贈与税を納期限までに納付することが困難である場合、その納付を困難とする金額を限度として延納または物納を申請することができる。
4．贈与税の納付について認められる延納期間は、最長10年である。

問題 54

法定後見制度に関する次の記述の空欄（ア）～（ウ）にあてはまる語句の組み合わせとして、最も適切なものはどれか。

・法定後見制度は、本人の判断能力が（　ア　）に、家庭裁判所によって選任された成年後見人等が本人を法律的に支援する制度である。
・法定後見制度において、後見開始の審判がされたときは、その内容が（　イ　）される。
・成年後見人は、成年被後見人が行った法律行為について、原則として、（　ウ　）。

1．（ア）不十分になる前	（イ）戸籍に記載	（ウ）取り消すことができる
2．（ア）不十分になった後	（イ）登記	（ウ）取り消すことができる
3．（ア）不十分になった後	（イ）戸籍に記載	（ウ）取り消すことはできない
4．（ア）不十分になる前	（イ）登記	（ウ）取り消すことはできない

問題 55

民法上の相続分に関する次の記述のうち、最も適切なものはどれか。なお、記載のない事項については考慮しないものとする。

1．被相続人は、遺言で、共同相続人の相続分を定めることができるが、これを定めることを第三者に委託することはできない。
2．共同相続人の１人が遺産の分割前にその相続分を共同相続人以外の第三者に譲り渡した場合、他の共同相続人は、当該第三者に対して一定期間内にその価額および費用を支払うことで、その相続分を譲り受けることができる。
3．父母の一方のみを同じくする兄弟姉妹の法定相続分は、父母の双方を同じくする兄弟姉妹の法定相続分と同じである。
4．養子の法定相続分は、実子の法定相続分の２分の１である。

問題 56

民法上の遺言に関する次の記述のうち、最も適切なものはどれか。

1．相続人が自筆証書遺言を発見し、家庭裁判所の検認を受ける前に開封した場合、その遺言は無効となる。
2．遺言者が自筆証書遺言に添付する財産目録をパソコンで作成する場合、当該目録への署名および押印は不要である。
3．公正証書遺言の作成において、遺言者の推定相続人とその配偶者は証人として立ち会うことができない。
4．公正証書遺言は、自筆証書遺言によって撤回することはできず、公正証書遺言によってのみ撤回することができる。

問題 57

相続税の課税財産等に関する次の記述のうち、最も不適切なものはどれか。

1．契約者（＝保険料負担者）および被保険者が夫、死亡保険金受取人が妻である生命保険契約において、夫の死亡により妻が受け取った死亡保険金は、原則として、遺産分割の対象とならない。
2．契約者（＝保険料負担者）および被保険者が父、死亡保険金受取人が子である生命保険契約において、子が相続の放棄をした場合は、当該死亡保険金について、死亡保険金の非課税金額の規定の適用を受けることができない。
3．老齢基礎年金の受給権者である被相続人が死亡し、その者に支給されるべき年金給付で死亡後に支給期の到来するものを相続人が受け取った場合、当該未支給の年金は、相続税の課税対象となる。
4．被相続人の死亡により、当該被相続人に支給されるべきであった退職手当金で被相続人の死亡後３年以内に支給が確定したものについて、相続人がその支給を受けた場合、当該退職手当金は、相続税の課税対象となる。

問題 58

相続税の計算に関する次の記述のうち、最も不適切なものはどれか。

1．遺産に係る基礎控除額の計算上、法定相続人の数は、相続人が相続の放棄をした場合には、その放棄がなかったものとした場合における相続人の数である。
2．遺産に係る基礎控除額の計算上、法定相続人の数に含めることができる養子の数は、被相続人に実子がなく、養子が２人以上いる場合には１人である。
3．遺産に係る基礎控除額の計算上、被相続人の特別養子となった者は実子とみなされる。
4．遺産に係る基礎控除額の計算上、被相続人の子がすでに死亡し、代襲して相続人となった被相続人の孫は実子とみなされる。

問題 59

Ａさんの相続が開始した場合の相続税額の計算における下記＜資料＞の甲宅地の評価に関する次の記述のうち、最も適切なものはどれか。なお、記載のない事項については考慮しないものとする。

＜資料＞

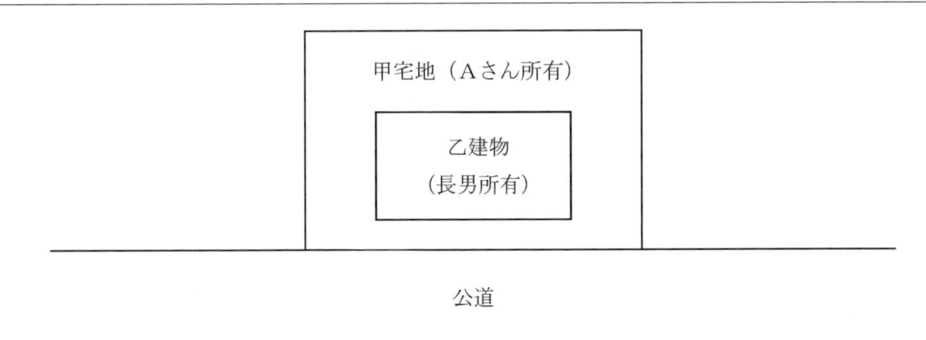

※Ａさんの相続人は、妻および長男の合計２名である。
※甲宅地は、使用貸借契約により長男に貸し付けられており、長男が所有する乙建物の敷地の用に供されている。
※乙建物は、相続開始時において、長男の居住の用に供されている。

1．長男が相続により甲宅地を取得した場合、貸宅地として評価する。
2．長男が相続により甲宅地を取得した場合、自用地として評価する。
3．妻が相続により甲宅地を取得した場合、貸宅地として評価する。
4．妻が相続により甲宅地を取得した場合、貸家建付地として評価する。

問題 60

株式譲渡によるM＆Ａ等に関する次の記述のうち、最も不適切なものはどれか。なお、本問において、株式会社は非上場会社であるものとする。

1．Ｍ＆Ａにより、株式会社の取締役が保有する当該株式会社の株式を買収会社に譲渡した場合、原則として、当該株式の譲渡による所得に対して、申告分離課税により所得税および住民税が課される。

2．Ｍ＆Ａにより、株式会社の取締役が保有する当該株式会社の株式を買収会社に譲渡した場合、譲渡所得の金額の計算上、その収入金額は、原則として、取引当事者間の契約により決定された譲渡金額である。

3．株式会社は、あらかじめ定款に定めておくことにより、相続により当該株式会社の株式（譲渡制限株式）を取得した者に対して、当該株式を当該株式会社に売り渡すことを請求することができる。

4．株式譲渡制限会社である株式会社においては、株主でなければ取締役に就任することはできない。

問題編

2023年５月試験

実 施 日 ◆ 2023年５月28日（日）
試験時間 ◆ 10：00～12：00(120分)

解答にあたっての注意

・試験問題については、特に指示のない限り、2022年10月１日現在施行の法令等に基づいて解答してください。なお、東日本大震災の被災者等に対する各種特例等については考慮しないものとします。
・次の各問について答えを１つ選び、その番号を解答用紙にマークしてください。

問題 1

ファイナンシャル・プランナー（以下「FP」という）の顧客に対する行為に関する次の記述のうち、職業倫理や関連法規に照らし、最も不適切なものはどれか。

1．社会保険労務士の登録を受けていないFPのＡさんは、老齢基礎年金の繰下げ受給について相談に来た顧客に対し、繰下げ受給の仕組みや年金額の計算方法について一般的な説明を行った。
2．税理士の登録を受けていないFPのＢさんは、所得税の確定申告について相談に来た顧客に対し、国税庁のホームページを見せながら確定申告の方法について一般的な説明を行った。
3．生命保険募集人の登録を受けていないFPのＣさんは、子の誕生を機に生命保険に加入したいと相談に来た顧客に対し、家計の状況を聞き取りながら必要保障額の計算を行った。
4．弁護士の登録を受けていないFPのＤさんは、相続人間の遺産分割について相談に来た顧客と代理人契約を締結し、顧客の代理人として、有償で他の相続人との遺産分割協議を行った。

問題 2

全国健康保険協会管掌健康保険（協会けんぽ）の保険給付に関する次の記述のうち、最も適切なものはどれか。

1．傷病手当金は、同一の疾病または負傷およびこれにより発した疾病に関して、その支給を始めた日から通算して最長２年支給される。
2．夫婦がともに被保険者である場合において、妻が出産したときは、所定の手続きにより、夫婦に対して出産育児一時金および家族出産育児一時金が支給される。
3．被保険者が業務災害および通勤災害以外の事由で死亡した場合、所定の手続きにより、その者により生計を維持されていた者であって、埋葬を行うものに対し、埋葬料として５万円が支給される。
4．被保険者が同一月内に同一の医療機関等で支払った医療費の一部負担金等の額が、その者に係る自己負担限度額を超えた場合、所定の手続きにより、支払った一部負担金等の全額が高額療養費として支給される。

問題 3

労働者災害補償保険の保険給付に関する次の記述のうち、最も不適切なものはどれか。

1．労働者災害補償保険の適用を受ける労働者には、雇用形態がアルバイトやパートタイマーである者も含まれる。
2．労働者が業務上の負傷または疾病による療養のため労働することができず、賃金を受けられない場合、賃金を受けない日の第３日目から休業補償給付が支給される。
3．労働者が業務災害により死亡したときに支払われる遺族補償年金の年金額は、受給権者および受給権者と生計を同じくしている受給資格者の人数により異なる。
4．労働者が通勤災害により死亡した場合、所定の手続きにより、葬祭を行う者に対し葬祭給付が支給される。

問題 4

雇用保険の育児休業給付および介護休業給付に関する次の記述のうち、最も不適切なものはどれか。なお、記載されたもの以外の要件はすべて満たしているものとする。

1．育児休業給付金は、子が１歳に達した日後の期間について休業することが特に必要と認められる場合、最長で子が１歳２ヵ月に達する日の前日まで支給される。
2．育児休業給付金に係る支給単位期間において支払われた賃金額が、休業開始時賃金日額に支給日数を乗じて得た額の80％相当額以上である場合、当該支給単位期間について育児休業給付金は支給されない。
3．被保険者が、一定の状態にある家族を介護するための休業をした場合、同一の対象家族について、通算３回かつ93日の介護休業を限度として、介護休業給付金が支給される。
4．複数の被保険者が、同一の対象家族について同時に介護休業を取得した場合、それぞれの被保険者に介護休業給付金が支給される。

問題 5

国民年金に関する次の記述のうち、最も適切なものはどれか。

1. 学生納付特例期間は、その期間に係る保険料の追納がない場合、老齢基礎年金の受給資格期間に算入されない。
2. 生活保護法による生活扶助を受けることによる保険料免除期間は、その期間に係る保険料の追納がない場合、老齢基礎年金の受給資格期間には算入されるが、老齢基礎年金の年金額には反映されない。
3. 保険料免除期間に係る保険料のうち、追納することができる保険料は、追納に係る厚生労働大臣の承認を受けた日の属する月前５年以内の期間に係るものに限られる。
4. 産前産後期間の保険料免除制度により保険料の納付が免除された期間は、保険料納付済期間として老齢基礎年金の年金額に反映される。

問題 6

国民年金基金、小規模企業共済および中小企業退職金共済に関する次の記述のうち、最も適切なものはどれか。

1. 国民年金基金の加入員が死亡以外の事由で加入員資格を喪失した場合、それまでの加入期間に応じた解約返戻金が支払われる。
2. 小規模企業共済の掛金月額は、5,000円から10万円までの範囲内で、500円単位で選択することができる。
3. 中小企業退職金共済の掛金は、事業主と被共済者の合意に基づき、事業主と被共済者が折半して負担することができる。
4. 中小企業退職金共済の被共済者が退職後３年以内に、中小企業退職金共済の退職金を請求せずに再就職して再び被共済者となった場合、所定の要件を満たせば、前の企業での掛金納付月数を再就職した企業での掛金納付月数と通算することができる。

問題 7

公的年金等に係る税金に関する次の記述のうち、最も不適切なものはどれか。

1．遺族基礎年金および遺族厚生年金は、所得税の課税対象とならない。

2．老齢基礎年金および老齢厚生年金は、その年中に受け取る当該年金の収入金額から公的年金等控除額を控除した金額が雑所得として所得税の課税対象となる。

3．確定拠出年金の老齢給付金は、その全部について、一時金として受給する場合は一時所得として、年金として受給する場合は雑所得として所得税の課税対象となる。

4．老齢基礎年金および老齢厚生年金の受給者が死亡した場合において、その者に支給されるべき年金給付のうち、まだ支給されていなかったもの（未支給年金）は、当該年金を受け取った遺族の一時所得として所得税の課税対象となる。

問題 8

住宅金融支援機構と金融機関が提携した住宅ローンであるフラット35（買取型）に関する次の記述のうち、最も不適切なものはどれか。

1．フラット35Sは、省エネルギー性、耐震性など一定の技術基準を満たした住宅を取得する場合に、借入金利を一定期間引き下げる制度である。

2．フラット35の利用者向けインターネットサービスである「住・My Note」を利用して繰上げ返済する場合、一部繰上げ返済の最低返済額は100万円である。

3．店舗付き住宅などの併用住宅を建築する際にフラット35を利用する場合、住宅部分の床面積が非住宅部分の床面積以上である必要がある。

4．住宅金融支援機構は、融資を実行する金融機関から住宅ローン債権を買い取り、対象となる住宅の第1順位の抵当権者となる。

問題 9

中小企業の資金調達方法の一般的な特徴に関する次の記述のうち、最も不適切なものはどれか。

1. 企業が民間の銀行から融資を受けて事業資金を調達する方法は、間接金融に分類される。
2. インパクトローンは、米ドル等の外貨によって資金を調達する方法であり、その資金使途は限定されていない。
3. 第三者割当増資により新株を引き受けた第三者が既存株主以外の者であった場合、既存株主の持株比率が上昇する。
4. 日本政策金融公庫のマル経融資（小規模事業者経営改善資金）は、商工会議所や商工会などの経営指導を受けている小規模事業者の商工業者が利用できる融資制度であり、利用に当たって担保と保証人は不要とされている。

問題 10

クレジットカード会社（貸金業者）が発行するクレジットカードの一般的な利用に関する次の記述のうち、最も不適切なものはどれか。

1. クレジットカードで商品を購入（ショッピング）した場合の返済方法の1つである分割払いは、利用代金の支払回数を決め、その回数で利用代金を分割して支払う方法である。
2. クレジットカード会員の信用情報は、クレジットカード会社が加盟する指定信用情報機関により管理されており、会員は自己の信用情報について所定の手続きにより開示請求をすることができる。
3. クレジットカードは、約款上、クレジットカード会社が所有権を有しており、クレジットカード券面上に印字された会員本人以外が使用することはできないとされている。
4. クレジットカードの付帯機能であるキャッシングを利用し、返済方法として翌月一括払いを選択した場合、利息はかからない。

問題 11

生命保険の保険料等の一般的な仕組みに関する次の記述のうち、最も不適切なものはどれか。

1．収支相等の原則は、保険会社が受け取る保険料等の総額が、保険会社が支払う保険金等の総額と等しくなるように保険料を算定する原則をいう。
2．保険料のうち、将来の保険金等の支払財源となる純保険料は、予定死亡率に基づいて計算され、保険会社が保険契約を維持・管理していくために必要な経費等の財源となる付加保険料は、予定利率および予定事業費率に基づいて計算される。
3．終身保険について、保険料の算定に用いられる予定利率が引き上げられた場合、新規契約の保険料は安くなる。
4．保険会社が実際に要した事業費が、保険料を算定する際に見込んでいた事業費よりも少なかった場合、費差益が生じる。

問題 12

生命保険の一般的な商品性に関する次の記述のうち、最も不適切なものはどれか。なお、特約については考慮しないものとする。

1．変額保険（終身型）では、契約時に定めた保険金額（基本保険金額）は保証されておらず、運用実績によっては、死亡保険金額が基本保険金額を下回る。
2．特定（三大）疾病保障定期保険では、がん、急性心筋梗塞、脳卒中以外で被保険者が死亡した場合でも死亡保険金が支払われる。
3．収入保障保険の死亡保険金を一時金で受け取る場合の受取額は、年金形式で受け取る場合の受取総額よりも少ない。
4．低解約返戻金型終身保険では、他の契約条件が同一で低解約返戻金型ではない終身保険と比較して、保険料払込期間中の解約返戻金額が低く抑えられており、割安な保険料が設定されている。

問題 13

外貨建て生命保険の一般的な商品性に関する次の記述のうち、最も適切なものはどれか。なお、記載のない特約については考慮しないものとする。

1．外貨建て生命保険は、米ドル・豪ドル・ユーロなどの外貨で保険料を払い込んで円貨で保険金等を受け取る保険であり、終身保険のほか、養老保険や個人年金保険などがある。

2．外貨建て終身保険は、円貨建ての終身保険と異なり、支払った保険料が生命保険料控除の対象とならない。

3．外貨建て終身保険は、契約時に円換算支払特約を付加すれば、契約時の為替相場で円換算した死亡保険金を受け取ることができる。

4．MVA（市場価格調整）機能を有する外貨建て生命保険は、市場金利に応じた運用資産の価格変動に伴い、解約時の解約返戻金額が増減する。

問題 14

2012年1月1日以後に締結された生命保険契約の保険料に係る生命保険料控除に関する次の記述のうち、最も不適切なものはどれか。

1．終身保険の月払保険料のうち、2023年1月に払い込まれた2022年12月分の保険料は、2023年分の一般の生命保険料控除の対象となる。

2．変額個人年金保険の保険料は、個人年金保険料控除の対象とはならず、一般の生命保険料控除の対象となる。

3．終身保険の保険料について、自動振替貸付により払込みに充当された金額は、貸し付けられた年分の一般の生命保険料控除の対象とはならず、返済した年分の一般の生命保険料控除の対象となる。

4．終身保険に付加された傷害特約の保険料は、介護医療保険料控除の対象とならない。

問題 15

法人を契約者（＝保険料負担者）とする生命保険等に係る保険料の経理処理に関する次の記述のうち、最も不適切なものはどれか。なお、いずれの保険契約も保険料は年払いかつ全期払いで、2022年10月に締結したものとする。

1．被保険者が役員・従業員全員、死亡保険金受取人および満期保険金受取人が法人である養老保険の支払保険料は、その全額を資産に計上する。

2．被保険者が役員、死亡保険金受取人が法人である終身保険の支払保険料は、その全額を損金の額に算入することができる。

3．被保険者が役員、給付金受取人が法人である解約返戻金のない医療保険の支払保険料は、その全額を損金の額に算入することができる。

4．被保険者が役員、死亡保険金受取人が法人で、最高解約返戻率が60％である定期保険（保険期間30年、年払保険料100万円）の支払保険料は、保険期間の前半４割相当期間においては、その40％相当額を資産に計上し、残額を損金の額に算入することができる。

問題 16

住宅用建物および家財を保険の対象とする火災保険の一般的な商品性に関する次の記述のうち、最も不適切なものはどれか。なお、特約については考慮しないものとする。

1．消防活動により自宅建物に収容している家財に生じた水濡れによる損害は、補償の対象とならない。

2．落雷により自宅建物に収容している家財に生じた損害は、補償の対象となる。

3．経年劣化による腐食で自宅建物に生じた損害は、補償の対象とならない。

4．竜巻により自宅建物に生じた損害は、補償の対象となる。

問題 17

任意加入の自動車保険の一般的な商品性に関する次の記述のうち、最も不適切なものはどれか。なお、特約については考慮しないものとする。

1. 駐車中の被保険自動車が当て逃げにより損害を被った場合、当て逃げの相手が判明しなくても、その損害は一般条件の車両保険の補償の対象となる。
2. 被保険自動車が地震を原因とする津波により水没した場合、その損害は一般条件の車両保険の補償の対象となる。
3. 被保険自動車を運転中に、誤って店舗建物に衝突して損壊させ、当該建物自体の損害に加え、建物の修理期間中の休業により発生した損害（休業損害）について法律上の損害賠償責任を負った場合、それらの損害は対物賠償保険の補償の対象となる。
4. 被保険自動車の運転中に、誤って兄の所有する自宅の車庫に衝突して損壊させ、法律上の損害賠償責任を負った場合、その損害は対物賠償保険の補償の対象となる。

問題 18

個人を契約者（＝保険料負担者）および被保険者とする損害保険等の税金に関する次の記述のうち、最も適切なものはどれか。

1. 病気で入院したことにより契約者が所得補償保険から受け取る保険金は、所得税の課税対象となる。
2. 水災で家財に損害が生じたことにより契約者が火災保険から受け取る保険金は、その保険金で新たに同等の家財を購入しない場合、所得税の課税対象となる。
3. 契約者が被保険自動車の運転中の交通事故により死亡し、契約者の配偶者が自動車保険の搭乗者傷害保険から受け取る死亡保険金は、相続税の課税対象となる。
4. 自宅建物が全焼したことにより契約者が火災保険から受け取る保険金の額が、当該建物の時価額より多い場合、保険金の額と当該建物の時価額との差額が所得税の課税対象となる。

問題 19

第三分野の保険の一般的な商品性に関する次の記述のうち、最も不適切なものはどれか。なお、記載のない特約については考慮しないものとする。

1．所得補償保険では、ケガや病気によって就業不能となった場合であっても、所定の医療機関に入院しなければ、補償の対象とならない。

2．先進医療特約で先進医療給付金の支払対象とされている先進医療は、療養を受けた時点において厚生労働大臣によって定められたものである。

3．限定告知型の医療保険では、他の契約条件が同一で限定告知型ではない医療保険と比較して、割高な保険料が設定されている。

4．がん保険では、90日間または３ヵ月間の免責期間が設けられており、その期間中にがんと診断されても、がん診断給付金は支払われない。

問題 20

損害保険を利用した家庭のリスク管理に関する次の記述のうち、最も不適切なものはどれか。なお、契約者（＝保険料負担者）は会社員の個人であるものとする。

1．国内旅行中の食事が原因で細菌性食中毒を発症するリスクに備えて、国内旅行傷害保険を契約した。

2．同居の子が自転車で通学中に他人に接触してケガをさせ、法律上の損害賠償責任を負うリスクに備えて、火災保険の加入時に個人賠償責任補償特約を付帯した。

3．地震により発生した火災で自宅建物が焼失するリスクに備えて、住宅建物を保険の対象とする火災保険に地震保険を付帯して契約した。

4．自宅の車庫に保管している自動車が火災で損害を被るリスクに備えて、家財を保険の対象とする火災保険を契約した。

問題 21

為替相場や金利の変動要因等に関する次の記述のうち、最も不適切なものはどれか。

1．日本の物価が米国と比較して相対的に上昇することは、一般に円高米ドル安の要因となる。
2．米国が政策金利を引き上げ、日本と米国との金利差が拡大することは、一般に円安米ドル高の要因となる。
3．日本の対米貿易赤字が拡大することは、一般に円安米ドル高の要因となる。
4．日本銀行が、国債買入オペによって長期国債（利付国債）を買い入れ、金融市場に資金を供給することは、一般に市中金利の低下要因となる。

問題 22

株式投資信託の一般的な運用手法等に関する次の記述のうち、最も不適切なものはどれか。

1．株価が現在の資産価値や利益水準などから割安と評価される銘柄に投資する手法は、バリュー投資と呼ばれる。
2．個別企業の業績の調査や財務分析によって投資対象となる銘柄を選定し、その積上げによってポートフォリオを構築する手法は、ボトムアップ・アプローチと呼ばれる。
3．割安な銘柄の売建てと割高な銘柄の買建てをそれぞれ同程度の金額で行い、市場の価格変動に左右されない絶対的な収益の確保を目指す手法は、マーケット・ニュートラル運用と呼ばれる。
4．ベンチマークの動きに連動して同等の運用収益率を得ることを目指すパッシブ運用は、アクティブ運用に比べて運用コストが低い傾向がある。

問題 23

債券のデュレーションに関する次の記述の空欄（ア）、（イ）にあてはまる語句の組み合わせとして、最も適切なものはどれか。

> デュレーションは、債券への投資資金の平均回収期間を表すとともに、債券投資における金利変動リスクの度合い（金利変動に対する債券価格の感応度）を表す指標としても用いられる。他の条件が同一であれば、債券の表面利率が（　ア　）ほど、また残存期間が長いほど、デュレーションは長くなる。なお、割引債券のデュレーションは、残存期間（　イ　）。

1.（ア）高い　（イ）と等しくなる
2.（ア）低い　（イ）よりも短くなる
3.（ア）高い　（イ）よりも短くなる
4.（ア）低い　（イ）と等しくなる

問題 24

東京証券取引所の市場区分等に関する次の記述のうち、最も不適切なものはどれか。

1. 東京証券取引所は、プライム市場、スタンダード市場、グロース市場およびTOKYO PRO Marketの４つの株式市場を開設している。
2. 日経平均株価は、プライム市場に上場している銘柄のうち、時価総額上位225銘柄を対象として算出される株価指標である。
3. プライム市場における上場維持基準は、株主数や流通株式数等において、スタンダード市場およびグロース市場よりも高い数値が設定されている。
4. グロース市場に上場している銘柄であっても、プライム市場における新規上場基準等の要件を満たせば、所定の手続きにより、プライム市場に市場区分の変更をすることができる。

問題 25

下記＜X社のデータ＞に基づき算出される投資指標に関する次の記述のうち、最も不適切なものはどれか。

＜X社のデータ＞

株価	2,700円
発行済株式数	0.5億株
売上高	2,000億円
経常利益	120億円
当期純利益	75億円
自己資本（＝純資産）	2,500億円
配当金総額	30億円

1．ROEは、3.75％である。
2．PERは、18倍である。
3．PBRは、0.54倍である。
4．配当性向は、40％である。

問題 26

外国株式の取引の一般的な仕組みや特徴に関する次の記述のうち、最も不適切なものはどれか。

1．国外の証券取引所に上場している外国株式を国内店頭取引により売買する場合、外国証券取引口座を開設する必要がある。
2．一般顧客が国内の証券会社を通じて購入した外国株式は、日本投資者保護基金による補償の対象とならない。
3．国内の証券取引所に上場している外国株式を国内委託取引（普通取引）により売買した場合の受渡日は、国内株式と同様に、売買の約定日から起算して3営業日目である。
4．外国株式については、一部銘柄を除き、金融商品取引法に基づくディスクロージャー制度の適用を受けず、同法に基づく企業内容等の開示は行われない。

問題 27

ポートフォリオ理論の一般的な考え方等に関する次の記述のうち、最も不適切なものはどれか。

1. ポートフォリオ理論は、期待リターンが同じであれば、投資家はリスクのより低い投資を選好する「リスク回避者」であることを前提としている。
2. アセットアロケーションとは、投資資金を株式、債券、不動産等の複数の資産クラスに配分することをいう。
3. 運用期間中、各資産クラスへの資産の配分比率を維持する方法として、値下がりした資産クラスの資産を売却し、値上がりした資産クラスの資産を購入するリバランスという方法がある。
4. 各資産クラスのリスク量が同等になるように資産配分を行うリスクパリティ運用（戦略）では、特定の資産クラスのボラティリティが上昇した場合、当該資産クラスの資産の一部売却を行う。

問題 28

Ａさんは、預金、債券、株式でポートフォリオを組んだが、その後各資産の構成比の見直しを行った。Ａさんのポートフォリオが下表のとおりであった場合、Ａさんの見直し前のポートフォリオの期待収益率と見直し後のポートフォリオの期待収益率の差（見直し後の期待収益率－見直し前の期待収益率）として、最も適切なものはどれか。

資産	期待収益率	標準偏差	見直し前のポートフォリオの構成比	見直し後のポートフォリオの構成比
預金	0.1%	0.0%	60%	20%
債券	2.0%	3.0%	20%	30%
株式	8.0%	20.0%	20%	50%

1. 0.486%
2. 2.060%
3. 2.560%
4. 4.620%

問題 29

NISA（少額投資非課税制度）に関する次の記述のうち、最も適切なものはどれか。なお、本問においては、NISAにより投資収益が非課税となる口座をNISA口座という。

1．NISA口座で保有する上場株式の配当金を非課税扱いにするためには、配当金の受取方法として登録配当金受領口座方式を選択しなければならない。
2．NISA口座で保有する金融商品を売却することで生じた譲渡損失の金額は、確定申告を行うことにより、同一年中に特定口座や一般口座で保有する金融商品を売却することで生じた譲渡益の金額と通算することができる。
3．2023年にNISA口座を開設できるのは、国内に住所を有する者のうち、2023年1月1日現在で20歳以上の者に限られる。
4．NISA口座の開設先を現在開設している金融機関から別の金融機関に変更する場合、変更したい年分の前年の10月1日から変更したい年分の属する年の9月30日までに変更手続きを行う必要がある。

問題 30

金融商品の取引等に係る各種法令に関する次の記述のうち、最も不適切なものはどれか。なお、本問においては、「金融サービスの提供に関する法律」を金融サービス提供法という。

1．金融サービス提供法において、金融サービス仲介業の登録を受けた事業者は、銀行業・金融商品取引業・保険業・貸金業に係る金融サービスのうち、顧客に対し高度に専門的な説明を必要とする金融サービスを仲介することが認められている。
2．金融商品取引法において、金融商品取引業者等が顧客と金融商品取引契約を締結しようとするときは、原則として、あらかじめ、重要事項を記載した契約締結前交付書面を交付することが義務付けられている。
3．大阪取引所における金、白金などのコモディティを対象とした市場デリバティブ取引は、金融商品取引法の適用対象となる。
4．消費者契約法において、消費者が事業者の一定の行為により誤認または困惑し、それによって消費者契約の申込みまたは承諾の意思表示をしたときは、消費者はこれを取り消すことができるとされている。

問題 31

わが国の税制に関する次の記述のうち、最も適切なものはどれか。

1．所得税では、課税対象となる所得を８種類に区分し、それぞれの所得の種類ごとに定められた計算方法により所得の金額を計算する。
2．相続税では、納税者が申告書に記載した被相続人の資産等の内容に基づき、税務署長が納付すべき税額を決定する賦課課税方式を採用している。
3．相続税は直接税に該当し、消費税は間接税に該当する。
4．固定資産税は国税に該当し、登録免許税は地方税に該当する。

問題 32

所得税における各種所得の金額の計算方法に関する次の記述のうち、最も不適切なものはどれか。

1．利子所得の金額は、「利子等の収入金額－元本を取得するために要した負債の利子の額」の算式により計算される。
2．不動産所得の金額は、原則として、「不動産所得に係る総収入金額－必要経費」の算式により計算される。
3．一時所得の金額は、「一時所得に係る総収入金額－その収入を得るために支出した金額－特別控除額」の算式により計算される。
4．退職所得の金額は、特定役員退職手当等および短期退職手当等に係るものを除き、「(退職手当等の収入金額－退職所得控除額) ×１／２」の算式により計算される。

問題 33

所得税の損益通算に関する次の記述のうち、最も適切なものはどれか。

1．不動産所得の金額の計算上生じた損失の金額のうち、不動産所得を生ずべき業務の用に供する土地の取得に要した負債の利子に相当する部分の金額は、給与所得の金額と損益通算できる。
2．先物取引に係る雑所得の金額の計算上生じた損失の金額は、不動産所得の金額と損益通算することができる。
3．生命保険を解約して解約返戻金を受け取ったことによる一時所得の金額の計算上生じた損失の金額は、事業所得の金額と損益通算することができる。
4．農業に係る事業所得の金額の計算上生じた損失の金額は、不動産所得の金額と損益通算することができる。

問題 34

所得税における所得控除に関する次の記述のうち、最も適切なものはどれか。

1．納税者が医師の診療に係る医療費を支払った場合、その全額を医療費控除として総所得金額等から控除することができる。
2．納税者が特定一般用医薬品等（スイッチOTC医薬品等）の購入費を支払った場合、その全額を医療費控除として総所得金額等から控除することができる。
3．納税者が確定拠出年金の個人型年金の掛金を支払った場合、その全額を社会保険料控除として総所得金額等から控除することができる。
4．納税者が国民年金基金の掛金を支払った場合、その全額を社会保険料控除として総所得金額等から控除することができる。

問題 35

所得税における住宅借入金等特別控除（以下「住宅ローン控除」という）に関する次の記述のうち、最も不適切なものはどれか。なお、2023年３月に住宅ローンを利用して住宅を取得し、同年中にその住宅を居住の用に供したものとする。

1. 住宅ローン控除の適用を受けるためには、原則として、住宅を取得した日から６ヵ月以内に自己の居住の用に供し、適用を受ける年分の12月31日まで引き続き居住していなければならない。
2. 住宅ローン控除の対象となる住宅は、床面積が40㎡以上であり、その３分の２以上に相当する部分がもっぱら自己の居住の用に供されるものでなければならない。
3. 中古住宅を取得し、住宅ローン控除の適用を受ける場合、当該住宅は、1982年１月１日以降に建築された住宅、または一定の耐震基準に適合する住宅でなければならない。
4. 新たに取得した住宅を居住の用に供した年に、これまで居住していた居住用財産を譲渡して「居住用財産を譲渡した場合の3,000万円の特別控除」の適用を受けた場合、住宅ローン控除の適用を受けることはできない。

問題 36

法人税の仕組みに関する次の記述のうち、最も適切なものはどれか。

1. 法人税の納税地は、原則として、その法人の代表者の住所または居所の所在地である。
2. 法人は、法人税の納税地に異動があった場合、原則として、異動前の納税地の所轄税務署長にその旨を届け出なければならない。
3. 法人税の確定申告書は、原則として、各事業年度終了の日の翌日から１ヵ月以内に、納税地の所轄税務署長に提出しなければならない。
4. 期末資本金の額等が１億円以下の一定の中小法人に対する法人税の税率は、所得金額のうち1,000万円以下の部分について軽減税率が適用される。

問題 37

法人税の損金に関する次の記述のうち、最も不適切なものはどれか。

1．法人が納付した法人税の本税の額は、損金の額に算入することができない。
2．法人が納付した法人住民税の本税の額は、損金の額に算入することができる。
3．法人が納付した法人事業税の本税の額は、損金の額に算入することができる。
4．法人が負担した従業員の業務中の交通違反に対して課された交通反則金の額は、損金の額に算入することができない。

問題 38

消費税に関する次の記述のうち、最も不適切なものはどれか。

1．土地の譲渡は、非課税取引に該当する。
2．新たに設立した普通法人のうち、事業年度開始の日における資本金の額等が1,000万円以上である法人は、基準期間がない課税期間において消費税の課税事業者となる。
3．基準期間における課税売上高が１億円である課税事業者は、所定の手続きにより、簡易課税制度の適用を受けることができる。
4．課税事業者である個人事業者は、原則として、消費税の確定申告書をその年の翌年３月31日までに納税地の所轄税務署長に提出しなければならない。

問題 39

会社と役員間の取引に係る所得税・法人税に関する次の記述のうち、最も不適切なものはどれか。

1. 会社が株主総会の決議を経て役員に対して退職金を支給した場合、その退職金の額は、不相当に高額な部分の金額など一定のものを除き、その会社の所得金額の計算上、損金の額に算入することができる。
2. 会社が役員に対して無利息で金銭の貸付けを行った場合、原則として、通常収受すべき利息に相当する金額が、その会社の所得金額の計算上、益金の額に算入される。
3. 役員が所有する土地を適正な時価の２分の１未満の価額で会社に譲渡した場合、その役員は、適正な時価により当該土地を譲渡したものとして譲渡所得の計算を行う。
4. 役員が会社の所有する社宅に無償で居住している場合、原則として、通常の賃貸料相当額が、その役員の雑所得の収入金額に算入される。

問題 40

損益計算書、貸借対照表およびキャッシュフロー計算書の一般的な特徴に関する次の記述のうち、最も不適切なものはどれか。

1. 損益計算書において、営業利益の額は、売上総利益の額から販売費及び一般管理費の額を差し引いた額である。
2. 損益計算書において、経常利益の額は、営業利益の額に特別利益・特別損失の額を加算・減算した額である。
3. 貸借対照表において、資産の部の合計額と、負債の部および純資産の部の合計額は一致する。
4. キャッシュフロー計算書は、一会計期間における企業の資金の増減を示したものである。

問題 41

不動産鑑定評価基準における不動産の価格を求める鑑定評価の手法に関する次の記述のうち、最も不適切なものはどれか。

1．収益還元法は、文化財の指定を受けた建造物等の一般的に市場性を有しない不動産以外のものには基本的にすべて適用すべきものとされている。

2．収益還元法のうち直接還元法は、対象不動産の一期間の純収益を還元利回りで還元して対象不動産の価格を求める手法である。

3．原価法は、価格時点における対象不動産の再調達原価を求め、この再調達原価について減価修正を行って対象不動産の価格を求める手法である。

4．取引事例比較法では、取引事例の取引時点が価格時点と異なり、その間に価格水準の変動があると認められる場合であっても、当該取引事例の価格は取引時点の価格から修正する必要はないとされている。

問題 42

宅地建物取引業法に関する次の記述のうち、最も不適切なものはどれか。なお、買主は宅地建物取引業者ではないものとする。

1．宅地建物取引業者が建物の貸借の媒介を行う場合、貸主と借主の双方から受け取ることができる報酬の合計額は、当該建物の借賃（消費税等相当額を除く）の２ヵ月分に相当する額に消費税等相当額を加算した額が上限となる。

2．宅地建物取引業者は、自ら売主となる宅地の売買契約の締結に際して、代金の額の10分の２を超える額の手付を受領することができない。

3．宅地建物取引業者が、自ら売主となる宅地の売買契約の締結に際して手付を受領したときは、その手付がいかなる性質のものであっても、買主が契約の履行に着手する前であれば、当該宅地建物取引業者はその倍額を現実に提供して、契約の解除をすることができる。

4．専任媒介契約の有効期間は、３ヵ月を超えることができず、これより長い期間を定めたときは、その期間は３ヵ月とされる。

問題 43

不動産の売買契約に係る民法の規定に関する次の記述のうち、最も適切なものはどれか。なお、特約については考慮しないものとする。

1．同一の不動産について二重に売買契約が締結された場合、譲受人相互間においては、所有権移転登記の先後にかかわらず、原則として、売買契約を先に締結した者が当該不動産の所有者となる。

2．売買の目的物である建物が、その売買契約の締結から当該建物の引渡しまでの間に、台風によって全壊した場合、売主の責めに帰することができない事由であるため、買主は、売主に対する建物代金の支払いを拒むことはできない。

3．不動産が共有されている場合、各共有者は、自己が有している持分を第三者に譲渡するときは、他の共有者全員の同意を得なければならない。

4．売買契約締結後、買主の責めに帰することができない事由により、当該契約の目的物の引渡債務の全部が履行不能となった場合、買主は履行の催告をすることなく、直ちに契約の解除をすることができる。

問題 44

借地借家法に関する次の記述のうち、最も適切なものはどれか。なお、本問においては、同法第22条の借地権を一般定期借地権といい、同法第22条から第24条の定期借地権等以外の借地権を普通借地権という。

1．事業の用に供する建物の所有を目的とするときは、一般定期借地権を設定することができない。

2．一般定期借地権の存続期間は、50年以上としなければならない。

3．普通借地権の存続期間は30年とされており、契約でこれより長い期間を定めることはできない。

4．普通借地権の存続期間が満了する場合において、借地権者が契約の更新を請求し、借地権設定者に更新を拒絶する正当の事由がないときは、借地上に建物があるかどうかにかかわらず、従前の契約と同一の条件で契約を更新したものとみなされる。

問題 45

都市計画法に関する次の記述のうち、最も適切なものはどれか。

1．すべての都市計画区域において、都市計画に市街化区域と市街化調整区域の区分（区域区分）を定めなければならない。

2．都市計画区域のうち、用途地域が定められている区域については、防火地域または準防火地域のいずれかを定めなければならない。

3．市街化調整区域内において、農業を営む者の居住の用に供する建築物の建築の用に供する目的で行う開発行為は、開発許可を受ける必要はない。

4．土地区画整理事業の施行として行う開発行為は、開発許可を受けなければならない。

問題 46

都市計画区域および準都市計画区域内における建築基準法の規定に関する次の記述のうち、最も不適切なものはどれか。

1．建築基準法第42条第２項により道路境界線とみなされる線と道路との間の敷地部分（セットバック部分）は、建蔽率および容積率を算定する際の敷地面積に算入することができない。

2．第一種低層住居専用地域、第二種低層住居専用地域または田園住居地域内における建築物の高さは、原則として、10mまたは12mのうち都市計画で定められた限度を超えることができない。

3．近隣商業地域、商業地域および工業地域においては、地方公共団体の条例で日影規制（日影による中高層の建築物の高さの制限）の対象区域として指定することができない。

4．建築物が防火地域および準防火地域にわたる場合においては、原則として、その全部について防火地域内の建築物に関する規定が適用される。

問題 47

不動産に係る固定資産税および都市計画税に関する次の記述のうち、最も不適切なものはどれか。

1. 固定資産税の納税義務者が、年の中途にその課税対象となっている家屋を取り壊した場合であっても、当該家屋に係るその年度分の固定資産税の全額を納付する義務がある。
2. 住宅用地に係る固定資産税の課税標準については、住宅1戸当たり200㎡以下の部分について課税標準となるべき価格の3分の1相当額とする特例がある。
3. 都市計画税は、都市計画区域のうち、原則として市街化区域内に所在する土地または家屋の所有者に対して課される。
4. 都市計画税の税率は各地方自治体の条例で定められるが、制限税率である0.3%を超えることはできない。

問題 48

個人が土地を譲渡した場合の譲渡所得に関する次の記述のうち、最も不適切なものはどれか。

1. 相続（限定承認に係るものを除く）により取得した土地を譲渡した場合、その土地の所有期間を判定する際の取得の日は、被相続人の取得時期が引き継がれる。
2. 土地の譲渡に係る所得が長期譲渡所得に区分される場合、課税長期譲渡所得金額に対し、原則として、所得税（復興特別所得税を含む）30.63%、住民税9%の税率で課税される。
3. 土地の譲渡に係る所得については、その土地を譲渡した日の属する年の1月1日における所有期間が5年以下の場合、短期譲渡所得に区分される。
4. 土地を譲渡する際に支出した仲介手数料は、譲渡所得の金額の計算上、譲渡費用に含まれる。

問題 49

不動産賃貸に係る所得税に関する次の記述のうち、最も不適切なものはどれか。

1．不動産所得の金額の計算上、2023年中に取得した建物を同年中に貸し付けた場合の当該建物の減価償却費の計算においては、定額法または定率法の選択が可能である。
2．不動産所得の金額の計算上、当該不動産所得に係る所得税および住民税の額は必要経費に算入されない。
3．不動産所得に係る総収入金額を計算する場合において、契約により支払日が定められている賃貸料は、原則として、その定められた支払日が収入すべき時期となる。
4．アパート等の貸付けが不動産所得における事業的規模であるかどうかの判定において、貸与することができる独立した室数がおおむね10以上であれば、特に反証がない限り、事業的規模として取り扱われる。

問題 50

不動産の投資判断の手法等に関する次の記述のうち、最も不適切なものはどれか。

1．レバレッジ効果とは、投資に対する収益率が借入金の金利を上回っている場合に、借入金の利用により自己資金に対する利回りが上昇する効果をいう。
2．DCF法は、連続する複数の期間に発生する純収益および復帰価格を、その発生時期に応じて現在価値に割り引いて、それぞれを合計して対象不動産の収益価格を求める手法である。
3．NPV法（正味現在価値法）による投資判断においては、対象不動産から得られる収益の現在価値の合計額が投資額を上回っている場合、その投資は有利であると判定することができる。
4．IRR法（内部収益率法）による投資判断においては、対象不動産に対する投資家の期待収益率が対象不動産の内部収益率を上回っている場合、その投資は有利であると判定することができる。

問題 51

贈与税の申告と納付に関する次の記述のうち、最も適切なものはどれか。

1．贈与税の納付は、贈与税の申告書の提出期限までに贈与者が行わなければならない。
2．贈与税の申告書の提出期間は、原則として、贈与があった年の翌年２月16日から３月15日までである。
3．贈与税を延納するためには、納付すべき贈与税額が10万円を超えていなければならない。
4．贈与税の納付について、金銭による一括納付や延納による納付を困難とする事由がある場合、その納付を困難とする金額を限度として物納が認められる。

問題 52

相続人が次の（ア）～（ウ）である場合、民法上、それぞれの場合における被相続人の配偶者の法定相続分の組み合わせとして、最も適切なものはどれか。

（ア）被相続人の配偶者および子の合計２人
（イ）被相続人の配偶者および母の合計２人
（ウ）被相続人の配偶者および兄の合計２人

1．（ア）１／２　（イ）１／３　（ウ）１／４
2．（ア）１／２　（イ）２／３　（ウ）３／４
3．（ア）３／４　（イ）２／３　（ウ）１／２
4．（ア）１／３　（イ）２／３　（ウ）３／４

問題 53

遺産の分割に関する次の記述のうち、最も不適切なものはどれか。

1．共同相続人は、一定の場合を除き、遺産の全部ではなく一部の分割内容のみを定めた遺産分割協議書を作成することができる。
2．換価分割は、共同相続人が相続により取得した財産の全部または一部を金銭に換価し、その換価代金を共同相続人の間で分割する方法である。
3．代償分割は、現物分割を困難とする事由がある場合に、共同相続人が家庭裁判所に申し立て、その審判を受けることにより認められる分割方法である。
4．相続人が代償分割により他の相続人から交付を受けた代償財産は、相続税の課税対象となる。

問題 54

遺言に関する次の記述のうち、最も不適切なものはどれか。

1．公正証書遺言を作成する際には、証人２人以上の立会いが必要とされる。
2．公正証書遺言を作成した遺言者は、その遺言を自筆証書遺言によって撤回することができる。
3．自筆証書遺言を作成する際に財産目録を添付する場合、その目録はパソコン等で作成することができる。
4．自筆証書遺言は、自筆証書遺言書保管制度により法務局（遺言書保管所）に保管されているものであっても、相続開始後に家庭裁判所の検認を受けなければならない。

問題 55

相続人が負担した次の費用等のうち、相続税の課税価格の計算上、相続財産の価額から債務控除をすることができるものはどれか。なお、相続人は債務控除の適用要件を満たしているものとする。

1．被相続人が生前に購入した墓碑の購入代金で、相続開始時点で未払いのもの
2．被相続人が所有していた不動産に係る固定資産税のうち、相続開始時点で納税義務は生じているが、納付期限が到来していない未払いのもの
3．被相続人に係る初七日および四十九日の法要に要した費用のうち、社会通念上相当と認められるもの
4．被相続人の相続に係る相続税の申告書を作成するために、相続人が支払った税理士報酬

問題 56

下記<親族関係図>において、Aさんの相続が開始した場合の相続税額の計算における遺産に係る基礎控除額として、最も適切なものはどれか。なお、Cさんは相続の放棄をしている。また、Eさんは、Aさんの普通養子（特別養子縁組以外の縁組による養子）である。

<親族関係図>

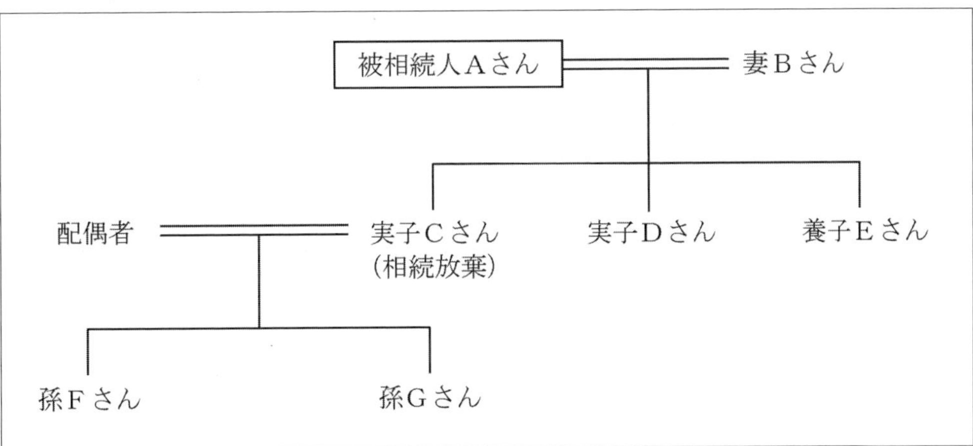

1．4,200万円
2．4,800万円
3．5,400万円
4．6,000万円

問題 57

相続税における取引相場のない株式の評価に関する次の記述のうち、最も適切なものはどれか。なお、特定の評価会社の株式には該当しないものとする。

1．類似業種比準方式における比準要素は、1株当たりの配当金額、1株当たりの利益金額および1株当たりの純資産価額（帳簿価額によって計算した金額）である。

2．会社規模が大会社である会社において、中心的な同族株主が取得した株式の価額は、原則として、類似業種比準方式と純資産価額方式の併用方式によって評価する。

3．会社規模が小会社である会社において、中心的な同族株主が取得した株式の価額は、原則として、類似業種比準方式によって評価する。

4．同族株主のいる会社において、同族株主以外の株主が取得した株式の価額は、その会社規模にかかわらず、原則として、純資産価額方式によって評価する。

問題 58

宅地および宅地の上に存する権利の相続税における評価に関する次の記述のうち、最も不適切なものはどれか。なお、評価の対象となる宅地は、借地権（建物等の所有を目的とする地上権または土地の賃借権）の設定に際し、その設定の対価として通常権利金その他の一時金を支払う「借地権の取引慣行のある地域」にあるものとする。また、宅地の上に存する権利は、定期借地権および一時使用目的の借地権等を除くものとする。

1. Ａさんが、従前宅地であった土地を車庫などの施設がない青空駐車場（月極駐車場）の用に供していた場合において、Ａさんの相続が開始したときは、相続税額の計算上、その土地の価額は貸宅地として評価する。
2. Ｂさんが、所有する宅地の上にアパートを建築して賃貸の用に供していた場合において、Ｂさんの相続が開始したときは、相続税額の計算上、その宅地の価額は貸家建付地として評価する。
3. Ｃさんが、借地権の設定に際して通常の権利金を支払って賃借した宅地の上にＣさん名義の自宅を建築して居住の用に供していた場合において、Ｃさんの相続が開始したときは、相続税額の計算上、その宅地の上に存するＣさんの権利の価額は、借地権として評価する。
4. Ｄさんが、借地権の設定に際して通常の権利金を支払って賃借した宅地の上にＤさん名義のアパートを建築して賃貸の用に供していた場合において、Ｄさんの相続が開始したときは、相続税額の計算上、その宅地の上に存するＤさんの権利の価額は、貸家建付借地権として評価する。

問題 59

中小企業における経営の承継の円滑化に関する法律における「遺留分に関する民法の特例」（以下「本特例」という）に関する次の記述のうち、最も不適切なものはどれか。

1．本特例の適用を受けることによって、後継者が旧代表者から贈与により取得した自社株式の全部または一部について、その価額を、遺留分を算定するための財産の価額に算入しないことができる。
2．本特例の適用を受けることによって、後継者が旧代表者から贈与により取得した自社株式の全部または一部について、遺留分を算定するための財産の価額に算入すべき価額を、本特例の適用に係る合意をした時点の価額とすることができる。
3．本特例の適用を受けるためには、経済産業大臣の確認および家庭裁判所の許可を受ける必要がある。
4．後継者が贈与により取得した自社株式が金融商品取引所に上場されている場合であっても、本特例の適用を受けることができる。

問題 60

民法における配偶者居住権に関する次の記述のうち、最も適切なものはどれか。

1．配偶者居住権の存続期間は、原則として、被相続人の配偶者の終身の間である。
2．被相続人の配偶者は、取得した配偶者居住権を譲渡することができる。
3．被相続人の配偶者は、居住建物を被相続人と被相続人の子が相続開始時において共有していた場合であっても、当該建物に係る配偶者居住権を取得することができる。
4．被相続人の配偶者は、被相続人の財産に属した建物に相続開始時において居住していなかった場合であっても、当該建物に係る配偶者居住権を取得することができる。

問題編

2023年 1 月試験

実 施 日 ◆ 2023年 1 月22日（日）
試験時間 ◆ 10：00～12：00（120分）

解答にあたっての注意

- 試験問題については、特に指示のない限り、2022年10月 1 日現在施行の法令等に基づいて解答してください。なお、東日本大震災の被災者等に対する各種特例等については考慮しないものとします。
- 次の各問について答えを 1 つ選び、その番号を解答用紙にマークしてください。

問題 1

ファイナンシャル・プランナー（以下「FP」という）の顧客に対する行為に関する次の記述のうち、職業倫理や関連法規に照らし、最も適切なものはどれか。

1. 顧客から住宅ローンについて相談を受けたFPのＡさんは、顧客から預かった給与所得の源泉徴収票のコピーを、顧客に紹介する予定の不動産会社の担当者に顧客の同意を得ないまま渡した。
2. 顧客から外貨預金での資金運用について相談を受けたFPのＢさんは、円安ドル高がこの先ずっと続くため、円預金の大半をドル預金に移すべきだとアドバイスをした。
3. 顧客から老後に受け取ることができる年金について相談を受けたFPのＣさんは、社会保険労務士の資格を有していないものの、顧客の「ねんきん定期便」に記載されている年金見込額を用いて、繰り下げた場合の年金受給額を試算した。
4. 顧客から所得税の確定申告について相談を受けたFPのＤさんは、税理士の資格を有していないものの、顧客の要望に応じて確定申告書の作成を代行した。

問題 2

ファイナンシャル・プランナーがライフプランニングに当たって作成するキャッシュフロー表の一般的な作成方法に関する次の記述のうち、最も適切なものはどれか。

1. キャッシュフロー表の作成において、可処分所得は、年間の収入金額から直接税、社会保険料および住居費の金額を控除した金額を計上する。
2. キャッシュフロー表の作成において、住宅ローンの返済方法を元金均等返済方式とした場合、その返済額は、毎年同額を計上する。
3. キャッシュフロー表の作成において、基本生活費や教育費等の支出項目に計上した金額は、家族構成が変わらない限り、見直す必要はない。
4. キャッシュフロー表の作成において、各年次の貯蓄残高は、「前年末の貯蓄残高×（１＋運用利率）＋当年の年間収支」の算式で計算した金額を計上する。

問題 3

公的医療保険に関する次の記述のうち、最も適切なものはどれか。

1. 全国健康保険協会管掌健康保険（協会けんぽ）の一般保険料率は、都道府県ごとに算定され、保険料は、原則として、労使で折半して負担する。
2. 自営業者や農林漁業従事者などが被保険者となる国民健康保険は、国が保険者として運営している。
3. 退職により健康保険の被保険者資格を喪失した者が、健康保険の任意継続被保険者になるためには、資格喪失日の前日まで継続して１年以上の被保険者期間がなければならない。
4. 健康保険や国民健康保険の被保険者は、原則として、70歳に達したときに、その被保険者資格を喪失して後期高齢者医療制度の被保険者となる。

問題 4

労働者災害補償保険（以下「労災保険」という）に関する次の記述のうち、最も不適切なものはどれか。

1. 労災指定病院で療養補償給付として受ける療養の給付については、労働者の一部負担金はない。
2. 労災保険の適用を受ける労働者には、雇用形態がアルバイトやパートタイマーである者は含まれるが、日雇労働者や外国人労働者は含まれない。
3. 業務災害により労働者が死亡した場合、対象となる遺族に対し、遺族補償給付として遺族補償年金または遺族補償一時金が支給される。
4. 労働者が業務上の負傷または疾病による療養のため労働することができず賃金を受けられない場合、賃金を受けられない日の第４日目から休業補償給付が支給される。

問題 5

雇用保険に関する次の記述のうち、最も適切なものはどれか。

1. 2つの事業所に雇用される65歳以上の労働者で、1つの事業所における1週間の所定労働時間がそれぞれ10時間未満、2つの事業所における1週間の所定労働時間の合計が10時間以上である者は、所定の申出により、雇用保険の高年齢被保険者となることができる。
2. 特定受給資格者等を除く一般の受給資格者に支給される基本手当の所定給付日数は、算定基礎期間が10年未満の場合、150日である。
3. 基本手当の受給期間中に、妊娠、出産、育児、病気等により、引き続き30日以上職業に就くことができない場合、最長3年まで受給期間を延長することができる。
4. 高年齢雇用継続基本給付金は、一般被保険者に対して支給対象月に支払われた賃金の額が、みなし賃金日額に30日を乗じて得た額の75%未満であること等の要件を満たす場合に支給される。

問題 6

公的年金等に関する次の記述のうち、最も適切なものはどれか。

1. 公的年金および年金生活者支援給付金は、原則として、毎年1月、3月、5月、7月、9月および11月に、それぞれの前月までの2ヵ月分が支給される。
2. 国民年金の第1号被保険者は、日本国内に住所を有する20歳以上60歳未満の自営業者や学生などのうち、日本国籍を有する者のみが該当する。
3. 産前産後休業を取得している厚生年金保険の被保険者の厚生年金保険料は、所定の手続きにより、被保険者負担分と事業主負担分がいずれも免除される。
4. 老齢厚生年金の繰上げ支給を請求する場合、老齢基礎年金の繰上げ支給の請求を同時に行う必要はない。

問題 7

公的年金に関する次の記述のうち、最も不適切なものはどれか。

1．障害基礎年金と遺族厚生年金の受給権を有している者は、65歳以降、障害基礎年金と遺族厚生年金を同時に受給することができる。
2．障害基礎年金と老齢厚生年金の受給権を有している者は、65歳以降、障害基礎年金と老齢厚生年金を同時に受給することができる。
3．同一の事由により、障害厚生年金と労働者災害補償保険法に基づく障害補償年金が支給される場合、障害補償年金は全額支給され、障害厚生年金は所定の調整率により減額される。
4．健康保険の傷病手当金の支給を受けるべき者が、同一の疾病または負傷およびこれにより発した疾病について障害厚生年金の支給を受けることができる場合、原則として傷病手当金は支給されない。

問題 8

確定拠出年金に関する次の記述のうち、最も不適切なものはどれか。

1．企業型年金を実施する事業主は、企業型年金規約において、加入者に一定の資格を定めることができる。
2．企業型年金における加入者掛金（マッチング拠出により加入者が拠出する掛金）の上限額は、事業主掛金の額にかかわらず、拠出限度額から当該加入者に係る事業主掛金の額を差し引いた額となる。
3．企業型年金の掛金は、月単位での拠出のほか、賞与時期のみの拠出や年１回の拠出も可能である。
4．企業型年金や確定給付企業年金等を実施していない一定規模以下の中小企業の事業主は、労使の合意かつ従業員の同意を基に、従業員が加入している個人型年金の加入者掛金に一定額の事業主掛金を上乗せして納付することができる。

問題 9

奨学金および教育ローンに関する次の記述のうち、最も不適切なものはどれか。

1．日本学生支援機構の貸与奨学金の返還が災害や傷病等により困難となった場合、所定の要件を満たせば、一定期間、毎月の返還額を減額し、減額した金額や期間に応じて返還期間を延長する減額返還制度を利用することができる。
2．日本学生支援機構の貸与奨学金のうち、第一種奨学金の返還方式には、貸与総額に応じて月々の返還額が算出され、返還完了まで定額で返還する「定額返還方式」と、前年の所得に応じてその年の毎月の返還額が決まり、返還期間が変動する「所得連動返還方式」がある。
3．日本政策金融公庫の教育一般貸付（国の教育ローン）の融資金利は、ひとり親家庭や交通遺児家庭等を対象として優遇措置が講じられている。
4．日本政策金融公庫の教育一般貸付（国の教育ローン）の返済期間は、最長20年である。

問題 10

損益分岐点比率に関する次のグラフおよび記述の空欄（ア）～（エ）にあてはまる語句の組み合わせとして、最も適切なものはどれか。

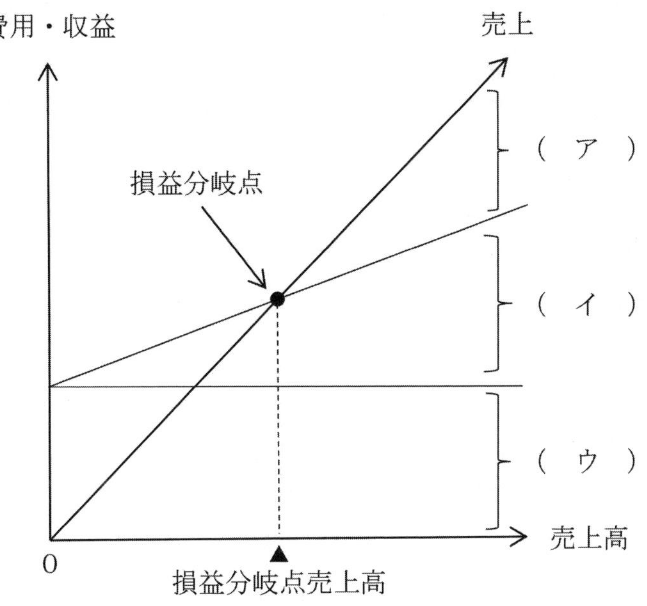

売上高に占める損益分岐点売上高の割合を損益分岐点比率といい、損益分岐点比率が（　エ　）ほど、売上が低下しても赤字になりにくいとされる。

1．（ア）限界利益	（イ）固定費	（ウ）変動費	（エ）低い
2．（ア）利益	（イ）変動費	（ウ）固定費	（エ）低い
3．（ア）利益	（イ）固定費	（ウ）変動費	（エ）高い
4．（ア）限界利益	（イ）変動費	（ウ）固定費	（エ）高い

問題 11

少額短期保険に関する次の記述のうち、最も適切なものはどれか。

1．少額短期保険は、低発生率保険および経過措置を適用している少額短期保険業者が引き受ける保険契約を除き、被保険者1人につき加入できる保険金額の合計額は1,000万円が上限である。
2．少額短期保険の保険期間は、生命保険、傷害疾病保険および損害保険のいずれも1年が上限である。
3．少額短期保険では、保険期間の満了時に満期返戻金を受け取ることができる。
4．少額短期保険業者が取り扱う保険契約は、保障内容に応じて、生命保険契約者保護機構または損害保険契約者保護機構のいずれかの保護の対象となる。

問題 12

生命保険の保険料等の一般的な仕組みに関する次の記述のうち、最も不適切なものはどれか。

1．保険料は、将来の保険金等の支払いの財源となる純保険料と、保険会社が保険契約を維持・管理していくために必要な経費等の財源となる付加保険料で構成されている。
2．保険料は、予定死亡率、予定利率、予定事業費率の3つの予定基礎率に基づいて算定される。
3．終身保険の死亡保険金の支払いに充てるために必要な保険料の計算に用いられる予定死亡率が高く設定された場合、新規契約の保険料は安くなる。
4．責任準備金は、保険会社が将来の保険金等の支払いの財源とするため、保険数理に基づいて算定し、積み立てる準備金である。

問題 13

生命保険の一般的な商品性に関する次の記述のうち、最も適切なものはどれか。なお、記載のない特約については考慮しないものとする。

1．逓減定期保険は、保険期間の経過に伴い所定の割合で保険料が逓減するが、保険金額は一定である。
2．こども保険（学資保険）では、契約者が死亡した場合、あらかじめ指定された受取人に死亡給付金が支払われる。
3．収入保障保険の死亡保険金を年金形式で受け取る場合の受取総額は、一時金で受け取る場合の受取額よりも少なくなる。
4．養老保険では、保険金の支払事由に該当せずに保険期間満了となった場合、死亡・高度障害保険金と同額の満期保険金を受け取ることができる。

問題 14

個人年金保険の一般的な商品性に関する次の記述のうち、最も適切なものはどれか。なお、いずれも契約者（＝保険料負担者）、被保険者および年金受取人は同一人とする。

1．確定年金では、年金受取期間中に被保険者が死亡した場合、死亡給付金受取人が既払込保険料相当額から被保険者に支払われた年金額を差し引いた金額を死亡給付金として受け取ることができる。
2．10年保証期間付終身年金において、被保険者の性別以外の契約条件が同一である場合、保険料は男性の方が女性よりも高くなる。
3．変額個人年金保険では、特別勘定における運用実績によって、将来受け取る年金額等が変動するが、年金受取開始前に被保険者が死亡した場合に支払われる死亡給付金については、基本保険金額が最低保証されている。
4．生存保障重視型の個人年金保険（いわゆるトンチン年金保険）では、年金受取開始前に被保険者が死亡した場合に支払われる死亡給付金は、既払込保険料相当額を超える金額に設定されている。

問題 15

生命保険の税金に関する次の記述のうち、最も不適切なものはどれか。なお、いずれも契約者（＝保険料負担者）ならびに保険金、年金および給付金の受取人は個人であるものとする。

1．契約者と被保険者が異なる終身保険において、被保険者がリビング・ニーズ特約に基づいて受け取る特約保険金は非課税となる。
2．契約者と被保険者が異なる個人年金保険において、年金受取開始前に被保険者が死亡して契約者が受け取った死亡給付金は、相続税の課税対象となる。
3．契約者、被保険者および年金受取人が同一人である個人年金保険（保証期間付終身年金）において、保証期間内に被保険者が死亡し、残りの保証期間について相続人等が受け取る年金の年金受給権は、相続税の課税対象となる。
4．一時払終身保険を契約から５年以内に解約したことにより契約者が受け取る解約返戻金は、一時所得として総合課税の対象となる。

問題 16

火災保険および地震保険の一般的な商品性に関する次の記述のうち、最も不適切なものはどれか。

1．地震保険は、火災保険の契約時に付帯する必要があり、火災保険の保険期間の中途で付帯することはできない。
2．地震保険の保険料には、「建築年割引」、「耐震等級割引」、「免震建築物割引」、「耐震診断割引」の割引制度があるが、これらは重複して適用を受けることはできない。
3．保険始期が2017年１月１日以降となる地震保険における損害の程度の区分は、「全損」「大半損」「小半損」「一部損」である。
4．専用住宅を対象とする火災保険の保険料を決定する要素の１つである建物の構造級別には、「M構造」「T構造」「H構造」の区分がある。

問題 17

任意加入の自動車保険の一般的な商品性に関する次の記述のうち、最も不適切なものはどれか。なお、記載のない事項については考慮しないものとする。

1．被保険自動車を運転中に飛び石により窓ガラスにひびが入った場合、一般車両保険の補償の対象となる。

2．被保険自動車を運転中に、通行人が連れていたペットに誤って衝突して死亡させ、法律上の損害賠償責任を負った場合、対物賠償保険の補償の対象となる。

3．被保険自動車を運転中に衝突事故を起こして被保険者がケガをした場合、被保険者の過失割合にかかわらず、人身傷害（補償）保険の補償の対象となる。

4．被保険自動車を運転中に衝突事故を起こして被保険者の配偶者がケガをした場合、対人賠償保険の補償の対象となる。

問題 18

医療保険等の一般的な商品性に関する次の記述のうち、最も不適切なものはどれか。

1．がん保険の入院給付金は、１回の入院における支払日数および通算の支払日数に制限はない。

2．先進医療特約で先進医療給付金の支払対象とされている先進医療は、契約時点において厚生労働大臣によって定められているものである。

3．１泊２日の入院検査（人間ドック検診）で異常が認められ、治療を目的とした入院を医師から指示された場合、その追加の入院については医療保険の入院給付金の支払対象となる。

4．特定（三大）疾病保障定期保険では、被保険者が特定疾病に罹患し、特定疾病保険金を受け取った場合、その後被保険者が死亡しても死亡保険金は支払われない。

問題 19

法人が所有する建物等を対象とした火災保険から受け取る保険金と圧縮記帳に関する次の記述のうち、最も適切なものはどれか。なお、契約している火災保険の契約者（＝保険料負担者）および保険金受取人は法人であるものとする。

1．工場建物および建物内に収容されている機械が全焼し、同一事業年度中に受け取った火災保険金で、焼失前と同様の工場建物および同一の機械を新たに取得した場合、当該工場建物・機械ともに圧縮記帳の対象となる。

2．工場建物が全焼し、同一事業年度中に受け取った火災保険金で、その滅失した工場建物と同一種類に区分される倉庫建物を新築した場合、当該倉庫建物は圧縮記帳の対象とならない。

3．工場建物が全焼し、同一事業年度中に受け取った火災保険金で、当該工場建物が滅失等をしたときにおいて現に建設中であった他の工場建物を完成させた場合、完成後の工場建物は圧縮記帳の対象となる。

4．保険金で取得した代替資産の圧縮限度額を算出する際、「所有固定資産の滅失または損壊により支出する経費」には、ケガ人に対する見舞金を含めることができる。

問題 20

損害保険を利用した事業活動のリスク管理に関する次の記述のうち、最も不適切なものはどれか。

1．製造業を営む事業者が、従業員が就業中や通勤途上でケガをする場合に備えて、すべての従業員を被保険者として普通傷害保険に就業中のみの危険補償特約を付帯して契約した。

2．貸しビル業を営む事業者が、所有するビル内に設置した機械が火災により損害を被る場合に備えて、機械保険を契約した。

3．レストランを営む事業者が、フロア担当従業員が誤って来店客の衣服を汚損する場合に備えて、施設所有（管理）者賠償責任保険を契約した。

4．小型家電製品を製造する事業者が、製造した製品の欠陥が原因で顧客がケガをする場合に備えて、生産物賠償責任保険（PL保険）を契約した。

問題 21

銀行等の金融機関で取り扱う預金商品の一般的な商品性に関する次の記述のうち、最も適切なものはどれか。

1. 貯蓄預金は、給与、年金等の自動受取口座や公共料金等の自動振替口座に指定することができる。
2. 決済用預金のうち、当座預金は、個人、法人のいずれも利用することができるが、無利息型普通預金は、法人が利用することはできない。
3. 期日指定定期預金は、据置期間経過後から最長預入期日までの間で、任意の日を満期日として指定することができる。
4. 総合口座において、紙の通帳の代わりにオンライン上で入出金の明細や残高を確認することができるサービスを提供しているのは、ネット専業銀行に限られる。

問題 22

上場投資信託（ETF）の一般的な特徴に関する次の記述のうち、最も不適切なものはどれか。

1. レバレッジ型ETFは、日経平均株価などの指標の日々の変動率に一定の正の倍数を乗じて算出される指数に連動した運用成果を目指して運用されるETFである。
2. インバース型ETFは、日経平均株価などの指標の日々の変動率に一定の負の倍数を乗じて算出される指数に連動した運用成果を目指して運用されるETFである。
3. リンク債型ETFは、所定の指標に連動した投資成果を目的とする債券（リンク債）に投資することにより、ETFの一口当たり純資産額の変動率を対象指標の変動率に一致させる運用手法を採用するETFである。
4. ETFの分配金には、普通分配金と元本払戻金（特別分配金）があり、税法上、普通分配金は課税対象となり、元本払戻金（特別分配金）は非課税となる。

問題 23

市場金利の変動と固定利付債券の利回り（単利・年率）および価格との関係に関する次の記述の空欄（ア）～（ウ）にあてはまる語句の組み合わせとして、最も適切なものはどれか。なお、手数料、経過利子、税金等については考慮しないものとし、計算結果は表示単位の小数点以下第３位を四捨五入するものとする。

> 表面利率が0.50％、償還年限が10年の固定利付債券が額面100円当たり100円で新規に発行された。５年後、市場金利が当該債券の発行時に比べて上昇した結果、債券の価格は（　ア　）して、（　イ　）となり、当該債券の現時点（発行から５年後）における最終利回りは0.70％（単利・年率）となった。また、当該債券を発行時に購入し、発行から５年後に（　イ　）で売却した場合の所有期間利回りは（　ウ　）となる。

1．（ア）下落　（イ）　99.03円　（ウ）0.31％
2．（ア）下落　（イ）　99.03円　（ウ）0.69％
3．（ア）上昇　（イ）100.98円　（ウ）0.69％
4．（ア）上昇　（イ）100.98円　（ウ）0.31％

問題 24

東京証券取引所の市場区分等に関する次の記述のうち、最も適切なものはどれか。

1．東証株価指数（TOPIX）は、東京証券取引所市場第一部に上場している全銘柄を対象として算出されていたが、東京証券取引所の市場区分見直しが実施された2022年４月４日以降、新たな市場区分であるプライム市場の全銘柄を対象として算出されている。

2．プライム市場のコンセプトは、「多くの機関投資家の投資対象になりうる規模の時価総額（流動性）を持ち、より高いガバナンス水準を備え、投資者との建設的な対話を中心に据えて持続的な成長と中長期的な企業価値の向上にコミットする企業向けの市場」である。

3．スタンダード市場のコンセプトは、「高い成長可能性を実現するための事業計画及びその進捗の適時・適切な開示が行われ一定の市場評価が得られる一方、事業実績の観点から相対的にリスクが高い企業向けの市場」である。

4．グロース市場のコンセプトは、「公開された市場における投資対象として一定の時価総額（流動性）を持ち、上場企業としての基本的なガバナンス水準を備えつつ、持続的な成長と中長期的な企業価値の向上にコミットする企業向けの市場」である。

問題 25

下記＜X社のデータ＞に基づき算出される投資指標に関する次の記述のうち、最も適切なものはどれか。

＜X社のデータ＞

株価	12,000円
発行済株式数	12億株
時価総額	144,000億円
自己資本（＝純資産）	60,000億円
配当金総額	720億円
PER	20倍

1．１株当たり当期純利益は、500円である。
2．ROEは、15.0%である。
3．PBRは、3.0倍である。
4．配当利回りは、0.5%である。

問題 26

個人が保有する外貨建て債券に関する次の記述の空欄（ア）～（ウ）にあてはまる語句の組み合わせとして、最も適切なものはどれか。

> 米ドル建て債券（為替ヘッジなし）を保有しているとき、米ドルに対する円の為替レートが円安に変動することは、当該債券の円換算の投資利回りの（　ア　）要因となる。一方、為替レートが円高に変動したときは、当該債券の円換算の投資利回りの（　イ　）要因となる。このように、外国通貨と自国通貨間の相対的な価値の変動により、外貨建て債券の自国通貨換算額が変動して利益や損失が生じる不確実性のことを（　ウ　）変動リスクという。

1．（ア）上昇　（イ）低下　（ウ）金利
2．（ア）上昇　（イ）低下　（ウ）為替
3．（ア）低下　（イ）上昇　（ウ）金利
4．（ア）低下　（イ）上昇　（ウ）為替

問題 27

下記<資料>に基づくファンドAとファンドBの過去5年間の運用パフォーマンスの比較評価に関する次の記述の空欄（ア）、（イ）にあてはまる語句の組み合わせとして、最も適切なものはどれか。

<資料>ファンドAとファンドBの過去5年間の運用パフォーマンス

ファンド名	実績収益率の平均値	実績収益率の標準偏差
ファンドA	3.2%	1.0%
ファンドB	12.0%	5.0%

ファンドの運用パフォーマンスに係る評価指標の1つとして、シャープレシオがある。
無リスク金利を全期間にわたり1.0%とし、<資料>の数値により、ファンドAのシャープレシオの値を算出すると（　ア　）となる。同様にファンドBのシャープレシオの値を算出したうえで、両ファンドの運用パフォーマンスを比較する場合、シャープレシオの比較においては、過去5年間は（　イ　）であったと判断される。

1．（ア）2.2　（イ）ファンドAとファンドBの運用効率は同等
2．（ア）2.2　（イ）ファンドAの方が効率的な運用
3．（ア）3.2　（イ）ファンドAとファンドBの運用効率は同等
4．（ア）3.2　（イ）ファンドAの方が効率的な運用

上場株式の譲渡および配当（一定の大口株主等が受けるものを除く）に係る税金に関する次の記述のうち、最も適切なものはどれか。なお、本問においては、NISA（少額投資非課税制度）により投資収益が非課税となる口座をNISA口座という。

1．上場株式の配当について、総合課税を選択して確定申告をした場合、上場株式の譲渡損失の金額と損益通算することができる。

2．上場株式等に係る配当所得等の金額と損益通算してもなお控除しきれない上場株式の譲渡損失の金額は、確定申告をすることにより、翌年以後５年間にわたって繰り越すことができる。

3．NISA口座で保有する上場株式の配当金を非課税扱いにするためには、配当金の受取方法として株式数比例配分方式を選択しなければならない。

4．NISA口座で保有する上場株式を売却したことで生じた譲渡損失の金額は、確定申告をすることにより、特定口座内の上場株式の譲渡益の金額と通算することができる。

わが国における個人による金融商品取引に係るセーフティネットに関する次の記述のうち、最も適切なものはどれか。

1．確定拠出年金の加入者が運用の方法として選択した定期預金は、加入者の預金として、預金保険制度による保護の対象となる。

2．日本国内で事業を行う生命保険会社が破綻した場合、生命保険契約者保護機構による補償の対象となる保険契約については、高予定利率契約を除き、原則として、破綻時点の責任準備金等の80％まで補償される。

3．証券会社が破綻し、分別管理が適切に行われていなかったために、一般顧客の資産の一部または全部が返還されない事態が生じた場合、日本投資者保護基金により、補償対象債権に係る顧客資産について一般顧客１人当たり2,000万円を上限として補償される。

4．銀行で購入した投資信託は、日本投資者保護基金による保護の対象となる。

問題 30

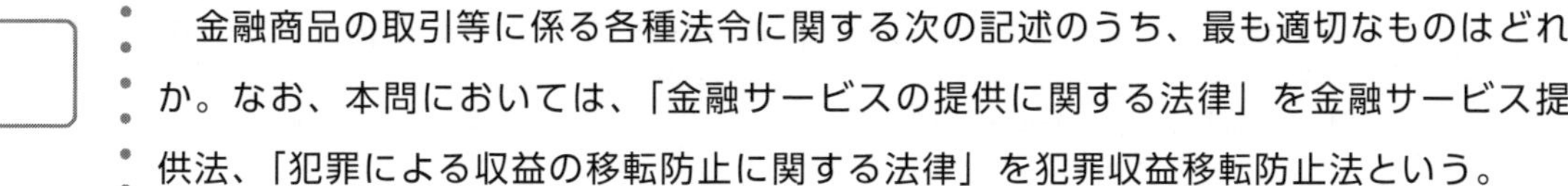
金融商品の取引等に係る各種法令に関する次の記述のうち、最も適切なものはどれか。なお、本問においては、「金融サービスの提供に関する法律」を金融サービス提供法、「犯罪による収益の移転防止に関する法律」を犯罪収益移転防止法という。

1．金融商品取引法では、金融商品取引契約を締結しようとする金融商品取引業者等は、あらかじめ顧客（特定投資家を除く）に契約締結前交付書面を交付しなければならないとされているが、顧客から交付を要しない旨の意思表示があった場合、その交付義務は免除される。

2．金融サービス提供法では、金融サービス仲介業の登録を受けた事業者は、銀行、証券、保険、貸金業の分野のサービスを仲介することができるが、特定の金融機関に所属し、その指導および監督を受けなければならないとされている。

3．消費者契約法では、事業者の不適切な行為によって、消費者が誤認や困惑をし、それによって消費者契約の申込みまたはその承諾の意思表示をした場合、消費者は、当該契約によって生じた損害について賠償を請求することができるとされている。

4．犯罪収益移転防止法では、金融機関等の特定事業者が顧客と特定業務に係る取引を行った場合、特定事業者は、原則として、直ちに当該取引に関する記録を作成し、当該取引の行われた日から7年間保存しなければならないとされている。

問題 31

所得税の基本的な仕組みに関する次の記述のうち、最も適切なものはどれか。

1．非永住者以外の居住者は、国内源泉所得に加え、国外源泉所得のうち国内において支払われたものおよび国外から送金されたものに限り、所得税の納税義務がある。

2．所得税における青色申告制度では、納税者に記帳義務および帳簿書類保存義務が課されている。

3．各種所得の金額の計算上、収入金額には、原則として、その年において収入すべきことが確定した金額のうち、未収入の金額を控除した額を計上する。

4．所得税は、納税者が申告をした後に、税務署長が所得や納付すべき税額を決定する賦課課税方式を採用している。

問題 32

所得税における各種所得に関する次の記述のうち、最も不適切なものはどれか。

1．事業所得の金額は、原則として、その年中の「事業所得に係る総収入金額－必要経費」の算式により計算される。
2．給与所得の金額は、原則として、その年中の「給与等の収入金額－給与所得控除額」の算式により計算される。
3．不動産所得の金額は、原則として、その年中の「不動産所得に係る総収入金額－必要経費」の算式により計算される。
4．一時所得の金額は、原則として、その年中の「一時所得に係る総収入金額－その収入を得るために支出した金額の合計額」の算式により計算される。

問題 33

所得税の各種所得の金額の計算上生じた次の損失の金額のうち、他の所得の金額と損益通算できないものはどれか。

1．不動産所得の金額の計算上生じた損失の金額のうち、不動産所得を生ずべき建物の取得に要した負債の利子に相当する部分の金額
2．生活の用に供していた自家用車を売却したことによる譲渡所得の金額の計算上生じた損失の金額
3．コンサルティング事業を行ったことによる事業所得の金額の計算上生じた損失の金額
4．取得してから５年が経過した山林を伐採して譲渡したことによる山林所得の金額の計算上生じた損失の金額

問題 34

所得税における医療費控除に関する次の記述のうち、最も適切なものはどれか。

1. 医療費はその年中に実際に支払った金額が医療費控除の対象となり、未払いとなっている医療費は実際に支払われるまで医療費控除の対象とならない。
2. 入院に際し必要となる寝巻きや洗面具などの身の回り品の購入費用は、医療費控除の対象となる。
3. 自家用車で通院した際に支払ったガソリン代や駐車場代は、医療費控除の対象となる。
4. 給与所得者は、年末調整により医療費控除の適用を受けることができる。

問題 35

所得税における住宅借入金等特別控除（以下「住宅ローン控除」という）に関する次の記述のうち、最も不適切なものはどれか。なお、記載されたもの以外の要件はすべて満たしているものとする。

1. 住宅ローンの一部繰上げ返済を行い、借入金の償還期間が当初の借入れの日から10年未満となった場合であっても、残りの控除期間について住宅ローン控除の適用を受けることができる。
2. 中古住宅を取得した場合であっても、当該住宅が一定の耐震基準に適合するときは、住宅ローン控除の適用を受けることができる。
3. 転勤に伴う転居等のやむを得ない事由により、住宅ローン控除の適用を受けていた者がその住宅を居住の用に供しなくなった場合に、翌年以降に再び当該住宅を居住の用に供すれば、原則として、再入居した年以後の控除期間内について住宅ローン控除の適用を受けることができる。
4. 住宅ローン控除の適用を受ける最初の年分は、必要事項を記載した確定申告書に一定の書類を添付し、納税地の所轄税務署長に提出しなければならない。

問題 36

所得税の申告に関する次の記述のうち、最も適切なものはどれか。

1．その年中の公的年金等の収入金額の合計が450万円であり、それ以外の所得が原稿料に係る雑所得の金額20万円のみである者は、確定申告を行う必要はない。
2．年の中途で死亡した者のその年分の所得税について確定申告を要する場合、原則として、その相続人は、相続の開始があったことを知った日の翌日から2ヵ月以内に、死亡した者に代わって確定申告をしなければならない。
3．その年の1月16日以後新たに業務を開始した者が、その年分から青色申告の適用を受けようとする場合、その業務を開始した日の属する月の翌月までに、「所得税の青色申告承認申請書」を納税地の所轄税務署長に提出しなければならない。
4．前年からすでに業務を行っている者が、本年分から新たに青色申告の適用を受けるために、提出期限までに「所得税の青色申告承認申請書」を提出した場合、その年の12月31日までに、その申請につき承認または却下の処分がなかったときは、青色申告の承認があったものとみなされる。

問題 37

法人税の損金に関する次の記述のうち、最も不適切なものはどれか。

1．法人が国または地方公共団体に対して支払った寄附金は、確定申告書に当該寄附金の明細を記載した書類を添付することで、その全額を損金の額に算入することができる。
2．得意先への接待のために支出した飲食費で、参加者1人当たりの支出額が5,000円以下であるものについては、一定の書類を保存している場合、その全額を損金の額に算入することができる。
3．法人が役員に支給した定期同額給与を損金の額に算入するためには、所定の時期に確定額を支給する旨の定めの内容をあらかじめ税務署長に届け出なければならない。
4．損金の額に算入される租税公課のうち、事業税については、原則として、その事業税に係る納税申告書を提出した日の属する事業年度の損金の額に算入することができる。

問題 38

消費税に関する次の記述のうち、最も不適切なものはどれか。

1．基準期間における課税売上高が1,000万円を超える法人は、消費税の免税事業者となることができない。
2．特定期間における給与等支払額の合計額および課税売上高がいずれも1,000万円を超える法人は、消費税の免税事業者となることができない。
3．基準期間における課税売上高が5,000万円を超える課税事業者は、簡易課税制度の適用を受けることができない。
4．消費税の免税事業者が「消費税課税事業者選択届出書」を提出して消費税の課税事業者となったときは、事業を廃止した場合を除き、原則として３年間は消費税の免税事業者に戻ることができない。

問題 39

会社と役員間の取引に係る所得税・法人税に関する次の記述のうち、最も不適切なものはどれか。

1．会社が役員からの借入金について債務免除を受けた場合、会社はその債務免除を受けた金額を益金の額に算入する。
2．会社が役員に対して無利息で金銭の貸付けを行った場合、原則として、通常収受すべき利息に相当する金額が、会社の益金の額に算入される。
3．役員が所有する建物を適正な時価の２分の１以上かつ時価未満の価額で会社に譲渡した場合、役員は、時価相当額を譲渡価額として譲渡所得の計算を行う。
4．会社が役員に対して支給した退職金は、不相当に高額な部分の金額など一定のものを除き、損金の額に算入することができる。

問題 40

決算書の分析に関する次の記述のうち、最も不適切なものはどれか。

1．流動比率（%）は、「流動資産÷総資産×100」の算式で計算される。
2．当座比率（%）は、「当座資産÷流動負債×100」の算式で計算される。
3．固定比率（%）は、「固定資産÷自己資本×100」の算式で計算される。
4．自己資本比率（%）は、「自己資本÷総資産×100」の算式で計算される。

問題 41

土地の価格に関する次の記述のうち、最も適切なものはどれか。

1．地価公示法による公示価格は、毎年４月１日を標準地の価格判定の基準日としている。
2．都道府県地価調査の標準価格は、毎年１月１日を基準地の価格判定の基準日としている。
3．相続税路線価は、地価公示法による公示価格の80%を価格水準の目安としている。
4．評価替えの基準年度における宅地の固定資産税評価額は、前年の地価公示法による公示価格等の60%を目途として評定されている。

問題 42

不動産の登記や調査に関する次の記述のうち、最も適切なものはどれか。

1．抵当権の登記の登記事項は、権利部甲区に記録される。
2．不動産の登記事項証明書の交付を請求することができるのは、当該不動産に利害関係を有する者に限られる。
3．区分建物を除く建物に係る登記記録において、床面積は、壁その他の区画の内側線で囲まれた部分の水平投影面積（内法面積）により記録される。
4．同一の不動産について二重に売買契約が締結された場合、譲受人相互間においては、売買契約の締結の先後にかかわらず、原則として、所有権移転登記を先にした者が当該不動産の所有権の取得を対抗することができる。

問題 43

不動産の売買契約に係る民法の規定に関する次の記述のうち、最も不適切なものはどれか。なお、特約については考慮しないものとする。

1. 売買の目的物である建物が、その売買契約の締結から当該建物の引渡しまでの間に、地震によって全壊した場合、買主は売主に対して建物代金の支払いを拒むことができる。
2. 不動産が共有されている場合に、各共有者が、自己が有している持分を第三者に譲渡するときは、他の共有者の同意を得る必要はない。
3. 売買契約締結後、買主の責めに帰することができない事由により、当該契約の目的物の引渡債務の全部が履行不能となった場合、買主は履行の催告をすることなく、直ちに契約の解除をすることができる。
4. 売主が種類または品質に関して契約の内容に適合しないことを知りながら、売買契約の目的物を買主に引き渡した場合、買主は、その不適合を知った時から１年以内にその旨を売主に通知しなければ、契約の解除をすることができない。

問題 44

借地借家法に関する次の記述のうち、最も適切なものはどれか。なお、本問においては、同法第22条の借地権を一般定期借地権、第23条の借地権を事業用定期借地権等といい、第22条から第24条の定期借地権等以外の借地権を普通借地権という。

1. 普通借地権の設定契約において、その存続期間は50年を超えることができない。
2. 借地権者の債務不履行により普通借地権の設定契約が解除された場合、借地権者は借地権設定者に対し、借地上の建物を時価で買い取るべきことを請求することができない。
3. 一般定期借地権の設定契約を公正証書等の書面で行う場合は、その存続期間を30年とすることができる。
4. 法人は従業員の社宅として利用する建物の所有を目的として、事業用定期借地権等の設定契約をすることができる。

問題 45

借地借家法に関する次の記述のうち、最も不適切なものはどれか。なお、本問においては、同法第38条における定期建物賃貸借契約を定期借家契約といい、それ以外の建物賃貸借契約を普通借家契約という。

1. 普通借家契約において、存続期間を３ヵ月と定めた場合、期間の定めがない建物の賃貸借とみなされる。
2. 定期借家契約において、賃借人は、その建物の賃借権の登記がなくても、引渡しを受けていれば、その後その建物について物権を取得した者に建物の賃借権を対抗することができる。
3. 賃貸人は、定期借家契約締結後、速やかに、建物の賃借人に対して契約の更新がなく、期間の満了により当該建物の賃貸借が終了する旨を記載した書面を交付しなければならない。
4. 定期借家契約は、公正証書以外の書面でも締結することができる。

問題 46

都市計画区域および準都市計画区域内における建築基準法の規定に関する次の記述のうち、最も不適切なものはどれか。

1. 敷地の前面道路の幅員が12m未満である建築物の容積率は、原則として、「都市計画で定められた容積率」と「前面道路の幅員に一定の数値を乗じて得たもの」とのいずれか低い方が上限となる。
2. 建築物の高さに係る隣地斜線制限は、第一種低層住居専用地域、第二種低層住居専用地域および田園住居地域には適用されない。
3. 第一種住居地域内においては、建築物の高さは10mまたは12mのうち当該地域に関する都市計画において定められた建築物の高さの限度を超えてはならない。
4. 建築物の敷地は、原則として、建築基準法に規定する道路に２m以上接していなければならない。

問題 47

建物の区分所有等に関する法律に関する次の記述のうち、最も不適切なものはどれか。

1．区分所有者は、敷地利用権が数人で有する所有権その他の権利である場合、規約に別段の定めがない限り、敷地利用権を専有部分と分離して処分することができる。
2．区分所有者は、規約に別段の定めがない限り、集会の議決によって管理者を選任し、または解任することができる。
3．集会においては、区分所有者および議決権の各５分の４以上の多数により建替え決議をすることができる。
4．共用部分に対する区分所有者の共有持分は、規約に別段の定めがない限り、各共有者が有する専有部分の床面積の割合による。

問題 48

不動産の取得に係る税金に関する次の記述のうち、最も適切なものはどれか。

1．不動産取得税は、相続により不動産を取得した場合は課されるが、贈与により不動産を取得した場合は課されない。
2．一定の要件を満たす戸建て住宅（認定長期優良住宅を除く）を新築した場合、不動産取得税の課税標準の算定に当たっては、１戸につき最高1,200万円を価格から控除することができる。
3．登録免許税は、贈与により不動産を取得した場合の所有権移転登記では課されない。
4．登録免許税は、建物を新築した場合の建物表題登記であっても課される。

問題 49

居住用財産を譲渡した場合の3,000万円の特別控除（以下「3,000万円特別控除」という）および居住用財産を譲渡した場合の長期譲渡所得の課税の特例（以下「軽減税率の特例」という）に関する次の記述のうち、最も不適切なものはどれか。なお、記載されたもの以外の要件はすべて満たしているものとする。

1．3,000万円特別控除は、居住用財産を配偶者に譲渡した場合には適用を受けることができない。
2．3,000万円特別控除は、譲渡した居住用財産の所有期間が、譲渡した日の属する年の１月１日において10年を超えていなければ、適用を受けることができない。
3．軽減税率の特例では、課税長期譲渡所得金額のうち6,000万円以下の部分の金額について、所得税（復興特別所得税を含む）10.21％、住民税４％の軽減税率が適用される。
4．3,000万円特別控除と軽減税率の特例は、重複して適用を受けることができる。

問題 50

不動産の有効活用の一般的な特徴に関する次の記述のうち、最も不適切なものはどれか。

1．事業受託方式は、土地有効活用の企画、建設会社の選定および土地上に建設する建物の管理・運営をデベロッパーに任せることができるが、建設資金の調達は土地所有者が行う必要がある。
2．建設協力金方式は、土地所有者が、建設する建物を貸し付ける予定のテナントから、建設資金の全部または一部を借り受けてビルや店舗等を建設する方式である。
3．定期借地権方式では、土地所有者は土地を一定期間貸し付けることによって地代収入を得ることができ、当該土地上に建設される建物の建設資金を調達する必要はない。
4．等価交換方式では、土地所有者は土地の出資割合に応じて、建設される建物の一部を取得することができるが、建設資金の調達は土地所有者が行う必要がある。

問題 51

民法上の贈与に関する次の記述のうち、最も適切なものはどれか。

1. 書面によらない贈与は、その履行の終わった部分についても、各当事者が解除をすることができる。
2. 定期贈与とは、贈与者が受贈者に対して定期的に財産を給付することを目的とする贈与をいい、贈与者または受贈者のいずれか一方が生存している限り、その効力を失うことはない。
3. 負担付贈与では、受贈者がその負担である義務を履行しない場合において、贈与者が相当の期間を定めてその履行の催告をし、その期間内に履行がない場合、原則として、贈与者は、当該贈与の契約の解除をすることができる。
4. 死因贈与では、民法の遺贈に関する規定が準用され、贈与者のみの意思表示により成立し、贈与者の死亡によって効力が生じる。

問題 52

贈与税に関する次の記述のうち、最も不適切なものはどれか。

1. 個人が法人からの贈与により取得した財産は、贈与税の課税対象とならない。
2. 個人から受ける社交上必要と認められる香典・見舞金等の金品で、贈与者と受贈者との関係等に照らして社会通念上相当と認められるものは、贈与税の課税対象とならない。
3. 扶養義務者相互間において生活費または教育費に充てるためにした贈与により取得した財産のうち、通常必要と認められるものは、贈与税の課税対象とならない。
4. 契約者（＝保険料負担者）が母、被保険者が父、保険金受取人が子である生命保険契約において、父の死亡により子が受け取った死亡保険金は、贈与税の課税対象にならない。

問題 53

贈与税の計算に関する次の記述のうち、最も不適切なものはどれか。

1．子が、同一年中に父と母のそれぞれから200万円ずつ贈与を受けた場合、その年分の暦年課税に係る贈与税額の計算上、課税価格から控除する基礎控除額は110万円である。
2．相続時精算課税制度の適用を受けた贈与財産に係る贈与税額の計算上、特別控除額は特定贈与者ごとに累計3,000万円である。
3．配偶者からの贈与について贈与税の配偶者控除の適用を受けた者は、その年分の贈与税額の計算上、課税価格から、基礎控除額のほかに最高2,000万円を控除することができる。
4．2022年4月1日以後、その年1月1日において18歳以上の者が、直系尊属から贈与により財産を取得した場合、その財産に係る暦年課税による贈与税額は、課税価格から基礎控除額を控除した残額に、特例税率による超過累進税率を乗じて計算する。

問題 54

民法に規定する相続分に関する次の記述のうち、最も不適切なものはどれか。なお、記載のない事項については考慮しないものとする。

1．養子の法定相続分は、実子の法定相続分の2分の1である。
2．父母の一方のみを同じくする兄弟姉妹の法定相続分は、父母の双方を同じくする兄弟姉妹の法定相続分の2分の1である。
3．代襲相続人が1人である場合の当該代襲相続人の法定相続分は、被代襲者が受けるべきであった法定相続分と同じである。
4．嫡出でない子の法定相続分は、嫡出である子の法定相続分と同じである。

問題 55

遺産分割に関する次の記述のうち、最も適切なものはどれか。

1．適法に成立した遺産分割協議については、共同相続人全員の合意があったとしても、解除することは認められない。

2．代償分割は、現物分割を困難とする事由がある場合に、共同相続人が家庭裁判所に申し立て、その審判を受けることにより認められる。

3．相続財産である不動産を、共同相続人間で遺産分割するために譲渡して換価した場合、その譲渡による所得は、所得税において非課税所得とされている。

4．被相続人は、遺言によって、相続開始の時から５年を超えない期間を定めて、遺産の分割を禁ずることができる。

問題 56

民法に規定する相続に関する次の記述のうち、最も適切なものはどれか。

1．相続人が不存在である場合は、被相続人の相続財産は法人となり、特別縁故者の請求によってその財産の全部または一部が特別縁故者に対して分与されることがある。

2．相続の単純承認をした相続人は、被相続人の財産のうち、積極財産のみを相続する。

3．限定承認は、相続人が複数いる場合、限定承認を行おうとする者が単独ですることができる。

4．相続の放棄をする場合は、相続人は相続の開始があったことを知った時から原則として６ヵ月以内に家庭裁判所に申述しなければならない。

問題 57

相続税の計算に関する次の記述のうち、最も適切なものはどれか。なお、本問において、相続の放棄をした者はいないものとする。

1．遺産に係る基礎控除額の計算上、法定相続人の数に含めることができる養子（実子とみなされる者を除く）の数は、実子がいる場合、２人に制限される。
2．相続人となるべき被相続人の子がすでに死亡しているため、その死亡した子を代襲して相続人となった被相続人の孫は、相続税額の２割加算の対象者となる。
3．相続人が被相続人の配偶者のみである場合、「配偶者に対する相続税額の軽減」の適用を受けた配偶者については、相続により取得した遺産額の多寡にかかわらず、納付すべき相続税額が生じない。
4．「配偶者に対する相続税額の軽減」の適用を受けることができる配偶者は、被相続人と法律上の婚姻の届出をした者に限られず、いわゆる内縁の配偶者も含まれる。

問題 58

Ａさんの相続が開始した場合の相続税額の計算における宅地の評価に関する次の記述のうち、最も不適切なものはどれか。

1．Ａさんが、自己が所有する宅地の上に自宅を建築して居住していた場合、この宅地は自用地として評価する。
2．Ａさんの妹が、Ａさんが所有する宅地を使用貸借により借り受け、自宅を建築して居住していた場合、この宅地は自用地として評価する。
3．Ａさんが、自己が所有する宅地の上に店舗用建物を建築し、当該建物を第三者に賃貸していた場合、この宅地は貸宅地として評価する。
4．Ａさんが、自己が所有する宅地に建物の所有を目的とする賃借権を設定し、借地人がこの宅地の上に自宅を建築して居住していた場合、この宅地は貸宅地として評価する。

問題 59

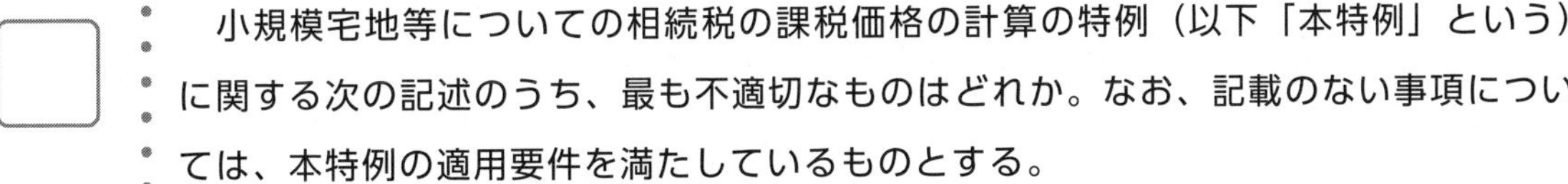

小規模宅地等についての相続税の課税価格の計算の特例（以下「本特例」という）に関する次の記述のうち、最も不適切なものはどれか。なお、記載のない事項については、本特例の適用要件を満たしているものとする。

1. 被相続人の配偶者が、被相続人が居住の用に供していた宅地を相続により取得した場合、相続税の申告期限までにその宅地を売却したとしても、本特例の適用を受けることができる。
2. 相続開始の直前において被相続人と同居していなかった被相続人の配偶者が、被相続人が居住の用に供していた宅地を相続により取得した場合、本特例の適用を受けることはできない。
3. 被相続人の子が相続により取得した宅地が、本特例における特定事業用宅地等に該当する場合、その宅地のうち400㎡までを限度面積として、評価額の80％相当額を減額した金額を、相続税の課税価格に算入すべき価額とすることができる。
4. 相続人以外の親族が、被相続人が居住の用に供していた宅地を遺贈により取得した場合であっても、本特例の適用を受けることができる。

問題 60

相続税の納税に関する次の記述のうち、最も不適切なものはどれか。

1. 相続により土地を取得した者がその相続に係る相続税について延納を申請する場合、一定の要件を満たせば、その相続により取得した土地以外の土地を延納の担保として提供することができる。
2. 相続税は金銭による一括納付が原則であるが、一括納付や延納による金銭の納付が困難な場合、納税義務者は、その納付を困難とする金額を限度に物納を申請することができる。
3. 物納に充てることができる財産の種類には順位があり、不動産と上場株式はいずれも第1順位に分類されている。
4. 「小規模宅地等についての相続税の課税価格の計算の特例」の適用を受けた宅地等を物納する場合の収納価額は、特例適用前の価額である。

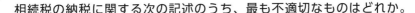

問題編

2022年９月試験

実 施 日 ◆ 2022年９月11日（日）
試験時間 ◆ 10：00～12：00（120分）

解答にあたっての注意

・試験問題については、特に指示のない限り、2022年４月１日現在施行の法令等に基づいて解答してください。なお、東日本大震災の被災者等に対する各種特例等については考慮しないものとします。
・次の各問について答えを１つ選び、その番号を解答用紙にマークしてください。

問題 1

ファイナンシャル・プランナー（以下「FP」という）の顧客に対する行為に関する次の記述のうち、関連法規に照らし、最も不適切なものはどれか。

1．社会保険労務士の登録を受けていないFPのAさんは、ライフプランの相談に来た顧客に対して、老齢基礎年金や老齢厚生年金の受給要件や請求方法の概要を有償で説明した。

2．弁護士の登録を受けていないFPのBさんは、資産管理の相談に来た顧客の求めに応じ、有償で、当該顧客を委任者とする任意後見契約の受任者となった。

3．金融商品取引業の登録を受けていないFPのCさんは、金融資産運用に関心のある不特定多数の者に対して、有価証券の価値の分析に基づき、インターネットを利用して個別・相対性の高い投資情報を有償で提供した。

4．生命保険募集人の登録を受けていないFPのDさんは、ライフプランの相談に来た顧客に対して、生命保険の一般的な商品性や活用方法を有償で説明した。

問題 2

公的医療保険に関する次の記述の空欄（ア）～（エ）にあてはまる語句の組み合わせとして、最も適切なものはどれか。

・健康保険の被保険者資格を喪失した者で、喪失日の前日までに引き続き2ヵ月以上被保険者であった者は、所定の申出により、最長で（　ア　）年間、健康保険の任意継続被保険者となることができる。

・全国健康保険協会管掌健康保険（協会けんぽ）の場合、（　イ　）保険料率は、都道府県ごとに定められているのに対して、（　ウ　）保険料率は、全国一律に定められている。

・国民健康保険の被保険者が（　エ　）に達すると、その被保険者資格を喪失し、後期高齢者医療制度の被保険者となる。

1．（ア）3　（イ）介護　（ウ）一般　（エ）75歳
2．（ア）2　（イ）一般　（ウ）介護　（エ）75歳
3．（ア）3　（イ）一般　（ウ）介護　（エ）70歳
4．（ア）2　（イ）介護　（ウ）一般　（エ）70歳

問題 3

雇用保険法に基づく育児休業給付および介護休業給付に関する次の記述のうち、最も適切なものはどれか。

1．育児休業給付金は、一般被保険者の休業開始日前１年間に、みなし被保険者期間が通算して６ヵ月以上なければ支給されない。
2．育児休業給付金の支給額は、１支給単位期間について、休業開始日から休業日数が通算して300日に達するまでの間は、原則として、休業開始時賃金日額に支給日数を乗じて得た額の67％相当額である。
3．介護休業給付金は、同一の対象家族について介護休業を分割して取得する場合、休業開始日から休業日数が通算して93日に達するまでに５回を限度として支給される。
4．一般被保険者の配偶者の父母は、介護休業給付金の支給対象となる家族に該当する。

問題 4

国民年金の保険料に関する次の記述のうち、最も不適切なものはどれか。

1．国民年金の付加保険料は、将来の一定期間の保険料を前納することができ、前納する期間に応じて所定の額が控除される。
2．第１号被保険者で障害基礎年金または障害等級１級もしくは２級の障害厚生年金を受給している者は、原則として、所定の届出により、保険料の納付が免除される。
3．第１号被保険者が出産する場合、所定の届出により、出産予定月の前月から４ヵ月間（多胎妊娠の場合は出産予定月の３ヵ月前から６ヵ月間）、保険料の納付が免除される。
4．保険料免除期間に係る保険料を追納する場合、追納保険料は、追納する時期にかかわらず、免除された時点における保険料の額となる。

問題 5

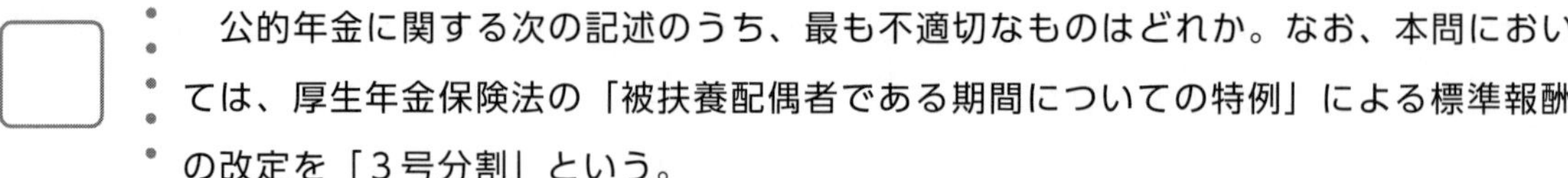

公的年金に関する次の記述のうち、最も不適切なものはどれか。なお、本問においては、厚生年金保険法の「被扶養配偶者である期間についての特例」による標準報酬の改定を「3号分割」という。

1．遺族厚生年金の受給権者が、65歳到達日に老齢基礎年金の受給権を取得した場合、遺族厚生年金が支給される際には老齢基礎年金も併給される。
2．同一の事由により、障害厚生年金と労働者災害補償保険法に基づく障害補償年金が支給される場合、障害補償年金は所定の調整率により減額され、障害厚生年金は全額支給される。
3．離婚時における厚生年金保険の3号分割の対象となるのは、1986年4月以降の国民年金の第3号被保険者であった期間における、当該第3号被保険者の配偶者に係る厚生年金保険の保険料納付記録（標準報酬月額・標準賞与額）である。
4．老齢厚生年金や遺族厚生年金等の年金給付を受ける権利（基本権）は、原則として、その支給すべき事由が生じた日から5年を経過したときに時効により消滅する。

問題 6

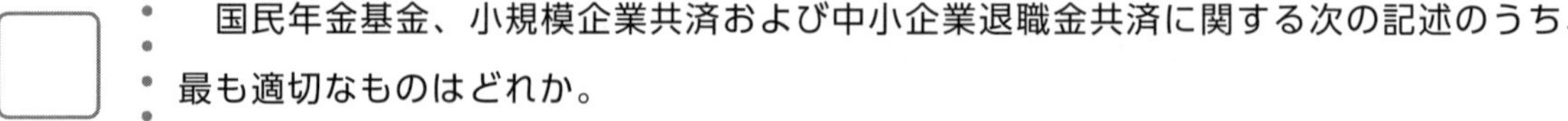

国民年金基金、小規模企業共済および中小企業退職金共済に関する次の記述のうち、最も適切なものはどれか。

1．国民年金基金には、国民年金の第1号被保険者だけでなく第3号被保険者も加入することができる。
2．国民年金基金には、国内に住所を有する60歳以上65歳未満の国民年金の任意加入被保険者も加入することができる。
3．小規模企業共済に加入した場合、支払った掛金額に2分の1を乗じた額が小規模企業共済等掛金控除として所得税の所得控除の対象となる。
4．中小企業退職金共済に新規で加入する事業主は、加入月から1年間、掛金月額の2分の1相当額（従業員ごとに5,000円が上限）について国の助成を受けることができる。

問題 7

個人年金保険の一般的な商品性に関する次の記述のうち、最も適切なものはどれか。

1．確定年金では、年金受取開始日前に被保険者（＝年金受取人）が死亡した場合、死亡給付金受取人が契約時に定められた年金受取総額と同額の死亡給付金を受け取ることができる。
2．変額個人年金保険は、特別勘定による運用実績によって、将来受け取る年金額や死亡給付金額は変動するが、解約返戻金額は変動しない。
3．夫婦年金では、夫婦が共に生存している場合に年金を受け取ることができ、夫婦のいずれか一方が死亡した場合、その時点で契約が消滅して年金支払いは終了する。
4．終身年金では、他の契約条件が同一の場合、保険料は被保険者が女性の方が男性よりも高くなる。

問題 8

公的年金等に係る税金に関する次の記述のうち、最も不適切なものはどれか。なお、記載のない事項については考慮しないものとする。

1．老齢基礎年金および老齢厚生年金は、その年中に受け取る当該年金の収入金額から公的年金等控除額を控除した金額が一時所得として所得税の課税対象となる。
2．障害基礎年金および障害厚生年金は、所得税の非課税所得となる。
3．老齢基礎年金および老齢厚生年金の受給者が死亡した場合において、その者に支給されるべき年金給付のうち、まだ支給されていなかったもの（未支給年金）は、当該年金を受け取った遺族の一時所得として所得税の課税対象となる。
4．国民年金の保険料および国民年金基金の掛金は、いずれも社会保険料控除として所得税の所得控除の対象となる。

問題 9

住宅金融支援機構と金融機関が提携した住宅ローンであるフラット35（買取型）に関する次の記述のうち、最も適切なものはどれか。

1．フラット35の融資額は、住宅の建設費または購入価額以内で、最高１億円である。
2．フラット35の返済方法は、元利均等返済に指定されている。
3．店舗付き住宅などの併用住宅を建築する場合、住宅部分・非住宅部分の床面積の割合に関係なく、フラット35を利用することができる。
4．住宅金融支援機構は、融資を実行する金融機関から住宅ローン債権を買い取り、対象となる住宅の第１順位の抵当権者となる。

問題 10

中小企業の資金調達の各種方法と一般的な特徴に関する次の記述のうち、最も不適切なものはどれか。

1．私募債は、少数の特定の投資家が直接引き受ける社債であり、企業が資本市場から直接資金を調達（直接金融）する手段の１つである。
2．信用保証協会保証付融資（マル保融資）は、中小企業者が金融機関から融資を受ける際に信用保証協会が保証するものであり、利用するためには、業種に応じて定められた資本金の額（出資の総額）または常時使用する従業員数の要件を満たす必要がある。
3．ABL（動産・債権担保融資）は、企業が保有する売掛債権や在庫・機械設備等の動産あるいは知的財産等を担保に資金を調達する方法であり、不動産担保や個人保証に過度に依存することなく資金を調達できるというメリットがある。
4．インパクトローンは、米ドル等の外貨によって資金を調達する方法であり、その資金使途は、海外事業の展開・再編に係るものに限定されている。

問題 11

生命保険の保険料等の一般的な仕組みに関する次の記述のうち、最も不適切なものはどれか。

1．保険料は、大数の法則および収支相等の原則に基づき、予定死亡率、予定利率および予定事業費率の３つの予定基礎率を用いて算定される。
2．保険料は、将来の保険金・給付金等の支払い財源となる純保険料と、保険会社が保険契約を維持・管理していくために必要な経費等の財源となる付加保険料で構成される。
3．所定の利率による運用収益をあらかじめ見込んで保険料を割り引く際に使用する予定利率を低く設定した場合、新規契約の保険料は高くなる。
4．保険会社が実際に要した事業費が、保険料を算定する際に見込んでいた事業費よりも多かった場合、費差益が生じる。

問題 12

生命保険の一般的な商品性に関する次の記述のうち、最も不適切なものはどれか。なお、記載のない特約については考慮しないものとする。

1．変額保険（終身型）の死亡保険金は、運用実績に応じて増減するが、契約時に定めた保険金額（基本保険金額）は保証される。
2．収入保障保険の死亡保険金を一時金で受け取る場合の受取額は、年金形式で受け取る場合の受取総額よりも少なくなる。
3．生存給付金付定期保険では、被保険者が死亡した場合、保険契約上の死亡保険金額からすでに支払われた生存給付金の額を差し引いた金額が死亡保険金として支払われる。
4．定期保険特約付終身保険（更新型）の定期保険特約を同額の保険金額で更新する場合、更新に当たって被保険者の健康状態についての告知や医師の診査は必要ない。

問題 13

生命保険の一般的な商品性に関する次の記述のうち、最も不適切なものはどれか。なお、記載のない特約については考慮しないものとする。

1. 養老保険では、被保険者が高度障害保険金を受け取った場合、保険契約は消滅する。
2. 積立利率変動型終身保険では、契約後に積立利率が高くなった場合、契約時に定めた保険金額（基本保険金額）を上回る保険金額を受け取れることがある。
3. 外貨建て個人年金保険では、年金を円貨で受け取る場合、外貨と円貨の為替レートの変動により、年金受取総額が払込保険料相当額を下回ることがある。
4. 外貨建て終身保険では、円換算支払特約を付加することで、当該保険契約の締結後から保険金を受け取るまでの為替リスクを回避することができる。

問題 14

団体生命保険等の一般的な商品性に関する次の記述のうち、最も適切なものはどれか。

1. 団体定期保険（Ｂグループ保険）は、従業員等が任意に加入する１年更新の保険であり、毎年、保険金額を所定の範囲内で見直すことができる。
2. 総合福祉団体定期保険では、ヒューマン・ヴァリュー特約を付加した場合、当該特約の死亡保険金受取人は被保険者の遺族となる。
3. 住宅ローンの利用に伴い加入する団体信用生命保険では、被保険者が住宅ローン利用者（債務者）、死亡保険金受取人が住宅ローン利用者の遺族となる。
4. 勤労者財産形成貯蓄積立保険（一般財形）には、払込保険料の累計額385万円までにかかる利子差益が非課税となる税制上の優遇措置がある。

問題 15

2012年１月１日以後に締結した生命保険契約の保険料に係る生命保険料控除に関する次の記述のうち、最も適切なものはどれか。

1. 終身保険の月払保険料について、保険料の支払いがなかったため自動振替貸付により保険料の払込みに充当された金額は、生命保険料控除の対象となる。
2. 一般の生命保険料控除、個人年金保険料控除および介護医療保険料控除の控除限度額は、所得税では各３万円である。
3. 勤労者財産形成貯蓄積立保険（一般財形）の保険料は、一般の生命保険料控除の対象となる。
4. 特定（三大）疾病保障定期保険の保険料は、介護医療保険料控除の対象となる。

問題 16

契約者（＝保険料負担者）を法人とする生命保険の保険料の経理処理に関する次の記述のうち、最も不適切なものはどれか。なお、いずれの保険契約も保険料は年払いかつ全期払いで、2022年４月に締結したものとする。

1. 被保険者が役員、死亡保険金受取人が法人である終身保険の支払保険料は、その全額を資産に計上する。
2. 被保険者が役員・従業員全員、死亡保険金受取人および満期保険金受取人が法人である養老保険の支払保険料は、その全額を資産に計上する。
3. 被保険者が役員、死亡保険金受取人が法人で、最高解約返戻率が75％である定期保険（保険期間：40年、年払保険料：100万円）の支払保険料は、保険期間の前半４割相当期間においては、その60％相当額を資産に計上し、残額を損金の額に算入することができる。
4. 被保険者が役員、保険金受取人が法人である解約返戻金のない終身払いのがん保険（保険期間：終身、年払保険料：80万円）の支払保険料は、保険期間満了年齢を116歳とした保険期間の前半５割相当期間においては、その50％相当額を資産に計上し、残額を損金の額に算入することができる。

問題 17

住宅用建物および家財を保険の対象とする火災保険の一般的な商品性に関する次の記述のうち、最も不適切なものはどれか。なお、特約については考慮しないものとする。

1．火災保険の保険料は、対象となる住宅用建物の構造により、M構造、T構造、H構造の３つに区分されて算定される。

2．保険金額が2,000万円（保険価額と同額）の火災保険に加入した後、火災により住宅用建物が損害を被り、損害保険金1,000万円が支払われた場合、保険契約は継続するが、保険期間満了日までの保険金額が1,000万円に減額される。

3．火災保険では、隣家の火災の消火活動により住宅用建物に収容されている家財が損壊した場合、補償の対象となる。

4．火災保険では、雪災により住宅用建物の屋根が損壊して100万円の損害が発生した場合、補償の対象となる。

問題 18

傷害保険の一般的な商品性に関する次の記述のうち、最も不適切なものはどれか。なお、特約については考慮しないものとする。

1．家族傷害保険では、保険期間中に記名被保険者に子が生まれた場合、その子を被保険者に加えるためには追加保険料を支払う必要がある。

2．普通傷害保険では、被保険者が就業中の事故によりケガをした場合、補償の対象となる。

3．国内旅行傷害保険では、被保険者が旅行中の飲食により細菌性食中毒を発症した場合、補償の対象となる。

4．海外旅行傷害保険では、被保険者が旅行先の火山の噴火により発生した津波でケガをした場合、補償の対象となる。

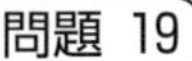

問題 19

第三分野の保険の一般的な商品性に関する次の記述のうち、最も適切なものはどれか。

1．就業不能保険では、入院や在宅療養が一定日数以上継続して所定の就業不能状態に該当した場合に、所定の保険金・給付金が支払われる。
2．先進医療特約で先進医療給付金の支払い対象とされている先進医療は、契約時点において厚生労働大臣によって定められたものである。
3．限定告知型の医療保険は、他の契約条件が同一で、限定告知型ではない一般の医療保険と比較した場合、保険料は割安となる。
4．がん保険では、被保険者ががんで入院したことにより受け取る入院給付金について、１回の入院での支払日数は90日が限度となる。

問題 20

損害保険を活用した家庭のリスク管理に関する次の記述のうち、最も不適切なものはどれか。なお、契約者（＝保険料負担者）は会社員の個人であるものとする。

1．自動車の運転中に誤って単独事故を起こして車両が破損するリスクに備えて、自動車保険の一般条件の車両保険を契約した。
2．海岸近くに自宅を新築したので、地震による津波で自宅が損壊するリスクに備えて、火災保険に地震保険を付帯して契約した。
3．同居の子が原動機付自転車で通学中に、他人に接触してケガをさせて法律上の損害賠償責任を負うリスクに備えて、火災保険加入時に個人賠償責任補償特約を付帯した。
4．所定の病気やケガにより会社の業務にまったく従事することができなくなるリスクに備えて、所得補償保険を契約した。

問題 21

為替相場や金利の変動要因に関する次の記述のうち、最も不適切なものはどれか。

1．日本の貿易黒字の拡大は、一般に、円安要因となる。

2．日本の物価が米国と比較して相対的に上昇することは、一般に、円安要因となる。

3．米国が政策金利を引き上げることにより、日本と米国との金利差が拡大することは、一般に、円安要因となる。

4．日本銀行の金融市場調節の主な手段の1つである公開市場操作において、日本銀行が国債の買入れを行うことで市中に出回る資金量が増加することは、一般に、市中金利の低下要因となる。

問題 22

一般的な投資信託の分類方法に関する次の記述のうち、最も不適切なものはどれか。

1．組入れ資産のほとんどを債券が占め、株式をまったく組み入れていない証券投資信託であっても、約款上、株式に投資することができれば、株式投資信託に分類される。

2．契約型投資信託は、委託者指図型と委託者非指図型に大別され、委託者指図型投資信託は、投資信託委託会社（委託者）と信託銀行等（受託者）との信託契約により、委託者の運用指図に基づいて運用される投資信託である。

3．単位型投資信託は、投資信託が運用されている期間中いつでも購入できる投資信託であり、追加型投資信託は、当初募集期間にのみ購入できる投資信託である。

4．パッシブ型投資信託は、対象となるベンチマークに連動する運用成果を目指して運用される投資信託である。

問題 23

固定利付債券の利回り（単利・年率）と価格との関係に関する次の記述の空欄（ア）、（イ）にあてはまる語句の組み合わせとして、最も適切なものはどれか。なお、手数料、経過利子、税金等については考慮しないものとし、計算結果は表示単位の小数点以下第３位を四捨五入するものとする。

> 表面利率が1.00％で、償還までの残存期間が５年の固定利付債券を、額面100円当たり102円で購入した投資家が、２年後に、額面100円当たり101円で売却した。この場合の所有期間利回りは（　ア　）であり、償還期限まで５年間保有した場合の最終利回りよりも（　イ　）。

1．（ア）0.49％　　（イ）高い
2．（ア）0.49％　　（イ）低い
3．（ア）0.59％　　（イ）高い
4．（ア）0.59％　　（イ）低い

問題 24

債券のイールドカーブ（利回り曲線）の一般的な特徴等に関する次の記述のうち、最も不適切なものはどれか。

1．イールドカーブは、縦軸を債券の利回り、横軸を債券の残存期間として、利回りと投資期間の関係を表した曲線である。
2．イールドカーブは、好況時に中央銀行が金融引締めを行うとスティープ化し、不況時に中央銀行が金融緩和を行うとフラット化する傾向がある。
3．イールドカーブは、将来の景気拡大が予想されるとスティープ化し、将来の景気後退が予想されるとフラット化する傾向がある。
4．イールドカーブの形状は、通常、右上がりの順イールドであるが、急激な金融引締め時に右下がりの逆イールドとなる傾向がある。

問題 25

株式の信用取引の一般的な仕組みに関する次の記述のうち、最も適切なものはどれか。

1．金融商品取引法では、株式の信用取引を行う際の委託保証金の額は20万円以上で、かつ、当該取引に係る株式の時価に100分の20を乗じた金額以上でなければならないとされている。
2．信用取引では、売買が成立した後に相場が変動し、その日の終値を基に計算される委託保証金率が、証券会社が定める最低委託保証金維持率を下回った場合、追加保証金を差し入れるなどの方法により、委託保証金の不足を解消しなくてはならない。
3．信用取引では、現物株式を所有していなければ、その株式の「売り」から取引を開始することができない。
4．一般信用取引の建株を制度信用取引の建株に変更することはできるが、制度信用取引の建株を一般信用取引の建株に変更することはできない。

問題 26

上場会社であるＡ株式会社（以下「Ａ社」という）に係る株式投資の指標に関する次の記述のうち、最も不適切なものはどれか。

＜Ａ社のデータ＞

株価	：2,500円
発行済株式数	：600万株
配当金総額（年）	：４億5,000万円
当期純利益（年）	：12億円
自己資本（＝純資産）	：300億円

※上記以外の数値は考慮しないものとする。

1．Ａ社株式のPERは、12.5倍である。
2．Ａ社株式のPBRは、2.0倍である。
3．Ａ社株式の配当利回りは、3.0％である。
4．Ａ社のROEは、4.0％である。

問題 27

先物取引やオプション取引に関する次の記述のうち、最も不適切なものはどれか。

1．現在保有している現物資産が将来値下がりすることに備えるため、先物を売り建てた。

2．将来保有しようとする現物資産が将来値上がりすることに備えるため、先物を買い建てた。

3．現在保有している現物資産が将来値下がりすることに備えるため、プット・オプションを売った。

4．将来保有しようとする現物資産が将来値上がりすることに備えるため、コール・オプションを買った。

問題 28

下記<資料>に基づくファンドAとファンドBの過去３年間の運用パフォーマンスの比較評価に関する次の記述の空欄（ア）～（ウ）にあてはまる語句または数値の組み合わせとして、最も適切なものはどれか。

<資料>ファンドAとファンドBの過去３年間の運用パフォーマンスに関する情報

ファンド名	実績収益率の平均値	実績収益率の標準偏差
ファンドA	4.2%	4.0%
ファンドB	8.8%	12.0%

無リスク金利を1.0%として、<資料>の数値によりファンドAのシャープレシオの値を算出すると（　ア　）となり、同様に算出したファンドBのシャープレシオの値は（　イ　）となる。両ファンドの運用パフォーマンスを比較すると、過去３年間は（　ウ　）の方が効率的な運用であったと判断される。

1．（ア）1.05　（イ）0.73　（ウ）ファンドA
2．（ア）1.05　（イ）0.73　（ウ）ファンドB
3．（ア）0.80　（イ）0.65　（ウ）ファンドA
4．（ア）0.80　（イ）0.65　（ウ）ファンドB

問題 29

一般NISA（非課税上場株式等管理契約に係る少額投資非課税制度）に関する次の記述のうち、最も適切なものはどれか。なお、本問においては、一般NISAにより投資収益が非課税となる非課税口座を一般NISA口座という。

1．特定口座で保有する上場株式を一般NISA口座に設定される非課税管理勘定に移管することにより、移管後５年以内に生じた当該上場株式の譲渡益は非課税となる。

2．一般NISA口座で保有する上場株式を売却することで生じた譲渡損失の金額のうち、損益通算してもなお控除しきれない金額は、確定申告を行うことにより、翌年以後３年間にわたって繰り越すことができる。

3．一般NISA口座で保有する上場株式を売却することで生じた譲渡損失の金額は、上場株式の配当金の受取方法として株式数比例配分方式を選択した場合、当該口座で保有する上場株式の配当金の金額と通算することができる。

4．2022年末に一般NISAの非課税期間が終了した場合において、その終了時に当該非課税管理勘定で保有する金融商品の時価が120万円を超えていても、そのすべてを2023年の一般NISA口座に設定される非課税管理勘定に移すことができる。

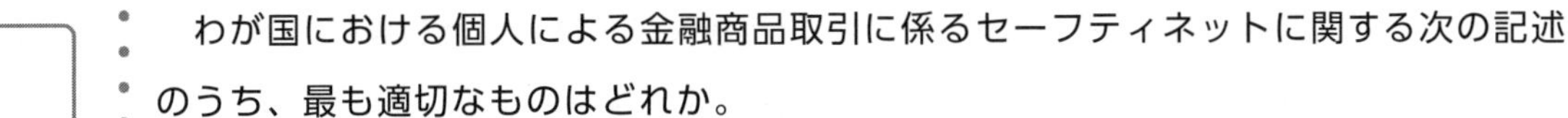

問題 30

わが国における個人による金融商品取引に係るセーフティネットに関する次の記述のうち、最も適切なものはどれか。

1．国内銀行に預け入れられている円建ての仕組預金は、他に預金を預け入れていない場合、預金者１人当たり元本1,000万円までと、その利息のうち通常の円建ての定期預金（仕組預金と同一の期間および金額）の店頭表示金利までの部分が預金保険制度による保護の対象となる。
2．ゆうちょ銀行に預け入れられている通常貯金は、他に貯金を預け入れていない場合、貯金者１人当たり元本1,300万円までとその利息が預金保険制度による保護の対象となる。
3．金融機関同士が合併した場合、合併存続金融機関において、預金保険制度による保護の対象となる預金の額は、合併後１年間に限り、全額保護される預金を除き、預金者１人当たり1,300万円とその利息等となる。
4．国内に本店のある銀行で購入した投資信託は、日本投資者保護基金による補償の対象となる。

問題 31

所得税における各種所得に関する次の記述のうち、最も不適切なものはどれか。

1．不動産所得の金額は、原則として、「不動産所得に係る総収入金額－必要経費」の算式により計算される。
2．賃貸の用に供している土地の所有者が、当該土地を取得した際に支出した仲介手数料は、当該土地の取得価額に算入されるため、その支払った年分の不動産所得の金額の計算上、必要経費に算入することはできない。
3．個人による不動産の貸付けが事業的規模である場合、その賃貸収入による所得は、事業所得に該当する。
4．借家人が賃貸借の目的とされている居宅の立退きに際して受け取る立退き料（借家権の消滅の対価の額に相当する部分の金額を除く）は、原則として一時所得に該当する。

問題 32

「居住用財産の買換え等の場合の譲渡損失の損益通算及び繰越控除」（以下「本特例」という）に関する次の記述のうち、最も適切なものはどれか。

1．納税者が本特例の適用を受けるためには、譲渡した居住用財産の所有期間が、譲渡した日の属する年の１月１日時点で10年を超えていなければならない。
2．本特例のうち、譲渡損失の損益通算の特例の適用を受けるためには、買換資産を取得した日の属する年の12月31日時点において、買換資産に係る住宅借入金等の金額を有していなければならない。
3．本特例のうち、譲渡損失の損益通算の特例の適用を受けるためには、納税者のその年分の合計所得金額が3,000万円以下でなければならない。
4．納税者が本特例の適用を受けた場合、買換資産に係る住宅借入金等の金額を有していたとしても、住宅借入金等特別控除の適用を受けることはできない。

問題 33

所得税における所得控除に関する次の記述のうち、最も不適切なものはどれか。なお、ほかに必要とされる要件等はすべて満たしているものとする。

1．所得税法上の障害者に該当する納税者は、その年分の合計所得金額の多寡にかかわらず、障害者控除の適用を受けることができる。
2．納税者は、その年分の合計所得金額の多寡にかかわらず、基礎控除の適用を受けることができる。
3．納税者は、その年分の合計所得金額が500万円を超える場合、ひとり親控除の適用を受けることができない。
4．納税者は、その年分の合計所得金額が1,000万円を超える場合、配偶者の合計所得金額の多寡にかかわらず、配偶者控除の適用を受けることができない。

問題 34

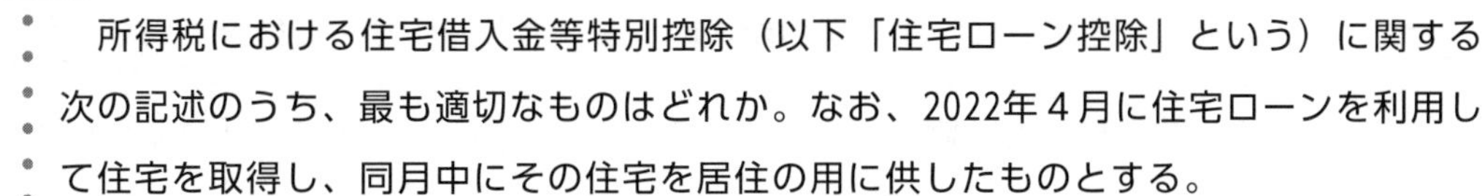

所得税における住宅借入金等特別控除（以下「住宅ローン控除」という）に関する次の記述のうち、最も適切なものはどれか。なお、2022年４月に住宅ローンを利用して住宅を取得し、同月中にその住宅を居住の用に供したものとする。

1．住宅ローン控除の対象となる家屋は、納税者がもっぱら居住の用に供する家屋に限られ、店舗併用住宅は対象とならない。
2．住宅を新築した場合の住宅ローン控除の控除額の計算上、借入金等の年末残高に乗じる控除率は、0.7％である。
3．住宅ローン控除の適用を受けようとする場合、納税者のその年分の合計所得金額は3,000万円以下でなければならない。
4．住宅ローン控除の適用を受けていた者が、転勤等のやむを得ない事由により転居したため、取得した住宅を居住の用に供しなくなった場合、翌年以降に再び当該住宅をその者の居住の用に供したとしても、再入居した年以降、住宅ローン控除の適用を受けることはできない。

問題 35

所得税の申告と納付等に関する次の記述のうち、最も不適切なものはどれか。

1．給与所得者が、医療費控除の適用を受けることにより、給与から源泉徴収された税金の還付を受けようとする場合、納税地の所轄税務署長に確定申告書を提出する必要がある。
2．年間の給与収入の金額が2,000万円を超える給与所得者は、年末調整の対象とならない。
3．確定申告書を提出した納税者が、法定申告期限後に計算の誤りにより所得税を過大に申告していたことに気づいた場合、原則として、法定申告期限から５年以内に限り、更正の請求をすることができる。
4．納税者が、確定申告に係る所得税について延納の適用を受けようとする場合、納期限までに納付すべき所得税額の３分の１相当額以上を納付する必要がある。

問題 36

法人税の仕組みに関する次の記述のうち、最も適切なものはどれか。

1．法人税の納税地は、原則として、その法人の代表者の住所または居所の所在地である。
2．法人税の各事業年度の所得の金額は、その事業年度の益金の額からその事業年度の損金の額を控除した金額である。
3．期末資本金の額等が１億円以下の一定の中小法人に対する法人税の税率は、所得金額のうち年1,000万円以下の部分について軽減税率が適用される。
4．法人税の確定申告書は、原則として、各事業年度終了の日の翌日から１ヵ月以内に、納税地の所轄税務署長に提出しなければならない。

問題 37

法人税に関する次の記述のうち、最も適切なものはどれか。

1．法人が特定公益増進法人に支払った寄附金（確定申告書に明細を記載した書類の添付あり）は、その全額を損金の額に算入することができる。
2．法人が納付した法人税の本税および法人住民税の本税は、その全額を損金の額に算入することができる。
3．法人が減価償却費として損金経理した金額のうち、償却限度額に達するまでの金額は、その事業年度の損金の額に算入することができる。
4．期末資本金の額等が１億円以下の一定の中小法人が支出した交際費等のうち、年1,000万円までの金額は、損金の額に算入することができる。

問題 38

消費税に関する次の記述のうち、最も適切なものはどれか。

1．消費税の課税期間に係る基準期間は、個人事業者についてはその年の前々年である。

2．消費税の課税事業者が行う居住の用に供する家屋の貸付けは、その貸付期間が１ヵ月以上であれば、消費税の課税取引に該当する。

3．消費税の課税事業者である個人は、原則として、消費税の確定申告書をその年の翌年３月15日までに納税地の所轄税務署長に提出しなければならない。

4．簡易課税制度の適用を受けることができるのは、消費税の課税期間に係る基準期間における課税売上高が１億円以下の事業者である。

問題 39

会社と役員間の取引に係る所得税・法人税に関する次の記述のうち、最も不適切なものはどれか。

1．会社が株主総会の決議を経て役員に対して退職金を支給した場合、その退職金の額は、不相当に高額な部分の金額など一定のものを除き、その会社の所得金額の計算上、損金の額に算入することができる。

2．会社が役員の所有する土地を時価未満の価額で譲り受けた場合、時価と譲受対価の差額相当額は、その会社の所得金額の計算上、益金の額に算入される。

3．役員が会社に無利息で金銭の貸付けを行った場合、原則として、通常収受すべき利息に相当する金額が、その役員の雑所得の収入金額に算入される。

4．役員が会社の所有する社宅に無償で居住している場合、原則として、通常の賃料相当額が、その役員の給与所得の収入金額に算入される。

問題 40

決算書に関する次の記述のうち、最も適切なものはどれか。

1．損益計算書の売上総利益の額は、売上高の額から売上原価の額を差し引いた額である。
2．損益計算書の営業利益の額は、経常利益の額から販売費及び一般管理費の額を差し引いた額である。
3．損益計算書の税引前当期純利益の額は、営業利益の額から特別損益の額を加算・減算した額である。
4．貸借対照表の資産の部の合計額と負債の部の合計額は一致する。

問題 41

不動産の登記や調査に関する次の記述のうち、最も不適切なものはどれか。

1．同一の不動産について二重に売買契約が締結された場合、譲受人相互間においては、売買契約の締結の先後にかかわらず、原則として、所有権移転登記を先にした者が当該不動産の所有権の取得を対抗することができる。
2．抵当権の設定を目的とする登記では、債権額や抵当権者の氏名または名称は、不動産の登記記録の権利部乙区に記載される。
3．一般に公図と呼ばれる地図に準ずる図面は、地図が登記所に備え付けられるまでの間、これに代えて登記所に備えられているものであり、一筆または二筆以上の土地ごとに土地の位置、形状および地番を表示するものである。
4．不動産の登記事項証明書の交付を請求することができるのは、当該不動産の利害関係者に限られる。

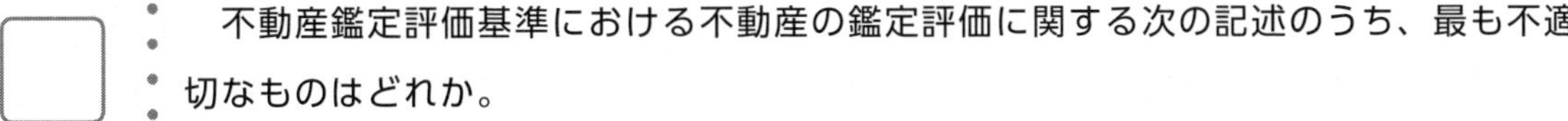

問題 42

不動産鑑定評価基準における不動産の鑑定評価に関する次の記述のうち、最も不適切なものはどれか。

1．不動産の価格を求める鑑定評価の基本的な手法は、原価法、取引事例比較法および収益還元法に大別され、鑑定評価に当たっては、対象不動産に係る市場の特性等を考慮し、これらのうち最も適した１つの手法に限定して適用することとされている。

2．最有効使用の原則は、不動産の効用が最高度に発揮される可能性に最も富む使用を前提として把握される価格を標準として不動産の価格が形成されるとする原則である。

3．原価法は、価格時点における対象不動産の再調達原価を求め、この再調達原価について減価修正を行って対象不動産の価格を求める手法である。

4．収益還元法は、対象不動産が賃貸用不動産である場合だけでなく、自用の不動産であっても、賃貸を想定することにより適用されるものであるとされている。

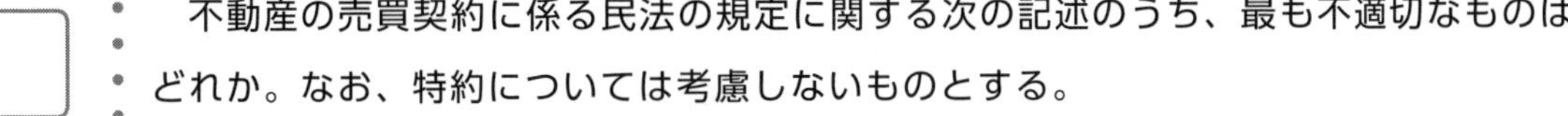

問題 43

不動産の売買契約に係る民法の規定に関する次の記述のうち、最も不適切なものはどれか。なお、特約については考慮しないものとする。

1．売買契約締結後、買主の責めに帰すことのできない事由により、当該契約の目的物の引渡債務の全部が履行不能となった場合、買主は、履行の催告をすることなく、直ちに契約の解除をすることができる。

2．売主が種類または品質に関して契約の内容に適合しないことを過失なく知らないまま、売買契約の目的物を買主に引き渡した場合、買主は、不適合を知った時から１年以内にその旨を売主に通知しないときは、その不適合を理由として契約の解除をすることができない。

3．買主が売主に解約手付を交付した後、売買代金の一部を支払った場合、売主は、受領した代金を返還し、かつ、手付金の倍額を現実に提供しても、契約を解除することができない。

4．売買の目的物である建物が、その売買契約の締結から当該建物の引渡しまでの間に、台風によって全壊した場合、売主の責めに帰すことのできない事由であることから、買主は、売主に対して建物代金の支払いを拒むことはできない。

問題 44

借地借家法に関する次の記述のうち、最も適切なものはどれか。なお、本問においては、同法第38条による定期建物賃貸借契約を定期借家契約といい、それ以外の建物賃貸借契約を普通借家契約という。また、記載された特約以外のものについては考慮しないものとする。

1. 普通借家契約において存続期間を1年未満に定めた場合、その存続期間は1年とみなされる。
2. 期間の定めがある普通借家契約において、賃借人は、正当の事由がなければ、賃貸人に対し、更新しない旨の通知をすることができない。
3. 定期借家契約は、もっぱら居住の用に供する建物に限られ、事業の用に供する建物については締結することができない。
4. 定期借家契約において、その賃料が、近傍同種の建物の賃料に比較して不相当となっても、賃貸借期間中は増減額させないこととする特約をした場合、その特約は有効である。

問題 45

都市計画法に関する次の記述のうち、最も適切なものはどれか。

1. すべての都市計画区域において、都市計画に市街化区域と市街化調整区域との区分（区域区分）を定めるものとされている。
2. 土地の分筆は、その行為が建築物の建築または特定工作物の建設を目的としていなくても、都市計画法上の開発行為に該当する。
3. 土地区画整理事業の施行として行う開発行為は、都道府県知事等による開発許可を受ける必要はない。
4. 農業を営む者の居住の用に供する建築物の建築を目的として市街化調整区域内で行う開発行為は、都道府県知事等による開発許可を受ける必要がある。

問題 46

都市計画区域および準都市計画区域内における建築基準法の規定に関する次の記述のうち、最も不適切なものはどれか。

1. 準工業地域、工業地域および工業専用地域においては、地方公共団体の条例で日影規制（日影による中高層の建築物の高さの制限）の対象区域として指定することができない。
2. 商業地域内の建築物には、北側斜線制限（北側高さ制限）は適用されない。
3. 建築物の敷地が２つの異なる用途地域にわたる場合、その敷地の全部について、敷地の過半の属する用途地域の建築物の用途に関する規定が適用される。
4. 建築物の敷地が接する前面道路の幅員が12m未満である場合、当該建築物の容積率は、「都市計画で定められた容積率」と「前面道路の幅員に一定の数値を乗じて得たもの」のいずれか低い方の数値以下でなければならない。

問題 47

建物の区分所有等に関する法律に関する次の記述のうち、最も不適切なものはどれか。

1. 区分所有建物ならびにその敷地および附属施設の管理を行うための区分所有者の団体（管理組合）は、区分所有者全員で構成される。
2. 区分所有建物のうち、構造上の独立性と利用上の独立性を備えた建物の部分は、区分所有権の目的となる専有部分であり、規約によって共用部分とすることはできない。
3. 共用部分に対する区分所有者の共有持分は、規約に別段の定めがない限り、各共有者が有する専有部分の床面積の割合による。
4. 規約を変更するためには、区分所有者および議決権の各４分の３以上の多数による集会の決議が必要となり、この変更が一部の区分所有者の権利に特別の影響を及ぼすべきときは、当該区分所有者の承諾を得なければならない。

問題 48

不動産に係る固定資産税および都市計画税に関する次の記述のうち、最も適切なものはどれか。

1．年の中途に固定資産税の課税対象となる土地または家屋が譲渡された場合、その譲受人は、原則として、その年度内の所有期間に応じた当年度分の固定資産税を納付しなければならない。

2．住宅用地に係る固定資産税の課税標準については、住宅１戸当たり400㎡以下の部分について課税標準となるべき価格の６分の１相当額とする特例がある。

3．都市計画税の税率は各地方自治体の条例で定められるが、100分の0.3を超えることはできない。

4．都市計画税は、都市計画区域のうち、原則として、市街化調整区域および非線引きの区域内に所在する土地および家屋の所有者に対して課される。

問題 49

個人が土地を譲渡した場合の譲渡所得に関する次の記述のうち、最も不適切なものはどれか。

1．譲渡所得の金額の計算上、譲渡した土地の取得費が不明な場合には、譲渡収入金額の10％相当額を取得費とすることができる。

2．譲渡所得のうち、土地を譲渡した日の属する年の１月１日における所有期間が５年以下のものについては、短期譲渡所得に区分される。

3．土地売却時に生じた譲渡所得が長期譲渡所得に区分される場合、課税長期譲渡所得金額に対し、原則として、所得税（復興特別所得税を含む）15.315％、住民税５％の税率により課税される。

4．土地を譲渡する際に支出した仲介手数料は、譲渡所得の金額の計算上、譲渡費用に含まれる。

問題 50

不動産の有効活用の手法の一般的な特徴に関する次の記述のうち、最も不適切なものはどれか。

1．建設協力金方式は、土地所有者が、建設する建物を貸し付ける予定のテナント等から建設資金の全部または一部を借り受け、ビルや店舗等を建設する方式である。
2．定期借地権方式では、土地所有者が自己の土地上に建設される建物の所有名義人となり、当該土地と建物を一定期間貸し付けることにより地代・賃料収入を得ることができる。
3．事業受託方式は、土地の有効活用の企画、建設会社の選定や当該土地上に建設された建物の管理・運営等をデベロッパーに任せ、建設資金の調達や返済は土地所有者が行う方式である。
4．等価交換方式における全部譲渡方式は、土地所有者がいったん土地の全部をデベロッパーに譲渡し、その対価としてその土地上にデベロッパーが建設した建物およびその土地の一部を譲り受ける方式である。

問題 51

贈与に関する次の記述のうち、最も適切なものはどれか。

1．民法上、贈与は、当事者の一方がある財産を無償で相手方に与える意思を表示し、相手方が受諾をすることにより効力が生じる。
2．民法上、書面によらない贈与は、いまだその履行がなされていない場合であっても、各当事者がこれを解除することはできない。
3．相続税法上、書面によらない贈与における財産の取得時期は、原則として、その履行の有無にかかわらず、受贈者が当該贈与を受ける意思表示をした時とされている。
4．相続税法上、個人の債務者が資力を喪失して債務を弁済することが困難になり、その債務の免除を受けた場合、債務免除益のうち債務を弁済することが困難である部分についても、贈与により取得したものとみなされ、贈与税の課税対象となる。

問題 52

みなし贈与財産に関する次の記述のうち、最も適切なものはどれか。

1．契約者（＝保険料負担者）および被保険者が父、死亡保険金受取人が子である生命保険契約において、父の死亡により子が受け取った死亡保険金は、子が父から贈与により取得したものとみなされ、贈与税の課税対象となる。
2．委託者が父、受益者が子である信託契約を締結し、その効力が生じた場合において、子がその適正な対価を負担しなかったときには、その信託に関する権利は、原則として子が父から贈与により取得したものとみなされ、贈与税の課税対象となる。
3．子が父から著しく低い価額の対価で土地を譲り受けた場合には、原則として、その相続税評価額と支払った対価の額との差額を限度に、子が父から贈与により取得したものとみなされ、贈与税の課税対象となる。
4．離婚による財産分与により財産を取得した場合には、その価額が婚姻中の夫婦の協力によって得た財産の額等の事情を考慮して社会通念上相当な範囲内であったとしても、その取得した財産は、原則として贈与により取得したものとみなされ、贈与税の課税対象となる。

問題 53

遺産の分割に関する次の記述のうち、最も適切なものはどれか。

1．遺産の分割は、民法上、遺産に属する物または権利の種類および性質、各相続人の年齢、職業、心身の状態および生活の状況その他一切の事情を考慮して行うものとされている。
2．遺産の分割について、共同相続人間で協議が調わないとき、または協議をすることができないときは、各共同相続人はその分割を公証人に請求することができる。
3．被相続人は、遺言で、相続開始の時から１年間に限り、遺産の分割を禁ずることができる。
4．相続財産である不動産を、共同相続人間で遺産分割するために譲渡して換価した場合、その譲渡による所得は、所得税法上、非課税所得とされている。

問題 54

次の費用等のうち、相続税の課税価格の計算上、相続財産の価額から債務控除することができるものはどれか。なお、相続人は債務控除の適用要件を満たしているものとする。

1．被相続人が生前に購入した墓碑の購入代金で、相続開始時点で未払いのもの
2．遺言執行者に支払った被相続人の相続に係る遺言執行費用
3．被相続人に係る初七日および四十九日の法要に要した費用のうち、社会通念上相当と認められるもの
4．被相続人が所有していた不動産に係る固定資産税のうち、相続開始時点で納税義務は生じているが、納付期限が到来していない未払いのもの

問題 55

相続税・贈与税の税額を計算する場合の財産の評価に関する次の記述の空欄（ア）～（ウ）にあてはまる語句の組み合わせとして、最も適切なものはどれか。

・相続税法では、財産評価の原則として、特別の定めのあるものを除き、相続、遺贈または贈与により取得した財産の価額は、当該財産の取得の時における時価によるとされている。また、「特別の定めのあるもの」として、地上権および永小作権、（　ア　）、給付事由が発生している（　イ　）に関する権利、給付事由が発生していない（　イ　）に関する権利、立木の評価方法を規定している。

・財産評価基本通達では、「時価」とは、課税時期において、それぞれの財産の現況に応じ、（　ウ　）取引が行われる場合に通常成立すると認められる価額をいい、その価額は、この通達の定めによって評価した価額によるとされている。

1．（ア）配偶者居住権等　（イ）定期金　（ウ）不特定多数の当事者間で自由な
2．（ア）賃借権　（イ）生命保険契約　（ウ）不特定多数の当事者間で自由な
3．（ア）配偶者居住権等　（イ）生命保険契約　（ウ）当事者同士の相対
4．（ア）賃借権　（イ）定期金　（ウ）当事者同士の相対

問題 56

相続税における取引相場のない株式の評価に関する次の記述のうち、最も適切なものはどれか。

1．会社規模が小会社である会社の株式の価額は、純資産価額方式によって評価し、類似業種比準方式と純資産価額方式の併用方式によって評価することはできない。
2．会社規模が中会社である会社の株式の価額は、類似業種比準方式、または純資産価額方式のいずれかによって評価する。
3．同族株主が取得した土地保有特定会社に該当する会社の株式は、原則として、類似業種比準方式によって評価する。
4．同族株主のいる会社において、同族株主以外の株主が取得した株式は、その会社規模にかかわらず、原則として、配当還元方式によって評価する。

問題 57

宅地および宅地の上に存する権利の相続税における評価に関する次の記述のうち、最も不適切なものはどれか。なお、評価の対象となる宅地は、借地権（建物等の所有を目的とする地上権または賃借権）の設定に際し、その設定の対価として通常権利金その他の一時金を支払う「借地権の取引慣行のある地域」にあるものとする。また、宅地の上に存する権利は、定期借地権および一時使用目的の借地権等を除くものとする。

1．Aさんが、借地権の設定に際して通常の権利金を支払って賃借した宅地の上にAさん名義の自宅を建築して居住の用に供していた場合において、Aさんの相続が開始したときには、相続税額の計算上、その宅地の上に存するAさんの権利の価額は、借地権として評価する。

2．Bさんが所有する従前宅地であった土地を、車庫などの施設がない青空駐車場（月極駐車場）の用に供していた場合において、Bさんの相続が開始したときには、相続税額の計算上、その土地の価額は、自用地として評価する。

3．Cさんが所有する宅地を子に権利金や地代の授受なく無償で貸し付け、子がアパートを建築して賃貸の用に供していた場合において、Cさんの相続が開始したときには、相続税額の計算上、そのアパートの敷地の用に供されている宅地の価額は、貸家建付地として評価する。

4．Dさんが、借地権の設定に際して通常の権利金を支払って賃借した宅地の上にDさん名義のアパートを建築して賃貸の用に供していた場合において、Dさんの相続が開始したときには、相続税額の計算上、その宅地の上に存するDさんの権利の価額は、貸家建付借地権として評価する。

問題 58

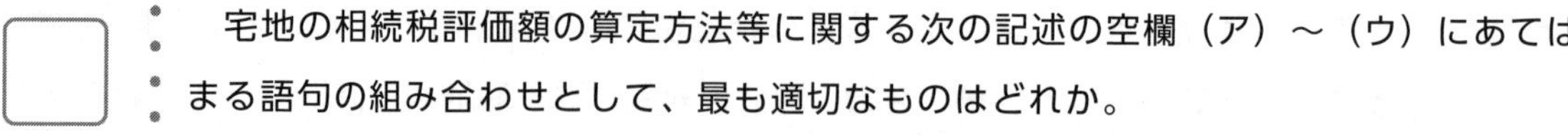

宅地の相続税評価額の算定方法等に関する次の記述の空欄（ア）～（ウ）にあてはまる語句の組み合わせとして、最も適切なものはどれか。

・宅地の相続税評価額の算定方法には、路線価方式や倍率方式がある。路線価方式とは、その宅地の面する路線に付された路線価を基とし、宅地の奥行距離や道路付けの状況等に応じた画地調整率により補正した後に、その宅地の面積を乗じて計算した金額によって評価する方式である。一方、倍率方式とは、宅地の固定資産税評価額に（　ア　）が一定の地域ごとに定めた倍率を乗じて計算した金額によって評価する方式である。

・宅地の相続対策の１つとして、生前贈与が挙げられる。宅地の贈与を受けた場合、贈与税額の計算上、その宅地の価額は、原則として（　イ　）によって評価する。ただし、負担付贈与により宅地を取得した場合、贈与税額の計算上、その宅地の価額は、（　ウ　）によって評価する。

1．（ア）市町村長　（イ）通常の取引価額　（ウ）相続税評価額
2．（ア）国税局長　（イ）相続税評価額　（ウ）通常の取引価額
3．（ア）市町村長　（イ）相続税評価額　（ウ）通常の取引価額
4．（ア）国税局長　（イ）通常の取引価額　（ウ）相続税評価額

問題 59

非上場企業における役員（死亡）退職金を活用した相続税の納税資金対策および事業承継対策に関する次の記述のうち、最も不適切なものはどれか。

1．死亡退職金の原資の準備として、契約者（＝保険料負担者）および死亡保険金受取人を法人、被保険者を経営者とする生命保険に加入することが考えられる。
2．経営者の死亡直後に遺族が支給を受けた死亡退職金は、相続税の納税資金に充てることができる。
3．経営者が死亡した場合に遺族が支給を受けた死亡退職金で、相続税額の計算上、退職手当金等の非課税限度額の適用対象となるものは、その死亡後５年以内に支給額が確定したものである。
4．経営者が死亡した場合の遺族への死亡退職金の支給は、相続税額の計算上、純資産価額方式による自社株式の評価額を引き下げる効果が期待できる。

問題 60

会社設立に関する次の記述の空欄（ア）～（ウ）にあてはまる語句の組み合わせとして、最も適切なものはどれか。

> 株式会社（内国法人である普通法人）を設立する場合、設立の登記をして初めて法人格を得ることができる。また、設立の日以後（　ア　）ヵ月以内に、定款等の写し等を添付した「法人設立届出書」を納税地の所轄税務署長に提出する必要があり、設立第１期目から青色申告の承認を受けようとする場合には、
> 以後（　イ　）ヵ月を経過した日と設立第１期の事業年度終了の日と
> ずれか（　ウ　）の前日までに、「青色申告の承認申請書」を納税地
> 務署長に提出する必要がある。

2　（イ）3　（ウ）早い日
3　（イ）2　（ウ）遅い日
3　（イ）2　（ウ）早い日
2　（イ）3　（ウ）遅い日

相談・提案業務に欠かせない各種資料・データが
月々350円で貴方のスマホやタブレットに！
近代セールス社の
お役立ちアプリ
FP便利帳
好評配信中！
※裏面もご覧ください。
このしおりの情報は2023年7月現在のものです。
詳しくはこちらから▶

問題編 2022・9月

解答・解説編

2024年１月試験

解答一覧

問題１	問題２	問題３	問題４	問題５	問題６	問題７	問題８	問題９	問題10
2	3	2	3	4	3	4	1	3	1

問題11	問題12	問題13	問題14	問題15	問題16	問題17	問題18	問題19	問題20
4	4	2	3	2	1	1	2	1	3

問題21	問題22	問題23	問題24	問題25	問題26	問題27	問題28	問題29	問題30
3	4	1	4	2	4	3	1	4	2

問題31	問題32	問題33	問題34	問題35	問題36	問題37	問題38	問題39	問題40
3	1	2	2	3	3	1	1	4	4

問題41	問題42	問題43	問題44	問題45	問題46	問題47	問題48	問題49	問題50
2	4	2	3	3	3	1	1	2	4

問題51	問題52	問題53	問題54	問題55	問題56	問題57	問題58	問題59	問題60
4	2	1	3	3	4	1	2	2	1

〈合格基準〉60点満点で36点以上（各１点）

●**参考**

正解が「１」	正解が「２」	正解が「３」	正解が「４」
15問	15問	16問	14問

●**試験問題の難易度**（各問題について、ＡＢＣで難易度を判定しています）

A	易しいレベルの問題、点数をとりやすい問題	23問
B	２級の試験として通常レベルの問題	33問
C	難しい問題、新しい傾向の問題	4問

問題 1　正解　2　難易度 A

1．適切。社会保険労務士の独占業務には、年金事務所や労働基準監督署などに提出する書類の作成、および提出手続きの代行などがある。社会保険労務士の資格を有しない者が報酬を得て独占業務を行ってはならない。公的年金の受給要件や請求方法について説明することは独占業務に相当しない。したがって、適切。

2．不適切。税理士の独占業務である「税理士業務」は、税務代理、税務書類の作成、税務相談を業として行うことである。有償・無償は問わない。本問にある確定申告書の代理作成は税務書類の作成にあたると考えられ、不適切。

3．適切。投資助言行為を行うには、金融商品取引業の登録を受ける必要があるが、本問にある一般的な運用商品の説明や景気動向、業界動向、企業業績などの情報提供に関しては、業法に抵触しない。

4．適切。任意後見人には成人であれば基本的に誰がなってもよく、法律上の制限はないとされる。司法書士の資格は要しないため、適切。

問題 2　正解　3　難易度 A

・Aさんが60歳から65歳になるまでの５年間、年率２％で複利運用しながら、毎年200万円を受け取る場合、60歳時点の元金として（ア　9,427,000円）が必要となる。

・Bさんが45歳から毎年一定額を積み立てながら年率２％で複利運用とし、15年後の60歳時に1,000万円を準備する場合、毎年の積立金額は（イ　578,000円）となる。

　したがって、正解は３となる。

（ア）年金現価係数の５年を使用して求める。

　2,000,000円×4.7135＝9,427,000円

（イ）減債基金係数の15年を使用して求める。

　10,000,000円×0.0578＝578,000円

なお、６つの係数はペアで理解すると、覚えやすい。必須の問題であるため、しっかり覚えておきたい。

「現在値」を求める	「将来値」を求める
現価係数	終価係数
複利運用して目標額を達成するために、いまいくらの元金（現在値）が必要かを求める場合に使用	手持ちの資金を複利運用すると、将来いくら（将来値）になるかを求める場合に使用
減債基金係数	年金終価係数
将来の貯蓄目標額を達成するために、毎年いくらずつ（現在値）積み立てればよいかを求める場合に使用	毎年一定額を積み立てると、将来いくらの元利合計（将来値）になるかを求める場合に使用
年金現価係数	資本回収係数
希望する年金額を将来受け取るために、今いくらの元金（現在値）があればよいかを求める場合に使用	手持ちの資金を複利運用しながら、毎年いくら（将来値）取り崩せるかを求める場合に使用。元利均等返済の年間返済額を求める場合にも使用

問題 3　正解　2　難易度 A

1．不適切。一般保険料率は、都道府県によって異なる。2024年度の保険料率（2024年３月分から適用）を見ると、最も高いのが佐賀県の10.42％で、最も低い保険料率は、新潟県の9.35％となっている。なお、介護保険料率は、全国一律で、2024年３月分から1.60％である。

2．適切。被保険者の配偶者の父母が被扶養者と認定されるためには、主としてその被保険者により生計を維持され、かつ、その被保険者と同一の世帯に属していなければならない。

被扶養者に該当する条件は、原則として日本国内に住所を有し、かつ、被保険者により主として生計を維持されていること、および次の（A）収入要件と（B）同一世帯の条件のいずれにも該当した場合となる。

（A）収入要件

年間収入130万円未満（60歳以上または障害者の場合は、年間収入180万円未満）かつ

・同居の場合は、収入が扶養者（被保険者）の収入の半分未満であること

・別居の場合は、収入が扶養者（被保険者）からの仕送り額未満であること

（B）同一世帯の条件

（a）被保険者と同居の必要がない人

被保険者の直系尊属、配偶者（事実上婚姻関係と同様の人を含む）、子、孫、兄弟姉妹で、主として被保険者に生計を維持されている人

（b）被保険者と同一の世帯で主として被保険者の収入により生計を維持されている人

①被保険者の３親等内の親族（上記（a）に該当する人を除く）

②被保険者の配偶者で、戸籍上婚姻の届出はしていないが事実上婚姻関係と同様の人の父母および子

③上記②の配偶者が死亡後における父母および子

※ただし、いずれの場合も後期高齢者医療制度の被保険者等である人は、除く。

3．不適切。退職により被保険者資格を喪失した者は、所定の要件を満たせば、最長で２年間、任意継続被保険者となることができる。なお、任意継続被保険者は、原則として、資格喪失日から20日以内に住所地を管轄する全国健康保険協会の都道府県支部（協会けんぽの場合）に手続きが必要である。

4．不適切。退職により被保険者資格を喪失した者が任意継続被保険者となるためには、資格喪失日の前日まで継続して２ヵ月以上の被保険者期間がなければならない。

問題 4　正解　3　難易度 A

1．不適切。在職老齢年金の仕組みにおいて、支給停止調整額は、受給権者が65歳未満の場合と65歳以上の場合とでは同じである。支給停止調整額は、2023年度には48万円だったが、2024度から50万円に引き上げられている。

なお、2022年３月以前の支給停止調整額は、60歳～65歳未満（低在老）と、65歳以上（高在老）に区分されていたが、法改正のより、2022年４月からは、年齢による区分が廃止された。

2．不適切。在職老齢年金の仕組みにより老齢厚生年金の全部が支給停止される場合であって、老齢基礎年金は、支給停止されない。なお、経過的加算額についても支給停止されない。

3．適切。65歳以上70歳未満の厚生年金保険の被保険者が受給している老齢厚生年金の年金額は、毎年９月１日を基準日として再計算され、その翌月から改定される。この制度は、「在職定時改定」といい、2022年４月に導入された。

4．不適切。厚生年金保険の被保険者が、70歳で被保険者資格を喪失した後も引き続き厚生年金保険の適用事業所に在職する場合、総報酬月額相当額および基本月額の合計額によって、在職老齢年金の仕組みにより老齢厚生年金が支給停止となることがある。なお、70歳以上の人については、厚生年金保険の被保険者でないため、保険料の負担はない。

問題 5　正解　4　難易度 B

1．適切。障害等級1級または2級に該当する程度の障害の状態にある障害厚生年金の受給権者が、所定の要件を満たす配偶者を有する場合、その受給権者に支給される障害厚生年金には加給年金額が加算される。

なお、加給年金額の加算対象者である配偶者の要件は、受給権者に生計維持されている65歳未満の配偶者であることとなっている。

「生計を維持されている」とは、原則として次の（a）と（b）の要件を満たす場合をいう。

（a）同居していること。

ただし、別居していても、仕送りをしている、健康保険の扶養親族である等の事項があれば認定される。

（b）加給年金額加算対象者について、前年の収入が850万円未満（または所得が655万5,000円未満）であること。

2．適切。障害厚生年金の額を計算する際に、その計算の基礎となる被保険者期間の月数が300月に満たない場合、300月として計算する。

障害厚生年金の額は、報酬比例部分をもとに計算されるため、厚生年金加入期間が短い人が障害を負うと、非常に低額な年金額になる可能性がある。このため、被保険者期間の月数が300月未満の場合、300月とみなして計算するようになっている。

3．適切。遺族基礎年金を受給することができる遺族は、国民年金の被保険者等の死亡の当時、その者によって生計を維持され、かつ、所定の要件を満たす「子のある配偶者」または「子」である。

なお、公的年金制度における子とは、未婚の18歳到達年度の末日までの間にある、または未婚の1級・2級の障害の状態にある20歳未満の子である。

4．不適切。遺族厚生年金の受給権者が、65歳到達日に老齢厚生年金の受給権を取得した場合、65歳以降、まず、自身の老齢厚生年金を受け取る。遺族厚生年金は、老齢厚生年金の額を上回った場合、その差額が受け取れる。老齢厚生年金の額の方が多い場合には、遺族厚生年金は全額支給停止となる。

したがって、受給権者は、いずれか一方を選択することができない。

●65歳以上で遺族厚生年金と老齢厚生年金の受給権がある場合の受け取り方

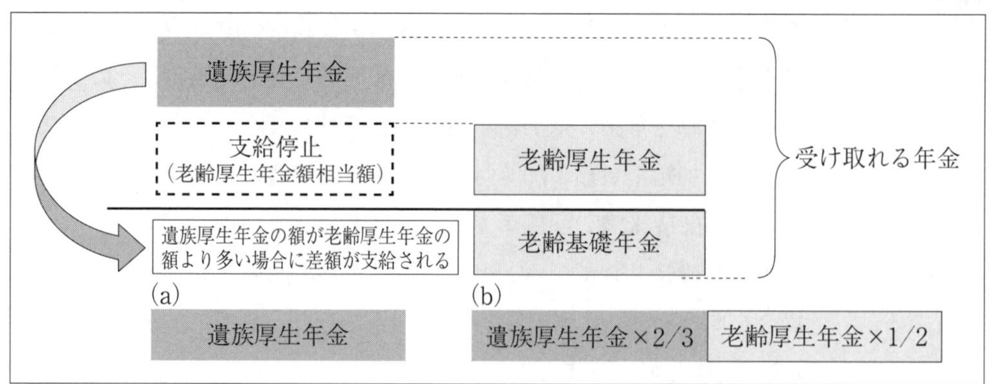

※遺族厚生年金の額は、（a）と（b）を比較し、多い方の額となる

問題 6　正解　3　難易度 B

1．適切。企業型年金において、加入者が掛金を拠出することができることを規約で定める場合、加入者掛金の額は、その加入者に係る事業主掛金の額を超える額とすることができない。

設問の制度は、「マッチング拠出」といい、加入者掛金は、事業主掛金と同額まで、かつ、合算で拠出限度額月額55,000円（年額660,000円）までとなっている。なお、他の企業年金制度を併用している場合の拠出限度額は、月額27,500円（年額330,000円）である。

2．適切。企業型年金や確定給付企業年金等を実施していない一定規模以下の中小企業の事業主は、労使の合意かつ従業員の同意を基に、従業員が加入している個人型年金の加入者掛金に事業主掛金を上乗せして納付することができる。

設問の制度は、「iDeCo＋（イデコプラス・中小事業主掛金納付制度）」といい、加入者掛金と事業主掛金の合計額は、月額5,000円以上23,000円以下の範囲で、加入者と事業主がそれぞれ1,000円単位で決定することができる。

3．不適切。個人型年金に加入できるのは、国民年金の第１号被保険者、第２号被保険者、第３号被保険者および国民年金の任意加入被保険者である。なお、任意加入被保険者で日本国内に住所を有しない20歳以上65歳未満の者、第２号被保険者のまま海外赴任する者、第３号被保険者で海外赴任に同行する家族等も加入できる。

4．適切。個人型年金の加入者が60歳から老齢給付金を受給するためには、通算加入者等期間が10年以上なければならない。

なお、老齢給付金は、60歳到達時点の加入者または運用指図者であった期間（通算加入者等期間）により、受給可能な年齢が異なる。

通算加入者等期間	受給可能な年齢
10年以上	60歳
8年以上10年未満	61歳
6年以上8年未満	62歳
4年以上6年未満	63歳
2年以上4年未満	64歳
1月以上2年未満	65歳

問題 7　正解　4　難易度 B

1．適切。遺族基礎年金および遺族厚生年金は、所得税の課税対象とならない。

なお、障害基礎年金および障害厚生年金、障害手当金についても、所得税の課税対象とならない。

2．適切。確定拠出年金の老齢給付金は、年金として受給する場合、雑所得として所得税の課税対象となる。

●確定拠出年金の給付の種類と受取時の課税方法

給付の種類	受取方法	課税方法
老齢給付金	年金形式	雑所得（公的年金等控除の適用可）
	一時金形式	退職所得（退職所得控除の適用可）
障害給付金	年金形式	非課税
	一時金形式	
死亡給付金	一時金形式	みなし相続財産として相続税の課税対象

3．適切。老齢基礎年金および老齢厚生年金の受給者が死亡した場合、その者に支給されるべき年金給付のうち、まだ支給されていなかったもの（未支給年金）は、当該年金を受け取った遺族の一時所得として所得税の課税対象となる。

未支給年金請求権については、当該死亡した受給権者の遺族が、未支給年金を自己の固有の権利として請求するものであり、当該死亡した受給権者に係る相続税の課税対象にはならない。

4．不適切。老齢基礎年金を受給権発生日から数年後に請求し、遡及してまとめて年金が支払われた場合、所得税額の計算上、各支給期の年分ごとに公的年金等の雑所得として課税される。

なお、源泉徴収票についても、それぞれの年分ごとに作成される。

問題 8　正解　1　難易度 A

1．不適切。「フラット35」や「フラット50」は借換えに利用できる。

2．適切。全期間固定金利型の住宅ローンの場合、市中金利の変動に影響を受けることなく、返済期間中の適用金利は一定である。

3．適切。住宅ローンの借入先となる金融機関は、返済不能に備えて対象物件に抵当権を設定する。借換えの場合、既借入先の抵当権を抹消し、新規借入先の抵当権を設定する必要がある。新規借り入れ（借換え）の際には、登録免許税のほか、諸費用がかかる。

4．適切。住宅ローン借り入れの際は、借り換えの場合も同様に、借入人の年収等を鑑みた返済能力が審査される。通常その一つに返済割合の基準があり、年収に対する年間返済額が一定の割合を超えた場合、住宅ローンの借入ができない場合がある。

問題 9　正解　3　難易度 A

1．適切。　自己資本比率＝自己資本÷総資本×100
＝純資産180百万円÷総資本600百万円×100
＝30％

2．適切。　流動比率　＝流動資産÷流動負債×100
＝流動資産240百万円÷流動負債200百万円×100
＝120％

3．不適切。総資本回転率＝売上高÷総資本
＝売上高7.5億円÷総資本600百万円
＝1.25回

4．適切。　固定比率　＝固定資産÷自己資本×100
＝固定資産360百万円÷純資産180百万円×100
＝200％

問題 10　正解　1　難易度 A

1．不適切。設問文の内容は「分割払い」の説明。「リボルビング」とは、「回転、反復」の意味で、「定額リボルビング払い」とは、あらかじめ毎月の返済金額を一定額にして返済をしていく方式をいう。

2．適切。総量規制とは貸金業者に対する規制で、借り入れすぎ、貸し出しすぎを防ぐために、年収などを基準にその３分の１を超える貸し出しが原則禁止されている。設問文のとおり、クレジットカードでのキャッシングは総量規制の対象とな

る。なお、クレジットカードでのショッピングは対象とはならない。

3．適切。設問文のとおり。クレジットカードの発行には審査があり、クレジットカード会員として認められた本人のみが利用できるものである。家族であっても他人に貸与することは会員規約によって禁止されている。

4．適切。「指定信用情報機関」とは信用情報提供を行う法人であり、個人向け貸し付けを行う貸金業者は必ず指定信用情報機関に加入し、指定信用情報機関の保有する個人信用情報を使用することが義務付けられている。個人信用情報には本人を識別するための情報（氏名や住所、生年月日等）や貸金の金額や残高などの契約内容が含まれる。こうした内容は郵送など所定の手続きにより開示請求することができる。

問題 11　正解　4　難易度 B

1．適切。保険金受取人の変更は、法律上有効な遺言によってもすることができる。なお、当該契約の保険契約者となっている者が、保険会社にその旨を通知しなければ、保険会社に対抗することはできない。したがって、当該通知が到達する前に保険会社が変更前の保険金受取人に対して保険金を支払ったものは有効とされる。

2．適切。死亡保険契約の保険契約者または保険金受取人が、死亡保険金を受け取ることを目的として被保険者を故意に死亡させ、または死亡させようとした場合、保険会社は当該保険契約を解除することができる。

3．適切。死亡保険契約において、保険契約者と被保険者が異なる場合で双方が離婚し、被保険者が当該保険契約に係る同意をするに当たって基礎とした事情が著しく変更した場合、被保険者は保険契約者に対して当該保険契約を解除することを請求することができる。

4．不適切。生命保険契約の締結に際し、保険契約者または被保険者になる者は、保険会社から告知を求められた事項以外の保険事故の発生の可能性に関する重要な事項について、自発的に判断して事実の告知をする必要はない。重要事項のうち、保険会社が告知を求めた事項に関してのみ答えればよい（質問応答義務）。

問題 12　正解　4　難易度 B

1．適切。外貨建て終身保険では、死亡保険金を円貨で受け取る場合、外貨と円貨の為替レートの変動により、受け取る金額が為替相場によって変動する。死亡保険金額が払込保険料相当額を下回ったり、逆に上回ったりする為替差損益が発生することがある。

2．適切。変額保険では、死亡・高度障害保険金額が資産の運用実績に応じて変動する。ただし、終身型･有期型を問わず、契約時に定めた保険金額（基本保険金額）は保証されている。運用実績によって、死亡・高度障害保険金の額が基本保険金額を上回る場合があるが、基本保険金額を下回ることはない。なお、解約返戻金と有期型の満期保険金について最低保証金額はない。

3．適切。こども保険（学資保険）では、契約者（＝保険料負担者）である親などが死亡した場合、一般的に以降の保険料の払込が免除され、保険契約は継続する。被保険者である子の入学時期に合わせて祝金（学資金）・満期保険金を受け取ることができる。なお、契約者が死亡した場合に、育英年金が子に支払われる特約がある。

4．不適切。低解約返戻金型終身保険では、他の契約条件が同一であれば、低解約返戻金型ではない終身保険と比較して、保険料払込期間中の解約返戻金が低く抑えられている。そのため、低解約返戻金型終身保険の保険料は、その分割安に設定されている。ただし、保険料払込期間満了後の解約返戻金の額は、低解約返戻金型ではない終身保険の解約返戻金の額と同じになる。

問題 13　正解　2　難易度 B

1．適切。総合福祉団体定期保険は、企業（団体）が契約者として保険料を負担する。保険期間は１年で、保険期間満了後は所定の年齢まで更新できる。なお、契約の締結にあたっては、被保険者である加入予定者（役員・従業員等）の同意が必要である。

2．不適切。総合福祉団体定期保険のヒューマン・ヴァリュー特約は、被保険者である役員・従業員等の死亡・高度障害状態により、代替者の採用・教育研修等にかかる経済的損失に備えるものである。特約保険金は主契約と同額まで設定することが可能で、保険金受取人は企業（団体）となる。

3．適切。団体定期保険（Ｂグループ保険）は、役員・従業員等が任意に加入することができる保険期間１年の定期保険である。保険料は、役員・従業員等が負担する。保険期間満了後は所定の年齢まで更新することができるため、毎年保険金額を所定の範囲内で見直すことができる。

4．適切。団体定期保険（Ｂグループ保険）の加入に際しては、契約者・被保険者の告知は必要であるが、医師の診査は不要である。

問題 14　正解　3　難易度 B

1．不適切。個人年金保険の年金に係る雑所得の金額は、その年金額から、その年金額に対応する払込保険料を差し引いて算出する。個人年金保険は民間の保険会社との契約であり、そもそも公的年金等には該当せず、公的年金等控除額を差し引くことはない。なお、年金額に対応する払込保険料の計算式は、以下のとおりとなる。

$$\text{年金年額} \times \frac{\text{既払込保険料}}{\text{年金受取総額または年金受取見込額}}$$

2．不適切。個人年金保険の年金に係る雑所得の金額が25万円以上である場合、その年金の支払時に当該金額の10.21％の所得税・復興特別所得税相当額が源泉徴収等される。ただし、契約者と年金受取人が異なる場合は源泉徴収されない。

3．適切。個人年金保険の確定年金において、年金受取人が年金受取開始日後に将来の年金給付の総額に代えて受け取った一時金は、一時所得として所得税の課税対象となる。なお、一時所得の金額は、「一時金－既払込保険料－特別控除（最大50万円）」で、その２分の１に相当する金額が他の所得と合算して総合課税される。

4．不適切。個人年金保険（保証期間付終身年金）において、保証期間中に年金受取人が死亡して遺族が取得した残りの保証期間の年金受給権は、契約者（＝保険料負担者）と被保険者が同一の場合は相続税、異なる場合は贈与税の課税対象となる。

問題 15　正解　2　難易度 B

1．適切。契約者が法人、被保険者が役員、死亡保険金受取人が法人である終身保険の支払保険料は、その全額を保険料積立金として資産に計上する。死亡保険金受取人が役員の遺族である場合は、その全額を当該役員の報酬として計上する。

2．不適切。契約者が法人、被保険者が役員・従業員全員である養老保険では、死亡保険金・満期保険金受取人によって、以下のとおり経理処理が異なる。本肢の契約形態では、主契約保険料の２分の１を保険料積立金として資産計上し、残りの２分の１を福利厚生費として損金算入する。

保険金受取人		保険料の経理処理	
死亡保険金	満期保険金	主契約保険料	特約保険料
法人	法人	資産計上	損金算入
被保険者の遺族	被保険者	被保険者の給与・報酬	損金算入（※）
被保険者の遺族	法人	１／２資産計上 １／２損金算入（※）	損金算入（※）

※特定の役員・従業員を被保険者とする場合は、当該被保険者の給与・報酬となる。

3．適切。契約者が法人、被保険者が役員・従業員全員、給付金受取人が法人である医療保険の保険料は、その全額が損金算入されている。したがって、法人が受け取った入院給付金および手術給付金は、その全額を益金の額に算入する。なお、この給付金を見舞金規定などに基づいて従業員に給付をした場合は、その額を見舞金として損金算入する。

4．適切。2019年7月8日以後の契約から、死亡保険金受取人が法人である解約返戻金のある定期保険は、最高解約返戻率に応じて、経理処理が異なる。

本肢のように最高解約返戻率が70%超85%以下である定期保険の支払保険料は、保険期間の前半の4割相当期間においては、その60%相当額を資産（前払保険料）に計上し、残額の40%相当額を損金（定期保険料）に算入する。

なお、最高解約返戻率に応じて以下のような取扱いとなっている。

<table>
<tr><th>最高解約返戻率
50%超70%以下</th><th>最高解約返戻率85%超</th></tr>
<tr><td>保険期間の当初40%まで
当期分保険料の40%：資産計上
60%：損金算入</td><td rowspan="3">以下①②のうちいずれか長い期間まで
①最高解約返戻率となる期間
②①の期間経過後「解約返戻金額の増加額÷年換算保険料」が70%を超える期間
（①②のうちいずれか長い期間が5年未満となる場合は5年間。保険期間10年未満は保険期間の50%）
＜保険期間の当初10年間＞
資産計上額＝当期分保険料×最高解約返戻率×90%
損金算入額＝当期分保険料－資産計上額
＜保険期間の当初11年目以降＞
資産計上額＝当期分保険料×最高解約返戻率×70%
損金算入額＝当期分保険料－資産計上額</td></tr>
<tr><th>最高解約返戻率
70%超85%以下</th></tr>
<tr><td>保険期間の当初40%まで
当期分保険料の60%：資産計上
40%：損金算入</td></tr>
<tr><th colspan="2">以下の期間まで当期分保険料の全額を損金算入</th></tr>
<tr><td>保険期間の75%経過後
・当期分保険料の全額を損金算入
・それまでに資産計上した分を均等に取り崩して損金算入</td><td>解約返戻金が最も高額となる時期を経過後
・当期分保険料の全額を損金算入
・それまでに資産計上した分を均等に取り崩して損金算入</td></tr>
</table>

※最高解約返戻率が50%以下、最高解約返戻率が70%以下かつ年換算保険料（支払保険料総額÷保険期間）が30万円以下、保険期間3年未満は全額損金。

問題 16 正解 1 難易度 B

1．不適切。自動車保険のノンフリート等級別料率制度では、人身傷害保険の保険金のみが支払われる場合、ノーカウント事故となり、翌年度の等級は1等級アップすることになる。

なお、人身傷害（補償）保険は、被保険自動車を運転中に交通事故で被保険者が死傷した場合、被保険者自身の過失割合にかかわらず、示談を待たずにその死傷による医療費・休業損害・逸失利益などの損害の全額が、保険金額を限度として補償される。

2．適切。対人賠償保険は、被保険自動車を運転中に対人事故を起こした被保険者が法律上の損害賠償責任を負った場合に補償する。

ただし、記名被保険者、被保険自動車を運転中の者の配偶者・父母・子、被保険者の配偶者・父母・子が被害者の場合は、補償の対象とならない。本肢の場合は記名被保険者が被保険自動車の運転中に事故を起こして、記名被保険者の父親にケガをさせたものであるので、補償の対象とならない。

3．適切。一般条件の車両保険では、車同士の衝突、墜落・転覆、ガードレール・電柱等への衝突、当て逃げ、火災・爆発、いたずら・落書き・窓ガラス破損、台風・竜巻・洪水・高潮などにより車両に被った損害について幅広く補償する。

本肢のように、台風による高潮により被保険自動車に損害が生じた場合は、一般条件の車両保険の補償の対象となる。

なお、一般条件の車両保険では、地震・噴火・津波による車両損害は補償の対象とならない。この損害についての特約があれば、それを付帯することにより補償の対象となる。

4．適切。自動車保険の対人賠償保険では、被保険自動車を運転中に対人事故を起こした被保険者が法律上の損害賠償責任を負った場合、その損害のうち、自動車損害賠償責任保険（自賠責保険）等によって補償される部分を除いた額が、補償の対象となる。

問題 17 正解 1 難易度 B

1．不適切。普通傷害保険は、日本国内外において業務中・業務外を問わず不慮の事故によるケガを補償する。本肢のように海外旅行中に転倒したことによるケガも補償の対象となる。

ただし、地震・噴火またはこれらによる津波によって生じたケガについては、特約を付保しなければ補償の対象とならない。なお、特約により就業中のみ補償、就業中は補償しないという付保の仕方もある。

2．適切。家族傷害保険では、保険期間中に契約者（＝被保険者本人）に子が生まれた場合でも、その子について追加保険料を支払うことなく補償される。

家族傷害保険の被保険者は、記名被保険者、記名被保険者の配偶者、記名被保険者またはその配偶者の同居の親族、記名被保険者またはその配偶者の別居の未婚の子である。

3．適切。海外旅行傷害保険では、海外旅行行程中のケガによる損害について補償の対象となる。また、特約を付帯しなくても本肢のような細菌性食中毒、地震・噴火・津波による損害も補償の対象となる。

なお、海外旅行行程中とは、自宅等を出てから自宅等に帰着するまでの期間であり、旅行行程において国内で移動中の事故によって被った損害も補償 の対象となる。

4．適切。国内旅行傷害保険では、国内旅行行程中の地震・噴火・津波によるケガについては、特約を付保しなければ補償の対象とならない。なお、細菌性食中毒については、特約を付保することなく補償の対象となる。

問題 18　正解　2　難易度 C

1．不適切。業務中の事故によるケガが原因で入院をした従業員が、法人契約の普通傷害保険の入院保険金を保険会社から直接受け取った場合、法人は当該保険金に対する経理処理は不要である。また、保険料を支払った際に全額を損金算入して資産計上額もないため、これに係る経理処理も不要である。

2．適切。業務中の事故で従業員が死亡したことにより、法人が自らが契約者である普通傷害保険の死亡保険金を受け取った場合、法人は当該死亡保険金相当額の全額を益金の額に算入する。

3．不適切。従業員が法人の所有する自動車で対人事故を起こし、その相手方に保険会社から法人契約の自動車保険の対人賠償保険の保険金が直接支払われた場合、当該法人は当該保険金相当額に係る経理処理は不要である。

4．不適切。圧縮記帳とは、法人が保険金を使って滅失した資産を再取得した際、保険差益に一時的に課税されないように課税を繰り延べることができる制度である。法人が所有する自動車が全焼し、その滅失があった日から３年以内に支払が確定した法人契約の自動車保険の車両保険金で同一種類の資産を新たに取得した場合、圧縮記帳が認められる。一方、本肢のように別の資産を取得した場合は、圧縮記帳は認められない。

なお、保険金で取得した代替資産の圧縮限度額の計算式は、以下のとおりである。

保険差益（保険金額－滅失した資産の帳簿価額－滅失により支出した経費）

$$\times \frac{\text{代替資産の取得価額（分母が限度）}}{\text{保険金額－滅失により支出した経費}}$$

問題 19　正解　1　難易度 B

1．適切。所得補償保険は、被保険者が病気やケガで保険会社が定める就業不能の状態になった場合に、所定の保険金・給付金が一定期間支払われる保険商品である。勤務先企業の倒産によって失業した場合には保険金は支払われない。なお、入院だけではなく、自宅療養などで就業不能状態であれば、保険金・給付金の支払いの対象となる。

2．不適切。更新型の医療保険では、保険期間中に入院給付金を受け取った場合でも、入院給付金の日額を増額しなければ、保険契約を更新することができる。

3．不適切。医療保険等の先進医療特約において、先進医療給付金の支払対象とされている先進医療とは、契約時点ではなく、療養を受けた時点において厚生労働大臣によって定められたものをいう。したがって、契約時点で先進医療と定められていても、当該先進医療が保険診療に移行したり先進医療から除外されたりして、受診時に先進医療と認められていないものは、先進医療給付金の支払対象とならない。

4．不適切。がん保険では、通常、契約後90日または３ヵ月間の免責期間が設けられており、その期間中に被保険者ががんと診断確定された場合は、がん診断給付金、がん入院給付金、がん手術給付金、がん通院給付金等のがんに係る各種給付金は支払われない。

問題 20　正解　3　難易度 B

1．適切。製造業を営む事業者が製造した製品の欠陥が原因で顧客に損害を与え、法律上の損害賠償責任を負うリスクに備えるために加入する保険商品は、生産物賠償責任保険（PL保険）である。ただし、当該製造物を回収する等のリコール費用等は、補償の対象外である。

2．適切。建設業を営む事業者が、建設中の建物の火災、台風、盗難、作業ミスにより損害を被る場合に備えて加入する保険商品は、建設工事保険である。復旧費用のほか、事故により臨時に発生した費用、残存物の取片付け費用等について補償する。

3．不適切。事業者が、業務中の事故により従業員がケガを負った場合に備えて、労働者災害補償保険（政府労災保険）の上乗せ補償や、被災者等に対する事業者の損害賠償責任に対する補償を目的として加入する保険商品は、労働災害総合保険である。請負業者賠償責任保険は、従業員がケガをした場合の損害賠償責任を補償する保険ではない。

4．適切。事業者が施設の管理不備による事故によって、来場者にケガをさせて法律上の損害賠償責任を負うリスクに備えるために加入する保険商品は、施設所有（管理）者賠償責任保険である。施設所有（管理）者賠償責任保険は、業務遂行上で第三者に損害賠償責任を負うリスクにも備えることができる。

問題 21　正解　3　難易度 A

1．適切。「無利息」「要求払い」「決済サービスを提供できること」という３つの条件を満たす預金を決済用預金といい、一般預金等とは別枠で全額が預金保険制度によって保護される。当座預金、無利息（金利がゼロ％）の普通預金などが決済用預金に該当し、法人も個人も預け入れることができる。

2．適切。当座預金は、手形や小切手の支払いに使われる預金だが、株式配当金等の自動受取口座として利用することができるとともに、公共料金などの自動振替口座としても利用できる。

3．不適切。スーパー定期預金の預入期間３年以上には、単利型と半年複利型があるが、半年複利型を利用できるのは、法人ではなく、個人に限られている。

4．適切。最低預入金額を1,000万円とする固定金利型の定期預金を、一般に大口定期預金という。

問題 22　正解　4　難易度 A

1．適切。記述のとおりで、購入時手数料がかからない投資信託は、一般に、ノーロード型（ノーロードファンド）と呼ばれている。

2．適切。投資信託を保有している間、継続的にかかり続けるコストである運用管理費用（信託報酬）は、投資信託の銘柄ごとに定められている。

所定の市場指数との連動を目指すインデックス型投資信託では、市場指数を構成している全銘柄あるいは代表的な銘柄群を、市場指数の構成比率と同じ比率で保有することで、市場指数との連動を目指す運用を行っている。インデックス型投資信託はアクティブ型投資信託と比べて、リサーチや銘柄分析等の手間などを少なくできるため、運用管理費用（信託報酬）が低いという特徴がある。

逆に、市場指数を上回るより良い運用実績を目指すアクティブ型投資信託では、魅力的な銘柄を選んで投資を行うため、リサーチや銘柄分析等にコストがかかり、運用管理費用（信託報酬）はインデックス型投資信託より高めとなっている。

3．適切。会計監査に必要な費用（監査報酬）や、組入有価証券の売買の際に発生する売買委託手数料は、信託財産から支払われるため、受益者（投資家）の負担となる。

4．不適切。信託財産留保額は、長期に投資信託を保有する投資家との公平性を確保するための費用だが、かかる（設定されている）投資信託と、かからない（設定されていない）投資信託がある。

問題 23　正解　1　難易度 A

1．が最も適切である。

（ア）所有期間利回りの計算式は次のとおり。

$$\text{所有期間利回り（\%）} = \frac{\text{表面利率} + \dfrac{\text{売却価格} - \text{購入価格}}{\text{所有期間}}}{\text{購入価格}} \times 100$$

本問の場合、表面利率：0.90％、売却価格：102円、購入価格：103円、所有期間：4年なので、所有期間利回りは次のとおりとなる。

$$\text{所有期間利回り（\%）} = \frac{0.90 + \dfrac{102 - 103}{4}}{103} \times 100 = 0.631\cdots$$

$$\fallingdotseq 0.63\text{（\%）（小数点以下第3位四捨五入）}$$

（イ）最終利回りの計算式は次のとおり。

$$\text{最終利回り（\%）} = \frac{\text{表面利率} + \dfrac{\text{額面金額} - \text{購入価格}}{\text{残存期間}}}{\text{購入価格}} \times 100$$

本問の場合、表面利率：0.90％、額面金額：100円、購入価格：103円、残存期間：10年なので、最終利回りは次のとおりとなる。

$$\text{最終利回り（\%）} = \frac{0.90 + \dfrac{100 - 103}{10}}{103} \times 100 = 0.582\cdots$$

$$\fallingdotseq 0.58\text{（\%）（小数点以下第3位四捨五入）}$$

したがって、所有期間利回り（0.63％）のほうが、最終利回り（0.58％）よりも高い。

問題 24　正解　4　難易度 B

1．不適切。プライム市場、スタンダード市場、グロース市場とも、株主数および流通株式数に関する新規上場基準と上場維持基準は同じである。

2．不適切。プライム市場、スタンダード市場、グロース市場とも、新規上場基準にROEに関する数値基準はない。

3．不適切。東京証券取引所の市場区分はそれぞれ独立しており、プライム市場、スタンダード市場、グロース市場とも、他の市場の新規上場基準を満たせば、市場区分の変更が可能である。たとえば、スタンダード市場からプライム市場へ、あるいはプライム市場からスタンダード市場へ、といった変更が可能である。プライム市場とグロース市場間、スタンダード市場とグロース市場間の市場区分の変更も可能である。

4．適切。JPX日経インデックス400は、プライム市場、スタンダード市場、グロース市場の中から、３年平均ROEや３年累積営業利益等の指標等により選定された400銘柄を対象として算出されている株価指数である。

問題 25　正解　2　難易度 A

1．適切。ROE（自己資本当期純利益率）＝当期純利益÷自己資本×100
∴ROE（％）＝120億円÷2,000億円×100＝6.0（％）

2．不適切。PER（株価収益率）＝株価÷１株当たり当期純利益
１株当たり当期純利益＝当期純利益÷発行済株式数＝120億円÷0.8億株＝150円
∴PER（倍）＝4,500円÷150円＝30（倍）

3．適切。PBR（株価純資産倍率）＝株価÷１株当たり純資産
１株当たり純資産＝自己資本÷発行済株式数＝2,000億円÷0.8億株＝2,500円
∴PBR（倍）＝4,500円÷2,500円＝1.8（倍）

4．適切。配当利回り（％）＝１株当たり年間配当金÷株価×100
１株当たり年間配当金＝配当金総額÷発行済株式数＝36億円÷0.8億株＝45円
∴配当利回り（％）＝45円÷4,500円×100＝1.0（％）

問題 26　正解　4　難易度 A

1．適切。オプション取引に関する基本用語の説明である。

2．適切。オプション取引に関する基本用語の説明である。

3．適切。コール・オプション、プット・オプションとも、他の条件が同一であれば、満期までの期間が長いほど、価格変動による利益を得る機会が増すので、プレミアム（オプション料）は高くなる。

4．不適切。プット・オプション、コール・オプションとも、オプションの売り手の最大利益は、いずれもプレミアム（オプション料）に限定される。

問題 27 正解 3 難易度 B

1．適切。ポートフォリオのリスクのうち、分散投資によっても消去しきれないリスクは「システマティック・リスク（市場リスク）」という。分散投資によって消去できるリスクは「アンシステマティック・リスク（非市場リスク）」という。

例えば、株式投資において複数の銘柄に分散投資をすれば、銘柄固有のリスク（= アンシステマティック・リスク）は軽減できる。しかし、どれほど銘柄分散をしても、株式市場全体の変動による影響（システマティック・リスク）を消去することはできない。株式市場全体が下落すれば、株式ポートフォリオも値下がりしてしまうからである。このように、銘柄分散によって消去できないリスクを、システマティック・リスクという。

したがって、ある資産の中における銘柄分散だけではなく、タイプの異なる資産への分散＝アセット・アロケーション（資産配分）をよく考慮する必要がある。

2．適切。ポートフォリオのリスクは、ポートフォリオに組み入れた各資産の相関係数が１であれば、各資産のリスクに組入比率を掛けた加重平均値になる。しかし、相関係数が１未満の資産を組み入れると、ポートフォリオのリスクは加重平均値より小さくなる。つまり、ポートフォリオのリスクは、組み入れた各資産のリスクを組入比率で加重平均した値を超えることはなく、加重平均値以下となる。

3．不適切。異なる２資産からなるポートフォリオにおいて、２資産間の相関係数が１未満であれば、ポートフォリオを組成することによる分散投資の効果（リスクの低減効果）が得られ、相関係数が－１のときにポートフォリオ効果（分散投資によるリスク低減効果）が最大になる。ポートフォリオ効果（分散投資によるリスク低減効果）が得られないのは、相関係数が１のときである。

4．適切。ファンドのシャープレシオの計算式は次のとおりで、数値が高いほうが、とったリスクに比べてリターンが優れていたことになり、効率的に運用されていたと評価される。収益率が同じ場合、収益率の標準偏差が小さいほうが、シャープレシオは高くなる。

$$\text{シャープレシオ} = \frac{(\text{ファンドの収益率}) - (\text{無リスク資産の金利})}{(\text{ファンドの標準偏差})}$$

問題 28 正解 1 難易度 B

1．不適切。上場株式等の配当等について、総合課税を選択して確定申告をした場合、上場株式等に係る譲渡損失の金額との損益通算は認められない。申告分離課税を選択した場合は、譲渡損失の金額との損益通算ができる。

●配当金の税金の扱い

	譲渡損失との損益通算	配当控除
①申告不要	×（できない）	×（適用なし）
②申告分離課税	○（できる）	×（適用なし）
③総合課税	×（できない）	○（適用あり）

2．適切。NISA口座で保有する上場株式の配当金を非課税扱いにするためには、証券会社の取引口座で配当金を受け取る「株式数比例配分方式」を選択する必要がある。これ以外の配当金の受取方法（配当金領収証方式、個別銘柄指定方式、登録配当金受領口座方式）では、非課税扱いとならず、課税扱いとなる（この場合でも譲渡益は非課税扱い）。

3．適切。上場株式等に係る配当所得等の金額と損益通算してもなお控除しきれない上場株式等に係る譲渡損失の金額は、確定申告することにより、翌年以後最長3年間にわたって繰り越すことができる。

4．適切。NISA口座内の譲渡損失は、所得税および住民税の計算上ないものと見なされる。このため、その譲渡損失を、課税口座（特定口座や一般口座）で受け取った配当金、分配金、譲渡益等と通算することはできない。損失の繰越控除もできない。

問題 29　正解　4　難易度 B

1．適切。日本国内に本店のある銀行の海外支店や外国銀行の在日支店に預け入れた預金は、預金保険制度の保護の対象とならない。

2．適切。預金保険制度は、円建ての預金等を保護の対象としており、外貨預金は保護の対象とならない。

3．適切。証券会社が分別管理の義務に違反し、一般顧客（適格機関投資家等でない者）が損害を被った場合には、1人当たり1,000万円までの補償が受けられる。具体的には、破綻した証券会社が預かっていた顧客資産のうち、円滑な返還が困難であると日本投資者保護基金が認めるものが補償対象（補償対象債権）になる。

　補償支払額は、補償対象債権の額から、①補償対象債権のうち担保権の目的として提供されていたもの、②破綻証券会社に対して顧客が負っていた債務（借入など）を控除した金額となり、一般顧客1人当たり1,000万円を限度として、日本投資者保護基金により補償が受けられる（1,000万円を超える場合は、1,000万円が支払われる）。

4．不適切。日本国内の証券会社が保護預かりしている一般顧客の外国株式は、日本投資者保護基金による補償の対象となっている。

問題 30 正解 2 難易度 A

2．が最も適切である。

（ア）好景気等を背景とした需要（ディマンド）の増大が原因となるインフレを、ディマンドプル型（ディマンドプル・インフレ）という。

（イ）生産者のコスト（賃金や原材料費など）の上昇等が原因となるインフレを、コストプッシュ型（コストプッシュ・インフレ）という。

（ウ）GDPデフレーターは、GDP（国内総生産）算出時に物価変動の影響を取り除くために用いられる。時価表示のGDPを名目GDP、物価変動（物価の上昇・下落）の影響を取り除いたGDPを実質GDPというが、GDPデフレーターは「名目GDP÷実質GDP×100」で算出される。実質GDPは「名目GDP÷GDPデフレーター×100」で求められる。

　GDPデフレーターは、GDPに計上される全ての財・サービスを含むため、消費者物価指数や企業物価指数よりも、国内経済全体の物価動向を表す包括的な物価指標とされる。ただし、消費者物価指数や企業物価指数は輸入品価格を含んでいるのに対し、GDPデフレーターは国内生産品だけを対象にしている。

問題 31 正解 3 難易度 A

1．不適切。所得税では、納税者が申告した所得金額に基づき税額を計算し、この確定した税額を自ら納付する申告納税制度を採用している。

2．不適切。所得税では、所得税の納税義務者を居住者、非居住者に分けて納税義務を定めているが、居住者のうち非永住者以外の居住者の場合には、国内源泉所得および国外源泉所得が課税対象となり、居住者のうち非永住者においても、国外源泉所得以外の所得および国外源泉所得で日本国内において支払われ、または国外から送金されたものが課税対象となる。

3．適切。所得税における居住者とは、国内に住所を有し、または現在まで引き続いて１年以上居所を有する個人をいう。

4．不適切。所得税額の計算において課税総所得金額に乗じる税率には、課税総所得金額が大きくなるにつれて段階的に税率が高くなる超過累進税率が採用されているが、その最高税率は45％である。

問題 32 正解 1 難易度 A

1．適切。不動産の貸付けをしたことに伴い敷金の名目により収受した金銭の額のうち、その全部または一部について、返還を要しないことが確定した金額は、その確定した日の属する年分の不動産所得の金額の計算上、総収入金額に算入する。

2．不適切。老齢基礎年金に係る収入金額から公的年金等控除額は、受給者の公的年金等に係る雑所得以外の所得に係る合計所得金額が1,000万円以下の場合、1,000万円超2,000万円以下の場合、2,000万円を超える場合など合計所得金額が増えるのに応じて段階的に縮小されているが、1,000万円を超える場合も公的年金等控除額は差し引ける。

3．不適切。退職一時金を受け取った退職者が、「退職所得の受給に関する申告書」を提出している場合、原則、退職金の額から勤続年数に応じた退職所得控除額を差し引き、その残額に１／２を掛けた金額に対して、所得税の超過累進税率により所得税および復興特別所得税が源泉徴収される。

4．不適切。為替予約を締結していない外貨定期預金を満期時に円貨で払い戻した結果生じた為替差益は、雑所得として総合課税の対象となる。一方、当初から為替予約を付している場合の為替差益は、同じく雑所得であるが源泉分離課税として取り扱われる。

問題 33　正解　2　難易度 B

1．不適切。損益通算とは、不動産所得・事業所得・譲渡所得・山林所得に計算上損失が生じた場合、他の所得から通算、つまり差引きできる制度である。先物取引に係る雑所得の金額の計算上生じた損失の金額は、この所得の区分にあてはまらないので、損益通算できない。「先物取引に係る雑所得等の金額」の計算上生じた損失の金額は、他の「先物取引に係る雑所得等の金額」との損益の通算は可能であるが、先物取引に係る雑所得等以外の所得の金額との損益通算はできない。

2．適切。業務用車両を譲渡したことによる譲渡所得の金額の計算上生じた損失の金額は所得の区分上、総合課税の譲渡所得となる。損益通算とは不動産所得・事業所得・譲渡所得・山林所得に計算上損失が生じた場合、他の所得から通算、つまり差引きできる制度であるので、損益通算できる。

3．不適切。損益通算とは不動産所得・事業所得・譲渡所得・山林所得に計算上損失が生じた場合、他の所得から通算、つまり差引きできる制度であるが、不動産所得の金額の計算上生じた損失の金額の中に、不動産所得を生ずべき土地の取得に要した負債の利子の額に相当する部分の金額がある場合には、その損失の金額を限度として損益通算できない。

4．不適切。生命保険の解約返戻金を受け取ったことにより生じた損失の金額は一時所得の損失となるのであるが、損益通算は不動産所得・事業所得・譲渡所得・山林所得に計算上損失が生じた場合に適用できるので、一時所得の計算上生じた損失の金額は０円とみなされ、損益通算できない。

問題 34　正解　2　難易度 B

1．適切。夫と死別した後に婚姻をしていない納税者は、合計所得金額が500万円以下であれば寡婦控除の適用を受けることができる。死別の場合、扶養親族の有無は問われないので、本肢の場合は寡婦控除の適用を受けることができる。なお、離婚の場合は、扶養親族を有していることが要件となる。

2．不適切。寡婦控除の対象となる人の要件のひとつに、納税者と事実上婚姻関係と同様の事情にあると認められる一定の人がいる場合は対象にならないという規定がある。したがって、この規定に該当する場合は寡婦控除の適用を受けることができない。

3．適切。寡婦控除の対象となる人の要件のひとつに、合計所得金額が500万円以下の人というものがある。したがって、合計所得金額が500万円を超えている場合は寡婦控除の適用を受けることができない。

4．適切。寡婦控除の対象となる人の要件のひとつに、その年の12月31日の現況で、「ひとり親」に該当しないということがある。したがって、寡婦控除とひとり親控除は、重複して適用を受けることができない。

問題 35　正解　3　難易度 B

1．適切。棚卸資産の評価における低価法の選択ができるのは所得税の青色申告の特典のひとつである。

2．適切。純損失の繰戻還付とはその年に生じた純損失の金額の全部または一部を前年分の所得金額から控除したところで税額を再計算すると差額の税額が還付になるというものであるが、これは、所得税の青色申告の特典のひとつである。また、純損失の金額について翌年以降3年間の所得の金額から繰越控除を受けることができる制度のことを純損失の繰越控除というが、これも所得税の青色申告の特典のひとつである。

3．不適切。雑損失の繰越控除とは、雑損控除をおこなっても、なお控除しきれなかった金額を翌年以降3年間にわたり繰り越すことができるという制度であるが、これは、青色申告者であっても、白色申告者であっても適用を受けることができる。青色申告の特典は、「雑損失」ではなく、「純損失」の繰越控除である。

4．適切。中小事業者の少額減価償却資産の取得価額の必要経費算入とは、年間合計額300万円を限度とし、取得価額につき30万円未満の減価償却資産を取得し、業務の用に供した場合にはその年に取得価額の全額を必要経費とすることができる制度のことを指すが、これも所得税の青色申告の特典のひとつである。

問題 36 正解 3 難易度 A

1．不適切。法人は、法人税の納税地に異動があった場合、異動前の納税地の所轄税務署長にその旨を届け出なければならない。異動後の納税地の所轄税務署長には不要。一方、個人においては、2023年１月１日以降「所得税・消費税の納税地の異動に関する届出書」あるいは「所得税･消費税の納税地の変更に関する届出書」について、その提出が不要とされている。

2．不適切。新設法人が設立事業年度から青色申告の適用を受けようとする場合は、設立の日以後３ヵ月を経過した日と当該事業年度終了の日のいずれか早い日の前日までに「青色申告承認申請書」を納税地の所轄税務署長に提出し、その承認を受けなければならない。

3．適切。期末資本金の額等が１億円以下の一定の中小法人に対する法人税の税率は、所得金額のうち年800万円以下の部分について軽減税率が適用される。

4．不適切。青色申告法人は、仕訳帳・総勘定元帳等の帳簿を備えて取引に関する事項を記録するとともに、その帳簿と取引等に関して作成または受領した棚卸表、貸借対照表、損益計算書、注文書、契約書、領収書などといった書類をその事業年度の確定申告書の提出期限の翌日から７年間保存しなければならない。「事業の廃止日後７年を経過するまで」ではない、

問題 37 正解 1 難易度 B

1．不適切。法人が法人税の還付を受けた場合、その還付された金額は益金不算入となる。一方、還付加算金は益金に算入される。

2．適切。法人が個人から債務の免除を受けた場合、その免除された債務の金額は、原則として、益金の額に算入する。

3．適切。法人が個人から無償で土地の譲渡を受けた場合、その土地の時価に相当する金額は、原則として、益金の額に算入する。

4．適切。法人が支払いを受けた完全支配関係のある他の法人の株式等（完全子法人株式等）に係る配当等の額は、法人税申告書作成時に別表８（１）を添付するなど、所定の手続により、その全額が益金不算入となる。

問題 38 正解 1 難易度 B

1．不適切。消費税の課税事業者が行う居住の用に供する家屋の貸付けは、その貸付期間が１ヵ月に満たない場合であれば、消費税の課税取引に該当する。

2．適切。簡易課税制度の適用を受けることができるのは、消費税の課税期間に係る基準期間における課税売上高が5,000万円以下の事業者である。

3．適切。消費税の課税事業者が行う金融商品取引法に規定する有価証券の譲渡は、消費税の非課税取引に該当する。

4．適切。消費税の課税事業者である法人は、原則として、消費税の確定申告書を各課税期間の末日の翌日から2ヵ月以内に、納税地の所轄税務署長に提出しなければならない。

問題 39　正解　4　難易度 B

1．適切。会社が役員に対して無利息で金銭の貸付けを行った場合、原則として、通常収受すべき利息に相当する金額が、会社の益金の額に算入される。

2．適切。役員が会社の所有する社宅に無償で居住している場合、原則として、通常の賃貸料相当額が、その役員の給与所得の収入金額に算入される。

3．適切。会社が記念品を渡す場合には、社会通念上記念品としてふさわしく、かつ、その価額が1万円以下のものであり、現金、商品券などを支給する場合以外に該当すれば給与所得の収入金額に算入しない。

4．不適切。役員が所有する建物を適正な時価の2分の1以上かつ時価未満の価額で会社に譲渡した場合、譲渡対価を譲渡価額として譲渡所得の計算を行う。一方、譲渡対価が2分の1未満であれば、時価を譲渡価額として譲渡所得の計算を行う。

問題 40　正解　4　難易度 A

1．適切。貸借対照表の無形固定資産は、物理的な形態を持たない特許権や商標権等の資産の金額を表示している。

2．適切。貸借対照表の固定負債は、返済期限が決算日の翌日から起算して1年以内に到来しない借入金等の負債の金額を表示している。

3．適切。損益計算書の営業利益は、売上総利益金額から販売費及び一般管理費の合計額を控除した金額を表示している。

4．不適切。損益計算書の税引前当期純利益は、経常利益または経常損失の金額に特別利益の額を加算し、特別損失の額を減算した金額を表示している。

問題 41　正解　2　難易度 A

1．不適切。地価公示の公示価格は、毎年1月1日を価格判定の基準日として、毎年3月に国土交通省の土地鑑定委員会が公表している。

2．適切。都道府県地価調査の基準地の標準価格は、都道府県知事が毎年7月1日における標準価格を判定し、9月に公表している。

3．不適切。相続税路線価は、地価公示の公示価格の80%を価格水準の目安として設定されている。

4．不適切。固定資産課税台帳に登録する土地の価格（固定資産税評価額）は、原則として、市町村長が固定資産評価基準により決定する。

問題 42　正解　4　難易度 B

1．不適切。宅地・建物の所有者が賃貸を自ら業として行う場合には、宅地建物取引業の免許を取得する必要はない。

2．不適切。買主が売主に解約手付を交付した場合、買主が契約の履行に着手するまでは、売主は、手付金の倍額を返還することにより契約の解除をすることができる。

3．不適切。専任媒介契約を締結した宅地建物取引業者は、依頼者に対し、当該専任媒介契約に係る業務の処理状況を、２週間に１回以上報告しなければならない。

4．適切。宅地建物取引業者は、自ら売主となる宅地の売買契約の締結に際して、買主が宅地建物取引業者でないときは、代金の額の10分の２を超える額の手付を受領することができない。

問題 43　正解　2　難易度 B

1．適切。国土交通省の「原状回復をめぐるトラブルとガイドライン」では、経年変化や通常の使用で発生する損耗等の修繕費用は賃料に含まれることを明確にしており、賃借人は、建物の引き渡しを受けた後にこれに生じた損傷であっても、通常の使用および収益によって生じた建物の損耗および経年変化については、賃貸借終了時、原状に復する義務を負わない。

2．不適切。建物の賃貸人の承諾を得て賃借人が設置したエアコンなどの造作について、契約終了時に賃借人が賃貸人にその買取りを請求することができるが（造作買取請求権という）、この造作買取請求権を放棄させる旨（「期間満了時、賃借人は賃貸人に対し、造作を時価で買い取るよう請求することができない」など）の特約を定めることはできる。

3．適切。定期借家契約を締結するときは、賃貸人は、あらかじめ、賃借人に対し、契約の更新がなく、期間満了により賃貸借が終了することについて、その旨を記載した書面を交付し、または、賃借人の承諾を得て当該書面に記載すべき事項を電磁的方法により提供して、説明しなければならない。

4．適切。普通借家の場合と異なり、定期借家の場合、賃料増減請求権を排除することが可能であり、経済事情の変動があっても賃料を増減額しないこととする特約をした場合、その特約は有効である。

問題 44 正解 3 難易度 A

1．不適切。都市計画区域においては、市街化区域と市街化調整区域との区分（以下「区域区分」という）を定めることができる。すべての都市計画区域において区域区分を定めなければならないわけではない。ただし、政令指定都市等においては区域区分を定めなければならない。

2．不適切。市街化調整区域は、市街化を抑制すべき区域である。

3．適切。開発許可を受けた開発区域内の土地については、工事完了公告があるまでは、建築物の建築、特定工作物の建設はできない。ただし、例外として次の場合は建築等ができる。

①当該開発行為に関する工事用の仮設建築物等の建築の場合

②都道府県知事が支障ないと認めた場合

③開発許可申請の際、工事実施の妨げとなる権利を有する者で開発行為に同意していない者が、その権利行使として建築等する場合

4．不適切。市街化調整区域内において、農業を営む者の居住の用に供する建築物の建築の用に供する目的で行う開発行為は、都道府県知事等の許可が不要である。

問題 45 正解 3 難易度 A

1．適切。建築基準法第42条第２項により道路境界線とみなされる線と道路までの間の敷地部分（セットバック部分）は、建築物を建築することができないだけではなく、建蔽率および容積率を算定する際の敷地面積に算入することもできない。ただし、前面道路による容積率の計算の際には、実際の幅員が４ｍ未満であっても、幅員４ｍとして計算する。

2．適切。建築物の敷地が異なる２つの用途地域にわたる場合の建築物の用途は、その建築物の全部について、敷地の過半の属する用途地域の建築物の用途に関する規定が適用される。

3．不適切。建蔽率が80％とされている地域内で、かつ、防火地域内にある耐火建築物は、建蔽率に関する規定の適用を受けない。いずれの用途地域内においても規定の適用を受けないわけではない。

4．適切。北側斜線制限（北側高さ制限）は、第一種・第二種低層住居専用地域、田園住居地域および第一種・第二種中高層住居専用地域に限って適用される。商業地域には適用されない。

<参考：建築物の各部分の高さの制限～３種の斜線制限>

①道路斜線制限	建物の各部分の高さは、その部分から前面道路の反対側の境界線までの水平距離に1.5（用途地域が住居系の場合は1.25）を乗じた数値以下でなければならない。
②隣地斜線制限	隣地の日当たりおよび風通しを維持することを目的としたもので、隣地の境界線を起点として「高さ」と「斜線の勾配（角度）」によって規制される。第一種・第二種低層住居専用地域および田園住居地域では適用はない。
③北側斜線制限	南側に高い建物を建てられると、北側の家は日照を妨げられることとなるので、日照が重要視される第一種・第二種低層住居専用地域、第一種・第二種中高層住居専用地域および田園住居地域に限って、この制限規定が設けられている。北側隣地境界線を起点として「高さ」と「斜線の勾配（角度）」によって規制される。

問題 46　正解　3　難易度 A

1．適切。管理者は、少なくとも毎年１回集会を招集しなければならない。

2．適切。敷地利用権が数人で有する所有権その他の権利（地上権、賃借権）である場合には、区分所有者は、原則としてその有する専有部分とその専有部分に係る敷地利用権とを分離して処分することができない。ただし、規約に別段の定めがあるときは、この限りでないとされている。

3．不適切。マンションなどの共有部分に対する各区分所有者の共有持分は、原則として各共有者が有する専有部分の床面積の割合によるが、規約で別段の定めをすることはできる。

4．適切。専有部分が数人の共有に属するときは、共有者は、議決権を行使すべき者１人を定めなければならない。

問題 47　正解　1　難易度 A

1．不適切。土地や家屋の固定資産税は、毎年１月１日における所有者に対して課される。納税義務者は、年の中途にその対象となる固定資産を売却した場合であっても、その年度分の固定資産税の全額を納付する義務がある。

2．適切。地方税法において、固定資産税における小規模住宅用地（住宅用地で住宅１戸当たり200㎡以下の部分）の課税標準については、課税標準となるべき価格の６分の１相当額とする特例がある。

3．適切。土地および家屋の固定資産税の標準税率は1.4％とされているが、各市町村は条例によってこれと異なる税率を定めることができる。

4．適切。都市計画税は、都市計画区域のうち、原則として市街化区域内に所在する土地および家屋の所有者に対して課される。

問題 48　正解　1　難易度 A

1．不適切。土地建物等の譲渡に係る所得については、その土地建物等を譲渡した日の属する年の1月1日現在で、所有期間が5年以下の場合には短期譲渡所得、5年を超える場合には長期譲渡所得に区分され、適用される税率が異なっている。それぞれの税率は次のとおり。

	課税譲渡所得金額	所得税	住民税
短期譲渡	—	30% （30.63%）	9％
長期譲渡	—	15% （15.315%）	5％
10年超所有の 居住用財産の譲渡 （軽減税率）	6,000万円以下の部分 6,000万円超の部分	10%（10.21%） 15%（15.315%）	4％ 5％

（注）カッコ内は、復興特別所得税（基準所得税額×2.1%）を加算した税率

2．適切。土地の譲渡所得の金額の計算上、取得費が不明な場合には、譲渡収入金額の5％相当額を取得費とすることができる。

3．適切。相続（限定承認に係るものを除く）により取得した土地の所有期間を判定する際の取得の日は、被相続人の取得の日がそのまま取得した相続人に引き継がれる。

4．適切。土地を譲渡する際に不動産業者に支払った仲介手数料は、譲渡所得の金額の計算上、その土地の譲渡費用に含まれる。

問題 49　正解　2　難易度 B

1．不適切。3,000万円特別控除は、所有期間に関係なく適用を受けられる。

2．適切。軽減税率の特例の適用を受ける場合、同年に取得して入居した家屋について住宅借入金等特別控除の適用を受けることはできない。

3．不適切。3,000万円特別控除と軽減税率の特例は、重複して適用を受けることができる。

4．不適切。相続税の取得費加算の特例の適用を受けるためには、当該土地を、当該相続のあった日の翌日から相続税の申告期限の翌日以後3年以内に譲渡しなければならない。

問題 50　正解　4　難易度 C

1．不適切。NOI利回り（純利回り）は、対象不動産から得られる年間総収入から諸経費を控除した年間純収益を総投資額で除して算出される利回りであり、不動産の収益性を測る指標である。年間総収入を総投資額で除するわけではない。
2．不適切。DCF法は、連続する複数の期間に発生する純収益（総収入ではない）および復帰価格を、その発生時期に応じて現在価値に割り引いて、それぞれを合計して対象不動産の収益価格を求める手法である。
3．不適切。レバレッジ効果とは、投資に対する収益率が借入金の金利を上回っている場合に、借入金の利用により自己資金に対する利回りが上昇する効果をいう。
4．適切。IRR法（内部収益率法）は、投資不動産から得られる収益の現在価値の合計額と投資額が等しくなる割引率（内部収益率）を求める方法で、投資判断においては、内部収益率が対象不動産に対する投資家の期待収益率を上回っている場合、その投資は有利であると判定することができる。

問題 51　正解　4　難易度 B

1．不適切。贈与は、当事者の一方がある財産を無償で相手方に与える意思を表示し、相手方がそれを受諾することによって、その効力を生ずる。
2．不適切。定期贈与（定期の給付を目的とする贈与）は、贈与者または受贈者の死亡によって、その効力を失う。
3．不適切。死因贈与は必ずしも書面による必要はない。贈与者の死亡によって効力を生ずる贈与については、その性質に反しない限り、遺贈に関する規定を準用する（民法554条）という規定があり、すべての死因贈与が遺贈に関する規定を準用されるわけではない。
4．適切。記述のとおり。書面によらない贈与は、各当事者が解除をすることができる。ただし、履行の終わった部分については、この限りではない。

問題 52　正解　2　難易度 C

1．適切。記述のとおり。
2．不適切。著しく低い価額の対価で財産を譲り受けた場合には、原則として、その財産の時価（相続税評価額ではない）と支払った対価の額との差額に相当する金額が、その譲渡があった時において、財産を譲渡した者から贈与により取得したものとみなされ、贈与税の課税対象となる。
3．適切。記述のとおり。
4．適切。記述のとおり。

問題 53 正解 1 難易度 C

1．不適切。婚姻期間が20年以上であるかどうかは、婚姻の届出のあった日から贈与の日までの期間により計算する。1月1日時点ではない。
2．適切。本控除は、同一配偶者からの贈与においては一度のみ適用することができる。
3．適切。記述のとおり。
4．適切。贈与を受けた日から一定期間（2023年12月31日以前の贈与は3年。以後、2024年1月1日の贈与から順次延長となり、2031年1月1日からは7年）が経過するまでに相続財産を取得した場合には、その受贈財産の受贈時の時価の価額が相続税の課税価格に加算されるが、贈与税の配偶者控除の適用を受けた受贈財産については、贈与税の配偶者控除額を控除した額を加算する。つまり、適用を受けた財産の控除額に相当する金額については相続税の課税価格に加算されない。

問題 54 正解 3 難易度 B

1．不適切。離婚した元配偶者との間に出生した被相続人の子が当該元配偶者の親権に服している場合であっても、その子は相続人となりうる。
2．不適切。特別養子縁組による養子は、養親の相続人となり、実方の父母の相続人とはならない。
3．適切。記述のとおり。
4．不適切。被相続人の配偶者として相続人となるには、婚姻の届出が必要である。

問題 55 正解 3 難易度 B

1．不適切。死亡後3年以内（5年以内ではない）に支給額が確定したものが、みなし相続財産として、死亡退職金の非課税金額の規定の適用を受けることができる。
2．不適切。死亡退職金の非課税金額の規定による非課税限度額は、「500万円×法定相続人の数」で算出する。普通給与の3年分に相当する金額が非課税限度額というのは、弔慰金に関する規定である。
3．適切。記述のとおり。相続の放棄をした者は、相続人ではなくなるが、死亡保険金の受取人に指定されていた場合、保険金を受け取ることができる。しかし、そもそも相続人ではないため、死亡保険金の非課税金額の規定は適用することはできない。
4．不適切。相続の放棄をした者も含まれる。

問題 56　正解　4　難易度 B

遺産に係る基礎控除額は、「3,000万円＋600万円×法定相続人の数」にて算出する。このとき、法定相続人には、相続放棄をした者を含める。また、実子がある場合、養子は１人まで含めることができる。したがって、本肢の場合、法定相続人は、妻Ｂさん、実子Ｃさんの代襲相続人となる孫Ｆさんと孫Ｇさん、実子Ｄさん、養子Ｅさんの５人なので、3,000万円＋500万円×６人＝6,000万円となり、選択肢４が適切である。

問題 57　正解　1　難易度 B

1．適切。記述のとおり。

2．不適切。本肢の場合、原則として純資産価額方式によって評価するが、類似業種比準方式と純資産価額方式との併用方式の選択も可能である。

3．不適切。同族株主以外の株主が取得した株式の価額は、会社の規模・種類等の区分なしに原則として配当還元方式（純資産価額が上限）によって評価する。

4．不適切。配当還元方式では、株式の１株当たりの年間配当金額を10%（５%ではない）の割合で還元して（評価の安定性を図るため）元本である株式の価額を評価する。

問題 58　正解　2　難易度 B

1．不適切。納税者が任意に選択できるものではなく、宅地ごとにどちらの方式により評価をするのかはあらかじめ定められている。どちらに該当するのかは、国税庁のホームページ内で確認することができる。

2．適切。記述のとおり。

3．不適切。正面と側方に路線がある宅地（角地）を路線価方式によって評価する場合、原則として、それぞれの路線価に奥行価格補正率を乗じた価額を比較し、高い方の路線価が正面路線価となる。

4．不適切。路線価は、毎年１月１日時点の価格を７月上旬頃に国税庁から公表され、１㎡当たりの価額であり、千円単位で表示される。１坪当たりではない。

問題 59　正解　2　難易度 B

1．適切。記述のとおり。

2．不適切。「非上場株式等についての贈与税の納税猶予及び免除の特例」と相続時精算課税は、重複して適用を受けることができる。

3．適切。記述のとおり。

4．適切。経営者の親族以外の少数株主が保有する自社株式を買い取ることによって経営者の親族内で経営を支配しやすくなる。

問題 60　正解　1　難易度 B

1．不適切。会社法では、取締役を置く必要はあるが、取締役会の設置は必須ではなく、取締役会を設置しない会社もある（取締役会非設置会社）。

2．適切。記述のとおり。

3．適切。記述のとおり。

4．適切。記述のとおり。取締役会の普通決議にて解任することができる。

解答・解説編

2023年９月試験

解答一覧

問題 1	問題 2	問題 3	問題 4	問題 5	問題 6	問題 7	問題 8	問題 9	問題10
1	3	4	2	4	2	4	4	3	1

問題11	問題12	問題13	問題14	問題15	問題16	問題17	問題18	問題19	問題20
1	4	1	2	4	3	1	3	1	4

問題21	問題22	問題23	問題24	問題25	問題26	問題27	問題28	問題29	問題30
1	2	2	3	4	3	4	1	2	3

問題31	問題32	問題33	問題34	問題35	問題36	問題37	問題38	問題39	問題40
2	1	4	3	3	2	1	1	3	2

問題41	問題42	問題43	問題44	問題45	問題46	問題47	問題48	問題49	問題50
3	4	3	3	2	4	1	3	1	2

問題51	問題52	問題53	問題54	問題55	問題56	問題57	問題58	問題59	問題60
4	4	1	2	2	3	3	2	2	4

〈合格基準〉60点満点で36点以上（各１点）

●参考

正解が「1」	正解が「2」	正解が「3」	正解が「4」
14問	15問	16問	15問

●試験問題の難易度（各問題について、ＡＢＣで難易度を判定しています）

A	易しいレベルの問題、点数をとりやすい問題	26問
B	２級の試験として通常レベルの問題	31問
C	難しい問題、新しい傾向の問題	3問

問題 1　正解　1　難易度 A

1．不適切。投資助言行為を行うには、金融商品取引業の登録を受ける必要がある。本問では具体的に個別銘柄の株式購入を勧めており、それに対する報酬も発生していると考えられることから、金融商品取引業の登録が必要とされる。一般的な景気動向や業界動向、企業業績などの情報提供に関しては、業法に抵触しない。
2．適切。任意後見人には成人であれば基本的に誰がなってもよく、法律上の制限はないとされる。弁護士の資格は要しないため、適切。
3．適切。税理士の独占業務である「税理士業務」は、税務代理、税務書類の作成、税務相談を業として行うことである。一般的な税制度の解説は税務相談に該当しないため、本問の行為は適切。
4．適切。生命保険商品やその活用方法の一般的な説明を行うことは募集行為に該当せず、生命保険募集人等の資格は必要としない。

問題 2　正解　3　難易度 A

1．適切。設問のとおり。
2．適切。設問のとおり。
3．不適切。設問の内容は、年金現価係数の説明である。
4．適切。設問のとおり。

6つの係数の問題は必ずといっていいほど出題されるため、しっかり覚えて得点を確保したい。そこで、覚え方のコツを一つご紹介しよう。

6つの係数を用いて求める数値は、ざっくり分けると、「まとまった金額」（現在の元本か将来の元利金）か、「毎年の金額（積立金か取り崩し額）」の2つである。

まず、「現価係数」と「終価係数」はそのまま覚える。おそらく多くの受験者はここまでは難しくないであろう。このとき同時に、「現価係数」「終価係数」は、「まとまった資金」を求める場合に使われる、と理解しよう。つまり、「元本」か「元利金」である。すると、「年金現価係数」と「年金終価係数」がイメージしやすい（それぞれ、「年金」という言葉が頭に付いただけである）。

あとは、「毎年の金額」を求める係数を整理すればよい。つまり、「積立金」あるいは「取り崩し額」を求める際に、「減債基金係数」と「資本回収係数」のどちらを用いるかがポイントとなる。

そこで、言葉の意味をあらためて考えてみる。「（資金を）“積立”てていくと、“基金”となる」とか、「取り崩す＝回収」と組み合わせてイメージできれば、「積立金」を求める際は「減債基金係数」、「取り崩し額」を求める際は「資本回収係数」を用いると整理できる。いかがだろうか。

以下の表は上記内容をまとめたものとなる。一度しっかり覚えれば、6つの係数問題は点取り問題となる。苦手意識を持たず、ここでしっかり覚えておきたい。

「現在値」を求める	「将来値」を求める
現価係数	終価係数
複利運用して目標額を達成するために、いまいくらの元金（現在値）が必要かを求める場合に使用	手持ちの資金を複利運用すると、将来いくら（将来値）になるかを求める場合に使用
減債基金係数	年金終価係数
将来の貯蓄目標額を達成するために、毎年いくらずつ（現在値）積み立てればよいかを求める場合に使用	毎年一定額を積み立てると、将来いくらの元利合計（将来値）になるかを求める場合に使用
年金現価係数	資本回収係数
希望する年金額を将来受け取るために、今いくらの元金（現在値）があればよいかを求める場合に使用	手持ちの資金を複利運用しながら、毎年いくら（将来値）取り崩せるかを求める場合に使用。元利均等返済の年間返済額を求める場合にも使用

問題 3　正解　4　難易度 A

・健康保険の適用事業所に常時使用される（　ア　75歳　）未満の者は、原則として、健康保険の被保険者となる。

・健康保険の傷病手当金の額は、原則として、1日につき、支給開始日の属する月以前の直近の継続した（　イ　12ヵ月　）間の各月の標準報酬月額を平均した額の30分の1に相当する額の3分の2に相当する金額である。

・個人事業主や農林漁業者などが被保険者となる国民健康保険は、（　ウ　都道府県および市町村（特別区を含む）　）もしくは国民健康保険組合が保険者として運営している。

（ア）について

健康保険の適用事業所に常時使用される75歳未満の人は、原則として、健康保険の被保険者となる。健康保険の被保険者が75歳に達すると、原則、後期高齢者医療制度の被保険者となる。

なお、国民健康保険の被保険者についても同様に、75歳に達すると後期高齢者医療制度の被保険者となる。

（イ）について

健康保険の傷病手当金の額は、原則として、1日につき、支給開始日の属する月以前の直近の継続した12ヵ月間の各月の標準報酬月額を平均した額の30分の1に相当する額の3分の2に相当する金額である。

なお、休んだ期間について給与の支払いがある場合、傷病手当金は支給されない。ただし、休んだ期間についての給与の支払いがあっても、その給与の日額が傷病手当金の日額より少ない場合は、傷病手当金と給与の差額分が支給される。

（ウ）について

国民健康保険制度は、他の医療保険制度（被用者保険、後期高齢者医療制度）に加入していないすべての住民を対象としている。都道府県および市町村（特別区を含む）が保険者となる市町村国保と、業種ごとに組織される国民健康保険組合から構成されている。

問題 4　正解　2　難易度 B

1．適切。雇用保険の一般被保険者が失業した場合、基本手当を受給するためには、原則として、離職の日以前2年間に被保険者期間が通算して12ヵ月以上あること等の要件を満たす必要がある。

なお、特定受給資格者（倒産・解雇等による離職）や特定理由離職者（雇止め、心身の障害等による離職）の場合は、離職の日以前1年間の被保険者期間が通算6ヵ月以上あること等の要件を満たす必要がある。

2．不適切。正当な理由がなく自己都合により退職し、基本手当の受給を申請した場合、7日間の待期期間経過後、令和2年10月1日以降に離職した人は、5年間のうち2回までは給付制限期間が2ヵ月となる。さらに3回目以降は、給付制限期間が3ヵ月となる。

3．適切。基本手当の受給期間内に、出産、疾病等の理由で引き続き30日以上職業に就くことができない場合、所定の申出により、受給期間を離職日の翌日から最長4年（受給期間1年に延長期間3年をプラス）まで延長することができる。

4．適切。雇用保険の高年齢被保険者が失業した場合、高年齢求職者給付金を受給するためには、原則として、離職の日以前1年間に被保険者期間が通算して6ヵ月以上あること等の要件を満たす必要がある。

なお、高年齢求職者給付金の所定給付日数は、雇用保険の被保険者期間が1年未満の場合は30日分、1年以上の場合は50日分となっている。

問題 5　正解　4　難易度 A

1．適切。国民年金の保険料納付済期間が10年以上あり、厚生年金保険の被保険者期間を有する者は、原則として、65歳から老齢基礎年金および老齢厚生年金を受給することができる。

なお、65歳からの老齢厚生年金の支給要件については、老齢基礎年金の資格期間を満たし、かつ、厚生年金保険の被保険者期間が１ヵ月以上あることとなっている。

2．適切。学生納付特例の承認を受けた期間に係る国民年金保険料のうち、追納することができる保険料は、追納に係る厚生労働大臣の承認を受けた日の属する月前10年以内の期間に係るものに限られる。

なお、保険料の免除を受けた期間の翌年度から起算して、３年度目以降に保険料を追納する場合には、承認を受けた当時の保険料額に経過期間に応じた加算額が上乗せされる。

3．適切。老齢厚生年金の繰上げ支給を請求する場合、老齢基礎年金の繰上げ支給の請求も同時に行わなければならない。

また、共済組合加入期間がある場合、共済組合から支給される老齢年金についても、原則同時に繰上げ請求することとなる。

一方、繰下げ支給の請求は、老齢基礎年金と老齢厚生年金で別個に行える。

4．不適切。加給年金額が加算される老齢厚生年金について繰下げ支給の申出をする場合、加給年金額については、繰下げ支給による増額の対象外である。

また、振替加算額についても繰下げ支給による増額の対象外となっている。

問題 6　正解　2　難易度 C

1．適切。合意分割および３号分割の請求期限は、原則として、離婚等をした日の翌日から起算して２年以内である。

なお、３号分割のみ請求する場合は、双方の合意は必要がなく、第３号被保険者であった者からの手続きによって年金分割が認められる。

2．不適切。合意分割において、離婚等をした当事者間において、標準報酬の改定または決定の請求をすることおよび請求すべき按分割合についての合意が得られない場合、当事者の一方の求めにより、裁判所が按分割合を定めることができる。

3．適切。３号分割の対象となるのは、2008年４月１日以降の国民年金の第３号被保険者であった期間における、当該第３号被保険者の配偶者に係る厚生年金保険の保険料納付記録（標準報酬月額・標準賞与額）である。

なお、３号分割については、2008年４月１日に施行されたため、施行前に第３

号被保険者期間があったとしても、３号分割の対象とはならない。

4．適切。老齢厚生年金を受給している者について、３号分割により標準報酬の改定または決定が行われた場合、３号分割の請求をした日の属する月の翌月から年金額が改定される。

なお、障害厚生年金の受給権者について、当該障害厚生年金の額の計算の基礎となる標準報酬に対して分割が行われたときは、原則として、分割後の標準報酬を基礎として、当該分割のあった日の属する月の翌月から年金額が改定される。

問題 7　正解　4　難易度 A

1．適切。国民年金の任意加入被保険者のうち、所定の要件を満たす者は、個人型年金に加入することができる。

なお、国民年金第１号被保険者のうち、農業者年金の被保険者および国民年金の保険料免除者は、加入することができない。

2．適切。企業型年金において、加入者が掛金を拠出（マッチング拠出）することができることを規約で定める場合、加入者掛金の額は、その加入者に係る事業主掛金の額を超える額とすることができない。

なお、マッチング拠出として拠出した掛金は、全額が所得控除の対象となる。

3．適切。企業型年金加入者であった者が退職し、国民年金の第３号被保険者となった場合、所定の手続きにより、企業型年金の個人別管理資産を個人型年金に移換し、個人型年金加入者または個人型年金運用指図者となることができる。

なお、60歳未満で退職した場合の移管手続きは、退職後６ヵ月以内に行わなければ、年金資産は国民年金基金連合会へ自動移換される。自動移管された年金資産は、利息等のつかない現金として管理され、管理手数料がかかる、資産の運用ができないなどのデメリットがある。

4．不適切。企業型年金および個人型年金の老齢給付金は、75歳に達する日の属する月までに受給を開始しなければならない。

2022年４月から、受取開始年齢の上限が見直され、60歳～75歳までの間で選択できるようになった。

問題 8　正解　4　難易度 A

1．適切。障害基礎年金および遺族基礎年金は、所得税の課税対象とならない。なお、障害厚生年金、障害手当金および遺族厚生年金、死亡一時金、寡婦年金についても、所得税の課税対象とならない。

2．適切。小規模企業共済の加入者が事業を廃止した際に受け取る共済金は、一括受取りを選択した場合、退職所得として所得税の課税対象となる。

なお、共済金および解約手当金は、受け取る際の年齢や一括または分割などの受取方法などで税法上の取扱いが異なる。

受取方法	税法上の扱い
共済金または準共済金を一括で受け取る場合	退職所得扱い
共済金を分割で受け取る場合	公的年金等の雑所得扱い
共済金を一括・分割併用で受け取る場合	一括分：退職所得扱い 分割分：公的年金等の雑所得扱い
遺族が共済金を受け取る場合（死亡退職金）	相続税法上：みなし相続財産
65歳以上の人が任意解約をするまたは65歳以上の共同経営者が任意退任をする場合	退職所得扱い
65歳未満の人が任意解約をするまたは65歳未満の共同経営者が任意退任をする場合	一時所得扱い
12ヵ月以上の掛金の未払いによる解約（機構解約）で解約手当金を受け取る場合	一時所得扱い

出典：独立行政法人 中小企業基盤整備機構

3．適切。国民年金基金の掛金は、所得税の社会保険料控除の対象となる。なお、掛金の上限は、月額68,000円だが、個人型確定拠出年金にも加入している場合は、その掛金と合わせて68,000円以内となる。

4．不適切。年末調整の対象となる給与所得者が学生納付特例の承認を受けた期間に係る国民年金保険料を追納する場合、当該保険料に係る社会保険料控除は年末調整によってその適用を受けることができる。

問題 9　正解　3　難易度 A

1．適切。「リバースモーゲージ」とは、自宅を担保に借入を行う仕組みで、自宅に住みながら利用できる点に大きな特性がある。

最終的には、利用者が亡くなった後、自宅を売却することで借入を完済させる。万が一、担保価値が借入残高を下回る場合、利用者の相続人の不利益となる。そこで、残った債務に対し返済義務を負わない「ノンリコース型」がある。それに対し、返済義務を負うタイプを「リコース型」という。

一般的に、ノンリコース型の方がリコース型に比べ、借入金利は高めに設定される。

2．適切。一定の登録基準を満たした住宅を「サービス付き高齢者住宅」という。一定の基準には、専用部分の床面積やバリアフリーといった「規模・設備」基準や、安否確認サービス等の「見守りサービス」基準などがある。入居前にはどういったサービスが受けられるのか、確認しておくことが求められる。

3．不適切。任意後見人制度を利用し、あらかじめ後見人を選任する任意後見契約は、公正証書によるものでなければならない。

4．適切。確定拠出年金は、原則60歳に到達した場合に受給することができる。ただし、60歳時点で確定拠出年金の通算加入者等期間が10年に満たない場合は、支給開始年齢が段階的に先延ばしとなる。

・８年以上10年未満：61歳支給開始
・６年以上８年未満：62歳支給開始
・４年以上６年未満：63歳支給開始
・２年以上４年未満：64歳支給開始
・１月以上２年未満：65歳支給開始

＊60歳以降に初めて確定拠出年金に加入する場合は、加入した日から５年経過した日以降に受給可

問題 10　正解　1　難易度 A

1．不適切。日本政策金融公庫の中小企業事業で行う融資業務は、事業資金を安定的に供給することにより、民間金融機関による資金供給の補完を行うこととされている。投資を目的としたものは融資対象とはならない。

2．適切。「信用保証協会保証付融資（マル保融資）」とは、企業が金融機関から融資を受ける際に、信用保証協会の保証を付けることにより、万が一当該企業の返済が滞った場合に、代わりに信用保証協会が貸主である金融機関に返済する仕組み。企業は信用保証協会に保証料を負担しなければならないが、金融機関にとっては安心して融資を行えることから、取引の浅い中小企業や小規模事業者が融資を受けるのに用いられることが多い。保証を受けるには、一定の要件を満たす必要があり、「企業規模」「業種」「区域・業歴」といった３つの基準が設けられている。

3．適切。設問のとおり。従来、融資の担保といえば不動産であったが、不動産を保有しない企業も、新しい資金調達方法としてABLを活用することにより、融資の幅が広がった。

4．適切。設問のとおり。

問題 11　正解　1　難易度 B

1．適切。少額短期保険業者と締結した保険契約は保険法の適用対象となる。なお、

保険業法については、生命保険、損害保険、少額短期保険に適用されるが、根拠法のある共済には適用されない。

2．不適切。少額短期保険業者は、生命保険契約者保護機構または損害保険契約者保護機構の会員となることはできない。したがって、少額短期保険業者と締結した保険契約は、これらの機構による保護の対象とならない。また、少額短期保険独自の契約者保護機構の仕組みもない。

3．不適切。少額短期保険の保険料は、生命保険料控除、地震保険料控除の対象外である。

4．不適切。少額短期保険の保険期間は、生命保険・傷害疾病保険は1年、損害保険は2年が上限である。

問題 12　正解　4　難易度 B

1．適切。養老保険は、死亡保険金・高度障害保険金の支払事由が発生せずに保険期間が満了した場合、死亡・高度障害保険金と同額の満期保険金を受け取ることができ、その時点で保険契約が終了する。なお、保険期間中に死亡・高度障害保険金が支払われた場合は、その時点で保険契約は終了する。

2．適切。定期保険特約付終身保険において、定期保険特約の保険期間満了時に保険金額を同額で更新する場合、更新時の被保険者の年齢は契約時より上がっているため、更新後の保険料は更新前の保険料に比べて高くなる。なお、被保険者の健康状態についての告知や診査は不要である。

3．適切。外貨建て個人年金保険では、年金を円貨で受け取る場合、外貨と円貨の為替レートの変動により、年金受取総額が払込保険料相当額を下回ったり、逆に上回ったりする為替差損益が発生することがある。

4．不適切。こども保険（学資保険）では、契約者である親などが死亡した場合、一般的に以降の保険料の払込が免除されるが、死亡給付金は支払われない。契約者が死亡した場合に、育英年金が子に支払われる特約があるが、本問の場合は記載のない特約について考慮しないこととなっている。

問題 13　正解　1　難易度 B

1．不適切。確定年金では、年金受取開始前に被保険者が死亡した場合、死亡給付金受取人が受け取るのは既払込保険料相当額である。なお、年金受取期間中に被保険者が死亡した場合、相続人等の継続年金受取人が、残存期間分の年金または年金現価相当額を受け取る。

2．適切。保証期間付終身年金において、契約時の被保険者の年齢・基本年金額、保険料払込期間、年金受取開始年齢など契約内容が同一の場合、その保険料は、被保険者が男性であるよりも女性である方が高くなる。保険数理上、平均余命は男性より女性の方が長く、他の契約条件が同一の場合、保証期間付終身年金の支払総額は、男性より女性の方が多くなる可能性が高いことがその理由である。

3．適切。変額個人年金保険は、積立金の特別勘定による運用実績によって、将来受け取る年金額や解約返戻金額が変動する。そのリスクは契約者が負う。ただし、基本年金額や年金原資を保障するタイプの商品もある。

4．適切。外貨建て個人年金保険の円換算支払特約は、年金、解約返戻金、死亡給付金を円貨で受け取ることができる特約である。そのため、この特約を付加しても為替変動があった場合には、円貨で受け取る年金額が変動し、既払込保険料総額を下回ることがある。

問題 14　正解　2　難易度 B

1．適切。総合福祉団体定期保険は法人等の事業主が契約者となるが、契約の締結にあたっては、被保険者である加入予定者（役員・従業員等）の同意が必要である。

2．不適切。総合福祉団体定期保険の保険期間は1年である。

3．適切。法人が負担した保険料は、その全額を損金の額に算入することができる。

4．適切。総合福祉団体定期保険のヒューマン・ヴァリュー特約は、被保険者の死亡・高度障害状態により、代替者の採用・教育研修等にかかる経済的損失に備えるものである。特約保険金は主契約と同額まで設定することが可能で、保険金受取人は法人となる。

問題 15　正解　4　難易度 B

1．不適切。2012年1月1日以後に締結した生命保険契約の保険料に係る生命保険料控除では、傷害特約、傷害入院特約等の傷害に関する保障に関する生命保険料については、生命保険料控除（介護医療保険料控除）の対象とならない。

2．不適切。2012年1月1日以後に締結した生命保険契約については、一般の生命保険料控除、個人年金保険料控除、介護医療保険料控除の3区分となる。それぞれの区分ごとに、所得税では最高4万円、住民税では最高2万8,000円の控除額となる。ただし、3区分の合計額は、所得税で最高12万円、住民税で最高7万円である。

3．不適切。団体信用生命保険の保険料は、生命保険料控除の対象とならない。また、財形制度に係る生命保険商品についても、生命保険料控除の対象とならない。

4．適切。2024年分の生命保険料控除の対象となる保険料は、2024年1月1日から同年12月31日までに、実際に支払われたものに限られる。本肢のように2023年12月分の保険料であっても、2024年中に支払われた保険料は、2024年分の生命保険料控除の対象となる。

問題 16 正解 3 難易度 B

1．適切。契約者（＝保険料負担者）と被保険者が同一人の場合は、被保険者の相続人でない人が受け取る死亡保険金であっても、相続税の課税対象となる。なお、この場合の死亡保険金については、500万円×法定相続人数に相当する金額の非課税枠はない。

2．適切。被保険者がリビング・ニーズ特約に基づいて受け取った特約保険金は、傷病により受け取った保険金に該当し、非課税である。ただし、受け取った後に被保険者が死亡した場合は、既に受け取った保険金は現金として取り扱われ、相続財産にかかる軽減措置はない。

3．不適切。契約者（＝保険料負担者）と年金受取人が同一である個人年金保険から受け取る年金については、雑所得として所得税・住民税の課税対象となる。雑所得の金額は、年金の年額から必要経費を差し引いたものとなる。必要経費は、年金年額×（既払込保険料÷年金の受取総額または受取見込額）となり、公的年金等控除額ではない。個人年金保険は民間の保険会社との契約であり、そもそも公的年金等には該当せず、公的年金等控除の対象とはならない。

4．適切。保険期間が５年を超える一時払養老保険の満期保険金や、保険期間が５年を超える一時払養老保険を契約から５年を超える時期に解約して受け取った解約返戻金は、一時所得として所得税・住民税の対象となる。受け取った解約返戻金相当額から、既払込保険料相当額と最高50万円の特別控除を差し引いた金額が一時所得となり、その２分の１相当額が他の所得と合算して総合課税される。

問題 17 正解 1 難易度 B

1．不適切。対人賠償保険は、被保険自動車を運転中に対人事故を起こした被保険者が法律上の損害賠償責任を負った場合に補償される。ただし、記名被保険者、被保険自動車を運転中の者の配偶者・父母・子、被保険者の配偶者・父母・子が被害者の場合は、補償の対象とならない。本肢の場合は被保険者が被保険自動車の運転中に事故を起こして、その父親にケガをさせたものであるので、補償の対象とならない。

2．適切。自動車保険の対人賠償保険では、被保険自動車を運転中に対人事故を起こした被保険者が法律上の損害賠償責任を負った場合、その損害のうち、自賠責保険等によって補償される部分を除いた損害の部分を補償する。

3．適切。人身傷害保険は、被保険者が被保険自動車を運転中に死傷した場合、被保険者自身の過失割合にかかわらず、示談を待たずにその死傷による医療費・休業損害・逸失利益などの損害の全額が、保険金額を限度として補償の対象となる。

4．適切。対物賠償保険は、被保険自動車を運転中に対物事故を起こした被保険者が法律上の損害賠償責任を負った場合に補償される。本肢のように、誤って店舗建物に衝突して損壊させ、当該建物自体の損害に加えて休業損害を与えた場合についても、それらの損害に対して対物賠償保険の補償の対象となる。

問題 18　解答　3　難易度 B

1．適切。傷害保険で契約者（＝被保険者）が受け取った入院保険金、手術保険金、通院保険金などは傷害による損害にかかる保険金となり、非課税である。

2．適切。契約者・被保険者が同一の傷害保険において、契約者が不慮の事故で死亡したことにより契約者の配偶者が受け取る死亡保険金は、相続税の課税対象となる。

3．不適切。被保険自動車が損壊したために契約者が受け取る自動車保険の車両保険金は、当該車両の修理の有無にかかわらず、非課税である。

4．適切。自宅建物が焼失したことにより、契約者が受け取る火災保険の保険金は、非課税である。

問題 19　正解　1　難易度 B

1．不適切。生命保険会社が取り扱う介護保険の加入可能年齢は、公的介護保険と同一ではない。生命保険会社が定める所定の年齢となっており、40歳よりも前からでも可能である。また保険期間についても、終身など65歳を超えた年齢までとすることも可能である。

2．適切。医療保険では、体の異常により、医師の指示を受けての検査入院は入院給付金の支払いの対象となる。しかし、本肢のように単なる検査のみを目的とした人間ドックで入院し、異常が発見されなかった場合は、入院給付金は支払われない。

3．適切。医療保険等の先進医療特約において、先進医療給付金の支払対象とされている先進医療とは、契約時点ではなく、療養を受けた時点において厚生労働大臣によって定められたものをいう。したがって、契約時点で先進医療と定められていても、当該先進医療が保険診療に移行したり先進医療から除外されたりして、受診時に先進医療と認められていないものは、先進医療給付金の支払対象とならない。

4．適切。がん保険では、被保険者ががんで入院したことにより受け取る入院給付金の日数に制限はない。なお、契約後90日または３ヵ月間の免責期間が設けられており、その期間中に被保険者ががんと診断確定された場合は、がん診断給付金、がん入院給付金、がん手術給付金、がん通院給付金等の各種給付金は支払われない。

問題 20　解答　4　難易度 B

1．適切。製造業者が製造した製品の欠陥が原因で顧客に損害を与え、法律上の損害賠償責任を負うリスクに備えるためには、生産物賠償責任保険（PL保険）に加入する。ただし、当該製造物を回収する等のリコール費用は、補償の対象外である。

2．適切。事業者が施設の管理不備による事故によって、来場者にケガをさせて法律上の損害賠償責任を負うリスクに備えるためには、施設所有（管理）者賠償責任保険に加入する。

3．適切。従業員の業務中の事故により従業員がケガを負う場合に備えて、労働者災害補償保険（政府労災保険）の上乗せ補償を目的としたり、被災者等に対する事業者の損害賠償責任に対する補償を目的として、労働災害総合保険に加入する。いずれも労働基準監督署により業務災害と認定されなければ補償の対象とならない。

4．不適切。機械保険は、火災・火災による爆発以外の不測かつ突発的な事故が原因で、機械設備、装置に損害が発生した場合を補償する。火災等以外の原因とは、点火ミス、過負荷、モーターの焼付き、操作ミス等である。本肢のリスクに備えるためには、ビル内の機械を保険の目的として火災保険に加入する。

問題 21　解答　1　難易度 B

1．不適切。景気動向指数は、生産、雇用などさまざまな経済活動での重要かつ景気に敏感に反応する指標の動きを統合することによって、景気の現状把握および将来予測に資するために作成されている指標である。コンポジット・インデックス（CI）とディフュージョン・インデックス（DI）の２つがあり、2008年４月分以降はCI中心の公表形態に移行している。

2．適切。景気動向指数に採用されている系列は、おおむね景気の１つの山もしくは谷が経過するごとに見直しが行われており、現行系列は第16循環の景気の山の暫定設定時（2020年７月）に選定され、2021年１月分から採用されている（第13次改定)。

3．適切。日銀短観は、日本銀行が全国約１万社の企業を対象に、四半期ごと（3・6・9・12月）に実施する統計調査であり、全国の企業動向を的確に把握し、金融政策の適切な運営に資することを目的としている。

4．適切。日銀短観では、さまざまなことについて企業の判断を調査している。このうち、業況については、「最近（回答時点）の状況」と「先行き（3ヵ月後）の状況」について調査しており、「良い」「さほど良くない」「悪い」の３選択肢の中から１つを選んでもらっている。業況判断DIは、業況が「良い」と回答した企業の社数構成比から、「悪い」と回答した企業の社数構成比を差し引いて算出されている。

問題 22　解答　2　難易度 B

1．不適切。ETFも投資信託なので、非上場の投資信託と同じように、運用管理費用（信託報酬）が発生する。

2．適切。ETFの売買は上場株式と同じであり、売買委託手数料はかかるものの、信託財産留保額はかからない。

3．不適切。Ｊ－REITの税金の扱いは上場株式に準じているが、分配金について配当控除の適用はない。

4．不適切。投資信託には、オープン・エンド型とクローズド・エンド型の２つのタイプがある。オープン・エンド型とは、純資産価額による換金・解約ができるタイプで、日本の証券投資信託はオープン・エンド型となっている。

一方、クローズド・エンド型とは、純資産価額による換金・解約を保証しないタイプで、投資家は、証券取引所または店頭市場などで売却し、換金を行う。この時の価格は需給関係に基づいた市場価格となるので、投資家は必ずしも純資産価額に基づいた価格で換金できるわけではない。

クローズド・エンド型では、投資家の換金・解約によりファンドの資金量は影響を受けないので、流動性（換金性）が劣る資産なども運用対象として組み入れやすくなる。不動産を運用対象とするＪ－REITは、クローズド・エンド型の投資信託として設定されている。

問題 23　解答　2　難易度 A

2．が最も適切である。

所有期間利回りの計算式は次のとおり。

$$所有期間利回り（\%）= \frac{表面利率 + \dfrac{売却価格 - 購入価格}{所有期間}}{購入価格} \times 100$$

本問の場合、表面利率：0.5％、売却価格：100円、購入価格：101円、所有期間：5年なので、所有期間利回りは次のとおりとなる。

$$所有期間利回り（\%）= \frac{0.5 + \dfrac{100 - 101}{5}}{101} \times 100 = 0.297\cdots$$

$$\fallingdotseq 0.30（\%）（小数点以下第3位四捨五入）$$

問題 24　解答　3　難易度 B

1．不適切。「多くの機関投資家の投資対象になりうる規模の時価総額（流動性）を持ち、より高いガバナンス水準を備え、投資者との建設的な対話を中心に据えて持続的な成長と中長期的な企業価値の向上にコミットする企業向けの市場」は、スタンダード市場ではなく、プライム市場である。

　なお、スタンダード市場は、「公開された市場における投資対象として一定の時価総額（流動性）を持ち、上場企業としての基本的なガバナンス水準を備えつつ、持続的な成長と中長期的な企業価値の向上にコミットする企業向けの市場」である。

2．不適切。「高い成長可能性を実現するための事業計画及びその進捗の適時・適切な開示が行われ一定の市場評価が得られる一方、事業実績の観点から相対的にリスクが高い企業向けの市場」はグロース市場である。

3．適切。東京証券取引所の市場区分はそれぞれ独立しており、上場会社が他の市場区分へ変更する場合には、変更先の市場区分の新規上場基準と同等の基準に基づく審査を改めて受け、その基準に適合することが必要である。

4．不適切。東証株価指数（TOPIX）は、東京証券取引所第一部に上場されていた全銘柄を対象として算出されていたが、2022年4月4日（月）に、東京証券取引所における株式の市場区分がプライム、スタンダード、グロースの3区分に変更されたことに伴い、見直しが行われた。

　具体的には、2022年4月1日（金）時点の構成銘柄（第一部上場全銘柄）については、新市場区分施行後も継続して採用銘柄とされた。採用銘柄の追加については、プライム市場に新規上場あるいは市場区分を変更した銘柄に限られている。つまり、東証株価指数は、旧第一部上場全銘柄およびプライム市場上場銘柄を対象として算出されている。

問題 25　解答　4　難易度 A

1．適切。ROE（自己資本当期純利益率）＝当期純利益÷自己資本×100

∴ROE（％）＝3,000億円÷１兆5,000億円×100＝20.0（％）

2．適切。PER（株価収益率）＝株価÷１株当たり当期純利益

１株当たり当期純利益＝当期純利益÷発行済株式数＝3,000億円÷３億株
＝1,000円

∴PER（倍）＝18,000円÷1,000円＝18（倍）

3．適切。PBR（株価純資産倍率）＝株価÷１株当たり純資産

１株当たり純資産＝自己資本÷発行済株式数＝１兆5,000億円÷３億株＝5,000円

∴PBR（倍）＝18,000円÷5,000円＝3.6（倍）

4．不適切。配当利回り＝１株当たり年間配当金÷株価×100

１株当たり年間配当金＝配当金総額÷発行済株式数＝540億円÷３億株＝180円

∴配当利回り（％）＝180円÷18,000円×100＝1.0（％）

問題 26　解答　3　難易度 A

3．が最も適切である。

＜預入時に必要な円貨の額＞

外貨預金に預け入れる場合に適用される為替レートはTTSである。したがって、米ドル建て定期預金に預け入れる場合の為替レートは、預入時のTTSである１米ドル＝130.00円になるので、10,000米ドル預け入れる場合に必要な円貨の額は、10,000米ドル×130.00円＝1,300,000円になる。

＜満期時における米ドルベースでの元利金の額＞

年利率が3.00％（＝0.03）、預入期間は１年なので、満期時における米ドルベースでの元利金の額は次のようになる（問題文より税金は考慮しない）。

元金＋利子＝10,000米ドル＋10,000米ドル×3.00％×１年
＝10,000米ドル＋10,000米ドル×0.03×１
＝10,300米ドル

＜満期時における円ベースでの元利金の額＞

外貨を円貨に換える際の為替レートはTTBが適用される。満期時のTTBは１米ドル＝134.00円なので、満期時の米ドルベースの元利金＝10,300米ドルを円貨に換えると、10,300米ドル×134.00円＝1,380,200円になる。

＜円ベースでの利回り（単利による年換算）＞

満期時における円ベースでの元利金の額は1,380,200円、預入時に必要な円貨の額は1,300,000円なので、円ベースでの収益は1,380,200円－1,300,000円＝80,200円になる。

円ベースでの収益（＝80,200円）を円ベースでの預入金額（＝1,300,000円）で割れば運用利回りが計算できる。外貨預金の預入期間が1年以外の場合は年換算する必要があるが、本問の場合は預入期間が1年なので年換算する必要はない。したがって、運用利回り（％）＝80,200円÷1,300,000円×100＝6.169…≒6.17（％）（小数点以下第3位四捨五入）となる。

問題 27 解答 4 難易度 A

1. 不適切。日本円と米ドルなど、異なる通貨間で将来の金利および元本を交換する取引を通貨スワップという。クーポンスワップとは、元本の交換をしない通貨スワップで、異なる通貨の金利のみを交換する。
2. 不適切。先物取引を利用したヘッジ取引で、将来の価格上昇リスク等を回避または軽減したい場合は、先物取引で買建てを行う。これを「買いヘッジ」という。将来の価格下落リスク等を回避または軽減したい場合は、先物取引で売建てを行う。これを「売りヘッジ」という。
3. 不適切。コール・オプション、プット・オプションとも、いずれもオプションの買い手は権利を放棄することができる。
4. 適切。コール・オプション、プット・オプションとも、オプションの売り手の最大利益は、いずれもプレミアム（オプション料）の額となる。

問題 28 解答 1 難易度 B

1. 適切。ポートフォリオのリスクは、ポートフォリオに組み入れた各資産の相関係数が1であれば、各資産のリスクに組入比率を掛けた加重平均値になる。しかし、相関係数が1未満の資産を組み入れると、ポートフォリオのリスクは加重平均値より小さくなる。つまり、ポートフォリオのリスクは、組み入れた各資産のリスクを組入比率で加重平均した値を超えることはなく、加重平均値以下となる。
2. 不適切。ポートフォリオのリスクのうち、分散投資によって消去できないリスクは「システマティック・リスク（市場リスク）」という。分散投資によって消去できるリスクは「アンシステマティック・リスク（非市場リスク）」という。

   例えば、株式投資において複数の銘柄に分散投資をすれば、銘柄固有のリスク（＝アンシステマティック・リスク）は軽減できる。しかし、どれほど銘柄分散をしても、株式市場全体の動きによる影響（システマティック・リスク）を消去することはできない。株式市場全体が下落すれば、株式ポートフォリオも値下がりしてしまうからである。このように、銘柄分散によって消去できないリスクを、システマティック・リスクという。

ポートフォリオの組入銘柄数を増やすことによって、アンシステマティック・リスクは0に近づけることができるが、システマティック・リスクを低減させることはできない。したがって、ある資産の中における銘柄分散だけではなく、タイプの異なる資産への分散＝アセット・アロケーション（資産配分）をよく考慮する必要がある。

3．不適切。ポートフォリオの期待収益率は、ポートフォリオに組み入れた各資産の期待収益率に組入比率（構成比）を掛けた加重平均値になる。加重平均値より大きくなったり、小さくなったりすることはない。

4．不適切。安全資産とは、あらかじめ将来の収益が確定している資産をいう。安全資産のリスクはゼロであり、無リスク資産とも呼ばれる。これに対して、収益が確定していない資産のことを危険資産（リスク資産）という。

厳密な意味での安全資産は存在しないが、便宜上、国債などを無リスク資産と考えることが多い。社債は、発行体の信用リスクが存在するため、安全資産とは見なされない。

問題 29　解答　2　難易度 B

1．不適切。上場株式等の配当等について、総合課税を選択して確定申告をした場合、上場株式等に係る譲渡損失の金額との損益通算は認められない。申告分離課税を選択した場合は、譲渡損失の金額との損益通算ができる。

●配当金の税金の扱い

	譲渡損失との損益通算	配当控除
①申告不要	×（できない）	×（適用なし）
②申告分離課税	○（できる）	×（適用なし）
③総合課税	×（できない）	○（適用あり）

2．適切。上場株式等に係る配当所得等の金額と損益通算しても控除しきれない上場株式等に係る譲渡損失の金額は、確定申告することにより、翌年以後最長3年間にわたって繰り越すことができる。

3．不適切。簡易申告口座でも、「特定口座年間取引報告書」が作成されるため、投資家自身でその年中の上場株式等に係る譲渡損益および配当等の金額を計算する必要はない。投資家は、「特定口座年間取引報告書」を利用することにより、簡易な申告が可能となる。

4．不適切。源泉徴収選択口座における上場株式等に係る譲渡所得等および配当所得等については、金融機関が源泉徴収した税金を税務署に納付するので、投資家による確定申告は不要である。ただし、他の証券口座の損益と通算して還付を受けたい場合や、損失の繰越控除の適用を受けたい場合は確定申告が必要とされる。

問題 30 解答 3 難易度 B

1．不適切。外国銀行の在日支店で預け入れた預金、日本国内に本店のある銀行の海外支店で預け入れた預金は、いずれも預金保険制度の保護の対象外である。
2．不適切。同一の預金者が、破綻金融機関に複数の預金口座を有している場合、名寄せが行われ、預金口座の残高を合算する作業を行う。その上で、一般預金等については、1口座ごとではなく、1預金者ごとに元本1,000万円までと破綻日までの利息等が保護される。なお、決済用預金については、一般預金等とは別枠で、金額を問わず全額が保護される。
3．適切。生命保険契約者保護機構による補償の対象となる保険契約については、高予定利率契約を除き、原則として、破綻時点の責任準備金等の90％まで補償される。
4．不適切。証券会社が分別管理の義務に違反し、一般顧客（適格機関投資家等でない者）が損害を被った場合には、1人当たり1,000万円までの補償が受けられる。具体的には、破綻した証券会社が預かっていた顧客資産のうち、円滑な返還が困難であると日本投資者保護基金が認めるものが補償対象（補償対象債権）になる。
　補償支払額は、補償対象債権の額から、①補償対象債権のうち担保権の目的として提供されていたもの、②破綻証券会社に対して顧客が負っていた債務（借入など）を控除した金額となり、一般顧客1人当たり1,000万円を限度として、日本投資者保護基金により補償が受けられる（1,000万円を超える場合は、1,000万円が支払われる）。金額の多寡にかかわらず、全額を補償してくれるわけではない。

問題 31 正解 2 難易度 A

1．適切。所得税では、原則として、納税者本人の申告により納付すべき税額が確定し、この確定した税額を納付する申告納税制度が採用されている。
2．不適切。所得税の納税義務は居住者、非居住者両方に課せられている。ただし、課税所得の範囲は相違し、居住者は、所得が生じた場所が日本国の内外を問わず、所得税が課税されるのであるが、非居住者は日本国内において生じた所得に納税義務が課せられている。
3．適切。所得税では、課税対象となる所得を10種類に区分し、それぞれの所得の種類ごとに定められた計算方法により所得の金額を計算する。
4．適切。所得税額の計算において課税総所得金額に乗じる税率は、課税総所得金額が大きくなるにつれて段階的に税率が高くなる超過累進税率が採用されている。ちなみにこの超過累進税率は相続税や贈与税でも採用されている。

問題 32　正解　1　難易度 A

1．適切。不動産の貸付けを事業的規模で行ったことにより生じた賃料収入に係る所得であっても、事業所得となることなく、不動産所得となる。

2．不適切。会社の役員が役員退職金を受け取ったことによる所得は、給与所得ではなく、退職所得となる。

3．不適切。一個人年金保険の契約者（＝保険料負担者）である個人が、その保険契約に基づき、年金受給開始後に将来の年金給付の総額に代えて受け取った一時金に係る所得は一時所得となる。

4、不適切。会社員が勤務先から無利息で金銭を借り入れたことにより生じた経済的利益は、給与所得となる。

問題 33　正解　4　難易度 B

1．不適切。損益通算の対象となる所得は不動産所得、事業所得、譲渡所得、山林所得における所得の金額の計算上損失が生じた場合に限られる。本問の場合、一時所得の金額の計算上生じた損失の金額であるので、損益通算の対象とならない。

2．不適切。損益通算の対象となる所得は不動産所得、事業所得、譲渡所得、山林所得における所得の金額の計算上損失が生じた場合に限られる。本問の場合、先物取引に係る雑所得の金額の計算上生じた損失の金額であるので、損益通算の対象とならない。一方、先物取引に係る雑所得の金額の計算上生じた損失の金額は他の先物取引に係る雑所得の金額と間での通算はできる。

3．不適切。損益通算の対象となる所得は不動産所得、事業所得、譲渡所得、山林所得における所得の金額の計算上損失が生じた場合であるので、不動産所得の金額の計算上生じた損失の金額は、事業所得の金額と損益通算することができる。ただし、その損失の金額のうち、不動産所得を生ずべき業務の用に供する土地の取得に要した負債の利子の額に相当する部分の金額は損益通算の対象から除かれる。

4．適切。業務用車両を売却したことによる譲渡所得の金額の計算上生じた損失の金額は、譲渡所得の中でも総合譲渡所得の損失となるため、事業所得の金額と損益通算することができる。一方、生活の用に供していた自家用車を売却したことにより生じた損失の金額は生活用動産の譲渡なので非課税とされ、損失が生じても損失がなかったものとみなされるため損益通算できない。

問題 34 正解 3 難易度 A

1．不適切。納税者が生命保険料、介護医療保険料および個人年金保険料を支払った場合には、一定の金額の所得控除を受けることができ、これを生命保険料控除というが、総所得金額等から控除することができるのは、最高12万円までとなる。

2．不適切。納税者が支払った地震保険の保険料は、年間の支払保険料が５万円以下の場合には、その全額が総所得金額等から控除することができるのであるが、５万円を超えても最高５万円が限度となる。

3．適切。控除対象扶養親族のうち、その年の12月31日現在の年齢が19歳以上23歳未満の者は、特定扶養親族に該当する。

4．不適切。控除対象扶養親族のうち、老人扶養親族に該当するのは、その年の12月31日現在の年齢が65歳以上の者ではなく、その年の12月31日現在の年齢が70歳以上の者である。

問題 35 正解 3 難易度 A

1．不適切。青色申告者は、仕訳帳、総勘定元帳その他一定の帳簿に保存義務があるのであるが、その保存期間は、仕訳帳、総勘定元帳、現金出納帳といった帳簿および、損益計算書、貸借対照表、棚卸表といった決算関係書類においては７年間、取引に関して作成し、または受領した請求書、見積書、納品書などについては５年間と規定されている。

2．不適切。青色申告者が申告期限後に確定申告書を提出した場合、適用を受けることができる青色申告特別控除額は、最大10万円までとなる。

3．適切。青色申告者の配偶者で青色事業専従者として給与の支払いを受ける者は、その者の合計所得金額の多寡にかかわらず、控除対象配偶者には該当しない。したがって、青色事業専従者として１円でも給与の支払いを受けた場合には、控除対象配偶者から外れることになる。

4．不適切。青色申告者に損益通算してもなお控除しきれない損失の金額（純損失の金額）がある場合、その損失を繰り越して各年分の所得金額から控除することができるのは最長３年間である。

問題 36 正解 2 難易度 B

1．適切。法人税の各事業年度の所得の金額は、その事業年度の益金の額から損金の額を控除した金額である。

2．不適切。新設法人が設立事業年度から青色申告の適用を受けようとする場合は、設立の日以後３月を経過した日と当該事業年度終了の日とのうちいずれか早い日の前日までに、「青色申告の承認申請書」を納税地の所轄税務署長に提出し、その承認を受けなければならない。法人税の確定申告書の提出期限は、原則として、各事業年度終了の日の翌日から２ヵ月以内となっているので、混同しないように注意したい。

3．適切。期末資本金の額等が１億円以下の一定の中小法人に対する法人税の税率は、所得金額のうち年800万円以下の部分については軽減税率が適用される。

4．適切。過去に行った法人税の確定申告について、計算に誤りがあったことにより、納付した税額が過大であったことが判明した場合、更正の請求という税務手続きを行い、その後、税務署でその内容を調査し、その請求内容が正当と認められたときは、減額更正が行われ、納め過ぎの税金が還付される。その期限は、原則として、法定申告期限から５年以内とされている。

問題 37　正解　1　難易度 B

1．不適切。法人が負担した従業員の業務中の交通違反に対して課された交通反則金の額は、損金の額に算入することができない。一方、その交通違反が業務以外で起こしたものである場合には、その従業員の給与となり所得税が課せられる。

2．適切。法人が減価償却資産として損金経理した金額のうち、償却限度額に達するまでの金額は、その全額を損金の額に算入することができる。

3．適切。損金の額に算入される租税公課のうち、事業税などの申告納税方式による租税については、原則として、その事業税に係る納税申告書を提出した日の属する事業年度の損金の額に算入することができる。

4．適切。法人が国または地方公共団体に対して支払った寄附金は、原則として、その全額を損金の額に算入することができる。

問題 38　正解　1　難易度 A

1．不適切。消費税の課税期間に係る基準期間は、個人事業者についてはその年の前々年である。

2．適切。消費税の課税期間に係る基準期間における課税売上高が1,000万円を超える法人は、その課税期間は消費税の課税事業者となる。

3．適切。簡易課税制度の適用を受けることができるのは、基準期間における課税売上高が5,000万円以下の事業者である。

4．適切。簡易課税制度を選択した事業者は、事業を廃止した場合等を除き、原則として、２年間は簡易課税制度の適用を継続しなければならない。

問題 39 正解　3　難易度 B

1．適切。会社が役員に無利息で金銭の貸付けを行った場合、原則として、その会社の所得の金額の計算上、適正な利率により計算した利息相当額が役員認定利息として益金の額に算入される。

2．適切。会社が役員からの借入金について債務免除を受けた場合、その債務免除を受けた金額が、その会社の所得金額の計算上、益金の額に算入される。

3．不適切。役員が所有する土地を適正な時価の２分の１未満の価額で会社に譲渡した場合、その役員は、適正な時価により当該土地を譲渡したものとして譲渡所得の計算を行う。一方、譲渡対価が２分の１以上であれば、譲渡対価を譲渡収入として計算できる。

4．適切。役員が会社の所有する社宅に無償で居住している場合、原則として、通常の賃貸料相当額が、その役員の給与所得の収入金額に算入される。

問題 40 正解　2　難易度 A

1．適切。損益計算書において、営業利益の額は、売上総利益の額から販売費及び一般管理費の額を差し引いた額である。

2．不適切。損益計算書において、税引前当期純利益の額は、経常利益の額に特別利益の額を加算し、特別損失の額を減算した額である。

3．適切。流動比率（％）は、「流動資産÷流動負債×100」の算式で計算される。

4．適切。自己資本比率（％）は、「自己資本÷総資産×100」の算式で計算される。

問題 41 正解　3　難易度 A

1．適切。不動産に抵当権設定登記をした場合、債権額や抵当権者の氏名または名称などが記録されるのは権利部乙区である。

2．適切。一戸建てなど区分建物ではない建物の場合、床面積は、各階ごとに壁その他の区画の中心線で囲まれた部分の水平投影面積（壁芯面積）により算出される。

3．不適切。新築した建物の所有権を取得した者は、その所有権の取得の日から１ヵ月以内に表題登記を申請しなければならない。所有権保存登記ではない。

4．適切。登記情報提供サービスで取得した登記情報に係る電子データには、登記官の認証文は付されない。

問題 42 正解　4　難易度 B

1．適切。原価法は、価格時点における対象不動産の再調達原価を求め、この再調達原価について減価修正を行って対象不動産の価格を求める手法である。

2．適切。取引事例比較法では、取引事例の取引時点が価格時点と異なり、その間に価格水準の変動があると認められる場合、当該取引時点の価格を価格時点の価格に修正しなければならない。この修正を時点修正という。

3．適切。収益還元法は、対象不動産が将来生み出すであろうと期待される純収益の現在価値の総和を求めることにより対象不動産の価格を求める手法である。

4．不適切。不動産の価格は、一般に当該不動産の収益性を反映して形成されるものであり、収益は不動産の経済価値の本質を形成するものである。したがって、収益還元法は、自用の不動産といえども賃貸を想定することにより適用されるものである。

問題 43　正解　3　難易度 A

1．適切。二重に売買契約が締結された場合、譲受人相互間においては、原則として、先に所有権移転登記を備えた者が所有権を取得する。

2．適切。買主が売主に解約手付を交付した場合、売主が契約の履行に着手するまでは、買主は、その手付金を放棄することで契約の解除をすることができる。

3．不適切。共有となっている建物について、自己が有している持分を第三者に譲渡するときは、他の共有者の同意を得る必要はない。

4．適切。改正民法では、目的物の引渡し前の危険負担は、債務者である売主が負うことになり、買主は売買代金の支払いを拒むことができるようになった。

問題 44　正解　3　難易度 A

1．適切。普通借地権の設定当初の存続期間は、契約で期間の定めがない場合、建物の構造による区別なく一律30年とされる。ただし、当事者が契約でこれより長い期間を定めたときは、その期間とする。

2．適切。普通借地権の存続期間が満了する場合において、借地権者が契約の更新を請求したときは、借地上に建物がある場合に限り、借地権設定者が遅滞なく異議を述べた時を除いて、従前の契約と同一の条件（更新後の期間を除く）で契約を更新したものとみなされる。

3．不適切。一般定期借地権の存続期間は50年以上である。

4．適切。一般定期借地権の設定契約は、書面によって締結しなければならない。

問題 45　正解　2　難易度 B

1．不適切。普通借家契約では、当事者が存続期間を定めた場合には、原則としてその合意に従うが、期間を1年未満とする建物の賃貸借は、期間の定めがない建物の賃貸借とみなされる。

2．適切。期間の定めのない普通借家契約において、建物の賃貸人が賃貸借の解約の申入れをし、正当の事由があると認められる場合、建物の賃貸借は、解約の申入れの日から６ヵ月を経過することによって終了する。

3．不適切。定期借家契約は、公正証書等の書面によって締結しなければならないが、必ず公正証書で締結しなければならないわけではない。もっぱら事業の用に供する建物の場合も同様である。

4．不適切。定期借家契約においては、存続期間を３ヵ月未満とすることもできる。

問題 46　正解　4　難易度 B

1．適切。日影規制は、原則として、商業地域、工業地域、工業専用地域を除く用途地域における建築物に適用される。

2．適切。隣地斜線制限は、第一種・第二種低層住居専用地域および田園住居地域においては適用されない。

<参考：建築物の各部分の高さの制限～３種の斜線制限>

①道路斜線制限	建物の各部分の高さは、その部分から前面道路の反対側の境界線までの水平距離に1.5（用途地域が住居系の場合は1.25）を乗じた数値以下でなければならない。
②隣地斜線制限	隣地の日当たりおよび風通しを維持することを目的としたもので、隣地の境界線を起点として「高さ」と「斜線の勾配（角度）」によって規制される。第一種・第二種低層住居専用地域および田園住居地域では適用はない。
③北側斜線制限	南側に高い建物を建てられると、北側の家は日照を妨げられることとなるので、日照が重要視される第一種・第二種低層住居専用地域、第一種・第二種中高層住居専用地域および田園住居地域に限って、この制限規定が設けられている。北側隣地境界線を起点として「高さ」と「斜線の勾配（角度）」によって規制される。

3．適切。第一種低層住居専用地域内では、原則として、老人ホームを建築することはできるが、病院を建築することはできない。

4．不適切。道路斜線制限はいずれの用途地域においても適用され、商業地域においても適用される。

問題 47　正解　1　難易度 A

1．不適切。区分所有者は当然に管理組合の構成員となるため、構成員になるかどうかの選択を任意で行うことはできない。

2．適切。区分所有建物のうち、構造上の独立性と利用上の独立性を備えた部分は、区分所有権の目的となる専有部分の対象となるが、規約により共用部分とすることができる。ただしこの場合には、その旨の登記をしなければ、これをもつて第三者に対抗することができない。

3．適切。区分所有者が建物および建物が所在する土地と一体として管理または使用する庭、通路その他の土地は、規約により建物の敷地とすることができる。

4．適切。区分所有建物の建替えは、集会において、区分所有者および議決権の各５分の４以上の多数により、その旨の決議をすることができる。

問題 48　正解　3　難易度 B

1．適切。不動産取得税は、土地や家屋の購入、贈与、家屋の建築などで不動産を取得したときに、取得者に対して課される税金である。相続により取得した場合は課されないが、贈与により取得した場合は課される。

2．適切。不動産取得税は、土地の取得について所有権移転登記が未登記であっても、当該取得に対して課される。

3．不適切。建物表題登記を申請する場合、登録免許税はかからない。

4．適切。登録免許税は、贈与により不動産を取得した場合の所有権移転登記において課される。登録免許税の税率は、贈与・遺贈による所有権移転登記では、1,000分の20（2.0％）であるのに対し、相続による所有権移転登記の場合は1,000分の４（0.4％）であり、贈与による場合のほうが相続による場合に比べて高くなる。

問題 49　正解　1　難易度 A

1．不適切。相続により取得した土地の所有期間を判定する際の取得の日は、被相続人の取得の日がそのまま取得した相続人に引き継がれる。

2．適切。長期譲渡所得に区分される場合、課税長期譲渡所得に対し、所得税15％（復興特別所得税を加えると15.315％）・住民税５％（計20.315％）の税率が適用される。

3．適切。土地建物等の譲渡に係る所得については、その土地建物等を譲渡した日の属する年の１月１日現在で、所有期間が５年以下の場合には短期譲渡所得、５年を超える場合には長期譲渡所得に区分され、適用される税率が異なっている。それぞれの税率は次のとおり。

	課税譲渡所得金額	所得税	住民税
短期譲渡	—	30% (30.63%)	9%
長期譲渡	—	15% (15.315%)	5%
10年超所有の居住用財産の譲渡(軽減税率)	6,000万円以下の部分 6,000万円超の部分	10%(10.21%) 15%(15.315%)	4% 5%

(注) カッコ内は、復興特別所得税(基準所得税額×2.1%)を加算した税率

4. 適切。土地の譲渡所得の金額の計算上、取得費が不明な場合には、譲渡収入金額の5%相当額を取得費とすることができる。

問題 50 正解 2 難易度 C

1. 不適切。DCF法は、連続する複数の期間に発生する純収益および復帰価格を、その発生時期に応じて現在価値に割り引いて、それぞれを合計して対象不動産の収益価格を求める手法である。
2. 適切。NPV法(正味現在価値法)による投資判断においては、対象不動産から得られる収益の現在価値の合計額が投資額を上回っている場合に、その投資は有利であると判定することができる。
3. 不適切。NOI利回り(純利回り)は、対象不動産から得られる年間総収入から諸経費を控除した年間純収益を総投資額で除して算出される利回りであり、不動産の収益性を測る指標である。年間総収入を総投資額で除するわけではない。
4. 不適切。DSCR(借入金償還余裕率)は、対象不動産から得られる収益による借入金の返済余裕度を評価する指標である。DSCRが大きいほどキャッシュフローに余裕があり、DSCRが1を超えると対象不動産から得られる収益だけで借入金を返済することができる。

問題 51 正解 4 難易度 B

1. 不適切。書面によらない贈与は、各当事者が解除をすることができる。ただし、履行の終わった部分については、この限りではない。したがって、本肢にある履行の終わった部分については、各当事者が解除することはできない。
2. 不適切。負担付贈与とは、贈与者が受贈者に対して一定の債務を負担させることを条件とする贈与をいい、その受贈者の負担により利益を受ける者は、贈与者でも第三者でも不特定多数の者でも構わない。

3．不適切。死因贈与とは、贈与者の死亡によって効力を生ずる贈与をいい、法的性質としては契約に該当するため、成立には贈与者のみならず受贈者の承諾が必要となる。

4．適切。記述のとおり。

問題 52　正解　4　難易度 A

1．適切。扶養義務者間で通常必要とする生活費または教育費等の贈与は贈与税の課税対象とならない。

2．適切。社交上の香典や贈答品などで社会通念上相当と認められるものは贈与税の課税対象とならない。

3．適切。記述のとおり。

4．不適切。対価を支払わないで、または時価より低い価額での名義変更により取得し利益を受ける場合には、その利益の価額に相当する金額は、その利益を受けさせた者から贈与により取得したものとみなされ、原則として贈与税の課税対象となる。

問題 53　正解　1　難易度 A

1．適切。記述のとおり。

2．不適切。国税電子申告・納税システム（e-Tax）は、贈与税の申告に対応している。他にも所得税、消費税等にも対応している。

3．不適切。贈与税の納付においては、物納の制度はない。

4．不適切。贈与税の納付について認められる延納期間は、５年以内での年賦による納付となる。

問題 54　正解　2　難易度 A

（ア）法定後見制度は、本人の判断能力が不十分になった後に、家庭裁判所によって選任された成年後見人等が本人を法律的に支援する制度である。なお、任意後見制度は、判断能力の低下前にあらかじめ自分が選んだ任意後見人に代理権を付与する委任契約である。

（イ）法定後見制度において、後見開始の審判がされたときは、その内容が登記される。なお、任意後見も同様に登記される。

（ウ）成年後見人は、成年被後見人が行った法律行為について、原則として、取り消すことができる。

以上のことから、選択肢２が正解となる。

問題 55　正解　2　難易度 B

1. 不適切。被相続人は、遺言で、共同相続人の相続分を定め、またはこれを定めることを第三者に委託することができる。
2. 適切。記述のとおり。ただし、この権利は１ヵ月以内に行使しなければならない。
3. 不適切。父母の一方のみを同じくする兄弟姉妹の法定相続分は、父母の双方を同じくする兄弟姉妹の法定相続分の２分の１である。
4. 不適切。養子の法定相続分は、実子の法定相続分と同じである。

問題 56　正解　3　難易度 B

1. 不適切。遺言の保管者は、相続の開始を知った後、遅滞なく家庭裁判所に提出して、その検認を請求しなければならない。しかし、検認は、遺言の有効性について判断するものではない。なお、本肢のように検認前に遺言を開封してしまった場合でも、遺言の効力がなくなるわけではない。しかし、この場合、５万円以下の過料に処される。
2. 不適切。遺言者が自筆証書遺言に添付する財産目録については自筆でなくてもよく、パソコン等で作成することも可能である。しかしこの場合、遺言者は、その目録書の毎葉（自書によらない記載がその両面にある場合にあってはその両面）に署名し、押印する必要がある。
3. 適切。記述のとおり。
4. 不適切。遺言者は、いつでも遺言の方式に従って（同一方式である必要はない）、その遺言の全部または一部を撤回することができる。例えば、前の公正証書遺言を後の自筆証書遺言で撤回してもよい。

問題 57　正解　3　難易度 C

1. 適切。本肢の場合、みなし相続財産となり相続税の課税対象になるが（非課税枠あり）、原則として遺産分割の対象にはならない。
2. 適切。記述のとおり。相続の放棄をした者については、死亡保険金の非課税金額の規定の適用を受けることはできない（保険金の受取は可能である）。
3. 不適切。未支給の年金は、死亡した年金受給権者に係る遺族が、未支給年金を自己の固有の権利として請求するものであり、死亡した受給権者に係る相続税の課税対象にはならない。なお、遺族が支給を受けた未支給年金は、当該遺族の一時所得に該当して所得税の課税対象となる。
4. 適切。記述のとおり。

問題 58　正解　2　難易度 B

1．適切。記述のとおり。

2．不適切。遺産に係る基礎控除額の計算上、法定相続人の数に含めることができる養子の数は、被相続人に実子がなく、養子が２人以上いる場合には２人までとなる。なお、被相続人に実子がいる場合は、法定相続人の数に算入できる養子の数は１人までとなる。

3．適切。記述のとおり。

4．適切。被相続人の子がすでに死亡し、代襲して相続人となった被相続人の孫は、実子とみなされる。

問題 59　正解　2　難易度 B

使用貸借により貸し付けている宅地は、自用地として評価するため、選択肢２が正解となる。宅地の相続税評価は、相続開始前にその土地がどう利用されていたかによって決まり、相続で誰が取得したかは無関係。

問題 60　正解　4　難易度 B

1．適切。記述のとおり。

2．適切。記述のとおり。この場合の売却価額は、原則として取引当事者間の契約より決定される。

3．適切。記述のとおり。譲渡制限株式とは、譲渡には会社の承認が必要となる株式のことで、譲渡制限株式を発行するためには、定款でその旨を定める必要がある。

4．不適切。株式譲渡制限会社であっても、取締役に就任するために株主である必要はない。取締役の選任は株主総会の決議事項である。

解答・解説編

2023年５月試験

解答一覧

問題１	問題２	問題３	問題４	問題５	問題６	問題７	問題８	問題９	問題10
4	3	2	1	4	4	3	2	3	4

問題11	問題12	問題13	問題14	問題15	問題16	問題17	問題18	問題19	問題20
2	1	4	3	2	1	2	3	1	4

問題21	問題22	問題23	問題24	問題25	問題26	問題27	問題28	問題29	問題30
1	3	4	2	1	2	3	3	4	1

問題31	問題32	問題33	問題34	問題35	問題36	問題37	問題38	問題39	問題40
3	1	4	4	2	2	2	3	4	2

問題41	問題42	問題43	問題44	問題45	問題46	問題47	問題48	問題49	問題50
4	1	4	2	3	3	2	2	1	4

問題51	問題52	問題53	問題54	問題55	問題56	問題57	問題58	問題59	問題60
3	2	3	4	2	3	1	1	4	1

〈合格基準〉60点満点で36点以上（各１点）

●**参考**

正解が「1」	正解が「2」	正解が「3」	正解が「4」
13問	16問	15問	16問

●**試験問題の難易度**（各問題について、ＡＢＣで難易度を判定しています）

A	易しいレベルの問題、点数をとりやすい問題	22問
B	２級の試験として通常レベルの問題	33問
C	難しい問題、新しい傾向の問題	5問

問題 1 正解 4 難易度 A

1．適切。公的年金制度の仕組みや年金額の計算方法に関する一般的な説明は、社会保険労務士の独占業務には該当しないため、適切。社会保険労務士の独占業務には、年金事務所や労働基準監督署などに提出する書類の作成、および提出手続きの代行などがある。

2．適切。税理士の独占業務である「税理士業務」は、税務代理、税務書類の作成、税務相談を業として行うことである。一般的な税制度の解説は税務相談に該当しないため、適切。

3．適切。生命保険募集人・保険仲立人の登録を有していない者であっても、顧客のライフプランに基づいて必要保障額を計算することは可能である。

4．不適切。弁護士法第72条により、弁護士（または弁護士法人）でない者は、報酬を得る目的で一般の法律事件の代理を行うことはできないとされている。本問は当該条項に抵触すると考えられ、不適切。

問題 2 正解 3 難易度 B

1．不適切。健康保険の傷病手当金は、疾病や負傷で休んだ期間のうち、最初の３日を除き（これを「待期」という）４日目から支給される。2022年１月１日より、支給期間は、支給を開始した日から通算して１年６ヵ月である。

2．不適切。夫婦がともに健康保険の被保険者である場合、妻が出産したときは、妻の加入している健康保険から出産育児一時金が支給される。同時に夫の健康保険から出産育児一時金を受けることはできない。

なお、健康保険の被扶養者が出産した場合は、家族出産育児一時金が支給される。

3．適切。被保険者が業務災害および通勤災害以外の事由で死亡した場合、所定の手続きにより、その者により生計を維持されていた者であって、埋葬を行うものに対し、埋葬料として５万円が支給される。

なお、埋葬料を受けることができる生計を維持されていた人がいない場合は、実際に埋葬を行った人に、埋葬料（５万円）の範囲内で実際に埋葬に要した費用が「埋葬費」として支給される。

4．不適切。高額療養費とは、同一月（１日から月末まで）にかかった医療費の自己負担額が高額になった場合、一定の金額（自己負担限度額）を超えた分が、あとで払い戻される制度である。支払った一部負担金等の全額が高額療養費として支給されるわけでない。

なお、高額療養費の計算には、差額ベッド代や歯科の材料差額などの保険外診療分（自費分）、入院時の食事療養費の標準負担額などは含まれない。

問題 3 正解 2 難易度 B

1．適切。労働者災害補償保険の適用を受ける労働者とは、常用労働者、日雇労働者、アルバイト、パートタイマー、外国人労働者等、名称や雇用形態に関わらず、労働の対価として賃金を受ける人が対象となる。

2．不適切。労働者が業務上の負傷または疾病による療養のため労働することができず賃金を受けられない場合、賃金を受けられない日の第４日目から休業補償給付が支給される。

なお、最初の３日間は、労働基準法に基づき事業主に休業補償を行う義務がある。

3．適切。労働者が業務災害により死亡した場合、対象となる遺族に対し、遺族補償給付として遺族補償年金または遺族補償一時金が支給される。遺族補償年金の年金額は、受給権者および受給権者と生計を同じくしている受給資格者の人数により異なる。

なお、遺族補償年金の受給資格者は、被災労働者の死亡当時、その労働者の収入によって生計を維持していた配偶者・子・父母・孫・祖父母・兄弟姉妹で、最先順位者に支給される。妻以外の遺族については、年齢等の受給要件がある。

4．適切。労働者が通勤災害により死亡した場合、所定の手続きにより、葬祭を行う者に対し葬祭給付が支給される。

なお、支給される額は、「315,000円＋給付基礎日額（労働基準法の平均賃金に相当する額）の30日分」となっているが、この額が給付基礎日額の60日分に満たない場合は、「給付基礎日額の60日分」が支給額となる。

問題 4 正解 1 難易度 C

1．不適切。育児休業給付金は、原則として子が１歳に達した日前の期間について支給される。保育所等における保育の実施が行われないなどの理由により、子が１歳に達する日後の期間に育児休業を取得する場合は、その子が１歳６ヵ月に達する日前までの期間が育児休業給付金の支給対象となる。

さらに、保育所等における保育の実施が行われないなどの理由により、子が１歳６ヵ月に達する日後の期間に育児休業を取得する場合は、その子が２歳に達する日前までの期間、育児休業給付金の支給対象となる。

なお、１歳２ヵ月とは、「パパ・ママ育休プラス制度」を利用した場合の延長期間である。

2．適切。育児休業給付金に係る支給単位期間において支払われた賃金額が、休業開始時賃金日額に支給日数を乗じて得た額の80％相当額以上である場合、当該支給単位期間について育児休業給付金は支給されない。

なお、育児休業給付金の支給額は、１支給単位期間について、休業開始日から休業日数が通算して180日に達するまでの間は、原則として、休業開始時賃金日額に支給日数を乗じて得た額の67％相当額である。181日目以降については、１支給単位期間当たり、「休業開始時賃金日額×支給日数×50％」相当額となる。

●育児休業期間を対象として事業主から賃金が支払われた場合

支払われた賃金の額	支給額
休業開始時賃金日額×休業期間の日数の13％（30％ 注１）以下の場合	休業開始時賃金日額×休業期間の日数×67％（50％ 注２）
休業開始時賃金日額×休業期間の日数の13％（30％ 注１）超～80％未満の場合	休業開始時賃金日額×休業期間の日数×80％－賃金額
休業開始時賃金日額×休業期間の日数の80％以上の場合	支給されない

注１ 育児休業の開始から181日目以降は30％

注２ 育児休業の開始から181日目以降は給付率50％

3．適切。被保険者が、一定の状態にある家族を介護するための休業をした場合、同一の対象家族について、通算３回かつ93日の介護休業を限度として、介護休業給付金が支給される。

なお、介護休業給付金は、次の①および②を満たす介護休業に対し、同一の対象家族について支給される。

①負傷、疾病または身体上もしくは精神上の障害により、２週間以上にわたり常時介護（歩行、排泄、食事等の日常生活に必要な便宜を供与すること）を必要とする状態にある家族を、介護するための休業であること

②被保険者が、その期間の初日および末日とする日を明らかにして事業主に申し出を行い、これによって被保険者が実際に取得した休業であること

4．適切。複数の被保険者が、同一の対象家族について同時に介護休業を取得した場合、それぞれの被保険者に介護休業給付金が支給される。

介護休業給付金の趣旨は、被保険者が介護休業を取得した場合に賃金を補填することである。このため、同じ対象家族について、複数の被保険者が同時に介護休業を取得した場合、それぞれに介護休業給付金の支給要件を満たせば同時に受

給することも可能である。

問題 5 正解 4 難易度 A

1．不適切。学生納付特例期間は、その期間に係る保険料の追納がなくても、老齢基礎年金の受給資格期間に算入される。

なお、学生納付特例期間については、追納がない場合、老齢基礎年金の額の計算の対象となる期間には含まれない。

2．不適切。生活保護法による生活扶助を受けることによる保険料免除期間は、法定免除に該当し、届け出れば保険料が免除される。

なお、この期間については、老齢基礎年金の受給資格期間に算入されるが、老齢基礎年金の額は、平成21年３月以前の期間は１ヵ月を３分の１、平成21年４月以降の期間は１ヵ月を２分の１で計算される。

国民年金の保険料免除には、法定免除、申請免除、産前産後期間の免除の３種類がある。

法定免除の対象者は、次のとおりである。

①障害基礎年金（または障害厚生年金・障害共済年金）の１・２級を受けているとき

②生活保護法による生活扶助を受けるとき

③厚生労働大臣が指定する施設（ハンセン病療養所等）に入所しているとき

3．不適切。保険料免除期間に係る保険料のうち、追納することができる保険料は、追納に係る厚生労働大臣の承認を受けた日の属する月前10年以内の期間に係るものに限られる。

なお、保険料の免除もしくは納付猶予を受けた期間の翌年度から起算して、３年度目以降に保険料を追納する場合には、承認を受けた当時の保険料額に経過期間に応じた加算額が上乗せされる。

4．適切。産前産後期間の保険料免除制度とは、第１号被保険者が出産する場合、所定の届出により、出産予定月の前月から４ヵ月間（多胎妊娠の場合は出産予定月の３ヵ月前から６ヵ月間）、保険料の納付が免除される制度。

なお、免除された期間については、保険料納付済期間として扱われ、老齢基礎年金の年金額に反映される。

問題 6 正解 4 難易度 A

1．不適切。国民年金基金の加入員が死亡以外の事由で加入員資格を喪失した場合、それまでの加入期間に応じた解約返戻金が支払われることはない。死亡以外の事由で加入資格を喪失した場合、国民年金基金に支払った掛金は途中で引き出すことはできず、将来年金として支給される。

国民年金基金に加入者は、次のいずれかに該当したとき加入資格を喪失する。

・60歳になったとき（海外に居住し国民年金に任意加入している場合を除く）
・65歳になったとき（国民年金に任意加入している人）
・会社員になったときなど国民年金の第１号被保険者でなくなったとき（海外転居を含む）
・国民年金の任意加入被保険者でなくなったとき
・該当する事業または業務に従事しなくなったとき（職能型基金の場合）
・国民年金の保険料を免除（一部免除・学生納付特例・納付猶予を含む）されたとき
・農業者年金の被保険者になったとき
・加入者本人が死亡した場合

2．不適切。小規模企業共済の掛金月額は、1,000円から７万円までの範囲内で、500円単位で選択することができる。

3．不適切。中小企業退職金共済の掛金は、事業主が全額を負担し、掛金月額は、被共済者１人当たり３万円が上限となっている。事業主と被共済者が折半して負担することができない。

なお、短時間労働者の場合、掛金月額は、被共済者１人当たり月額4,000円が上限となっている。

4．適切。中小企業退職金共済の被共済者が退職後３年以内に、中小企業退職金共済の退職金を請求せずに再就職して再び被共済者となった場合、所定の要件を満たせば、前の企業での掛金納付月数を再就職した企業での掛金納付月数と通算することができる。

なお、直前の企業での掛金納付月数が12ヵ月未満の場合は、退職事由が自己の都合やその責めに帰すべき事由によるものでないことについて厚生労働大臣の認定書が必要となる。

問題 7　正解　3　難易度 A

1．適切。遺族基礎年金および遺族厚生年金は、所得税の課税対象とならない。なお、障害基礎年金および障害厚生年金についても、所得税の非課税所得である。

2．適切。老齢基礎年金および老齢厚生年金は、その年中に受け取る当該年金の収入金額から公的年金等控除額を控除した金額が雑所得として所得税の課税対象となる。

なお、雑所得となる主な公的年金等は、次のものがある。

①国民年金法、厚生年金保険法、公務員等の共済組合法などの規定による年金

②過去の勤務により会社などから支払われる年金

③確定給付企業年金法の規定に基づいて支給を受ける年金

④外国の法令に基づく保険または共済に関する制度で①に掲げる法律の規定による社会保険または共済制度に類するものに基づいて支給を受ける年金

3．不適切。確定拠出年金の老齢給付金は、その全部について、一時金として受給する場合は退職所得として、年金として受給する場合は雑所得として所得税の課税対象となる。

●確定拠出年金の給付の種類と受取時の課税方法

給付の種類	受取方法	課税方法
老齢給付金	年金形式	雑所得 （公的年金等控除の適用可）
	一時金形式	退職所得 （退職所得控除の適用可）
障害給付金	年金形式	非課税
	一時金形式	
死亡給付金	一時金形式	みなし相続財産として相続税の課税対象

4．適切。老齢基礎年金および老齢厚生年金の受給者が死亡した場合において、その者に支給されるべき年金給付のうち、まだ支給されていなかったもの（未支給年金）は、当該年金を受け取った遺族の一時所得として所得税の課税対象となる。

未支給年金請求権については、死亡した受給権者に係る遺族が、未支給年金を自己の固有の権利として請求するものであり、死亡した受給権者に係る相続税の課税対象にはならない。

したがって、遺族が支給を受けた未支給年金は、所得税基本通達34－2により、当該遺族の一時所得に該当する。

問題 8　正解　2　難易度 B

1．適切。設問のとおり。「フラット35S」とは、借入対象住宅が一定要件を満たした優良物件と認められた場合に、借入金利を一定期間引き下げる制度である。優良物件と認められる基準には、省エネルギー性、バリアフリー性、耐震性、耐久性・可変性といったものがあり、第三者機関の検査機関などによって認められる必要がある。

2．不適切。フラット35の特徴の一つに繰上返済手数料の無料がある。ただし、１回の返済額に関しては、取扱金融機関窓口で行う場合は100万円以上、インターネットサービス「住・My Note」利用の場合は10万円以上という制約がある。

3．適切。記述のとおり。店舗付き住宅などの併用住宅の場合は、住宅部分の床面積が全床面積の50％以上である必要がある。

4．適切。フラット35には「買取型」と「保証型」がある。買取型は設問のとおりで、融資を実行する金融機関から住宅金融支援機構が住宅ローン債権を買い取り、買い取った住宅ローンを担保に債券を発行して長期の資金調達を行う。一方、保証型では金融機関が提供する住宅ローンに機構が保険を付け、借入人が万が一返済できなくなった場合、機構が金融機関に対して保険金を支払う。なお、借入対象の住宅物件に対する第１位抵当権者の設定は、買取型では機構、保証型では金融機関とされる。

問題 9　正解　3　難易度 A

1．適切。企業が事業を行うのに必要な資金を調達する方法には、大きく分けて「直接金融」と「間接金融」がある。株式や債券などにより、資金の出し手から直接資金を調達する方法を直接金融というのに対し、銀行などが行う融資は、資金の出し手と借り手（企業）との間に金融機関が介在することから間接金融という。

2．適切。「インパクトローン」とは、資金使途に制限のない外貨貸付をいう。したがって、適切。輸入の決済や為替のリスクヘッジなどの目的で企業が金融機関から借り入れるのが一般的である。

3．不適切。「第三者割当増資」とは、企業が新たに株式を発行し、特定の第三者に有償で引き受けてもらい資金調達する方法をいう。業務提携の相手先や取引先を第三者として株式を割り当て、関係強化を図るケースもあるが、増資により株式数が増加するため、既存株主の持ち株比率が低下するといった不利益が生じることにも配慮が必要とされる。

4．適切。記述のとおり。「マル経融資（小規模事業者経営改善資金）」とは、日本政策金融公庫の融資制度の一つで、商工会議所や商工会などの経営指導を受けている小規模事業者の商工業者が、経営改善に必要な資金を無担保・無保証人で利用できる。融資限度額は2,000万円。

問題 10　正解　4　難易度 A

1．適切。記述のとおり。なお、２回払いは分割払いの手数料はかからないが、３回以上となると所定の手数料がかかる。

2．適切。「指定信用情報機関」とは信用情報提供を行う法人であり、個人向け貸し付けを行う貸金業者は必ず指定信用情報機関に加入し、指定信用情報機関の保有する個人信用情報を使用することが義務付けられている。信用情報については所定の手続きにより開示請求することができる。

3．適切。クレジットカード発行には審査があり、クレジットカード会員として認められた本人のみが利用できるものとされる。また、クレジットカードはカード発行会社が会員に貸与しているもので、その所有権はカード会社が有する。

4．不適切。キャッシングとは現金を借りるサービスであり、借入期間に応じた利息負担が生じる。

問題 11　正解　2　難易度 B

1．適切。記述のとおり。なお、実際の生命保険事業においては、生命保険会社が受け取る保険料等およびその運用収益の総額が、保険会社が支払う保険金等および生命保険会社の運営経費の総額と等しくなる。

2．不適切。純保険料は予定利率と予定死亡率をもとにして定められ、付加保険料は予定事業費率をもとにして定められる。

3．適切。所定の利率による運用収益をあらかじめ見込んで保険料を割り引く際に使用する予定利率が引き上げられた場合、新規契約の保険料は安くなる。予定死亡率や予定事業費率が引き上げられた場合は、新規契約の保険料は高くなる。

4．適切。記述のとおり。保険会社が実際に要した事業費や死亡保険金等の支払額が、保険料を算定する際に見込んでいた事業費や死亡保険金等の支払額よりも少なかった場合、費差益、死差益が生じる。逆に保険会社が実際に得られた運用収益が、保険料を算定する際に見込んでいた運用収益よりも高かった場合は、利差益が生じる。

問題 12　正解　1　難易度 B

1．不適切。変額保険は終身型・有期型とも、死亡・高度障害状態で支払われる保険金について、契約時に定めた保険金額（基本保険金額）が保証されている。運用実績によって、死亡・高度障害保険金の額が基本保険金額を上回る場合はあるが、基本保険金額を下回ることはない。なお、解約返戻金と有期型の満期保険金について最低保証金額はない。

2．適切。特定（三大）疾病保障定期保険では、保険期間中にがん（悪性新生物）、急性心筋梗塞、脳卒中により所定の状態と診断されて特定（三大）疾病保険金が支払われた場合、当該保険契約は消滅する。したがって、この場合、その後当該保険金を受け取った人が死亡しても、死亡保険金は支払われない。しかし本肢のように、被保険者が特定（三大）疾病保険金を受け取らずに特定（三大）疾病以外で死亡した場合は、死亡保険金が支払われる。

3．適切。収入保障保険の死亡保険金を一時金で受け取る場合の受取額は、年金総額を所定の利率で割り戻した年金原資に相当する金額となる。したがって、その金額は、年金原資を所定の利率で運用しながら受取人に支払われる年金の総額と比較すると少なくなる。

4．適切。低解約返戻金型終身保険とは、他の契約条件が同一で低解約返戻金型ではない終身保険と比較して、保険料払込期間中の解約返戻金が低く抑えられている。したがって、その分保険料が割安に設定されている。なお、保険料払込期間後は、低解約返戻金ではない終身保険の解約返戻金の額と同額になる。

問題 13　正解　4　難易度 B

1．不適切。外貨建て生命保険は、米ドル・豪ドル・ユーロなどの外貨で保険料を払い込み、原則として外貨で保険金等を受け取る保険商品である。なお、特約を付帯すれば、保険料の支払いや保険金等の受け取りを円貨で行うことができる。

2．不適切。外貨建て終身保険は、所定の要件を満たせば、円貨建ての終身保険と同様、支払った保険料が生命保険料控除の対象となる。

3．不適切。外貨建て終身保険の円換算支払特約は、死亡保険金が円貨で支払われる特約である。この特約を付保しても、為替変動があった場合には、円貨で受け取る死亡保険金額が変動し、既払込保険料相当額を下回ることがある。したがって円換算支払特約は、当該保険契約の締結後から保険金を受け取るまでの為替リスクを回避するものではない。

4．適切。MVA（市場価格調整）機能を有する外貨建て生命保険は、市場金利に応じた運用資産の価格変動に伴い、解約時の外貨ベースでの解約返戻金が増減する。例えば、解約返戻金を受け取る時期の市場金利が契約時よりも高くなった場合、外貨ベースでの解約返戻金が減少する。

問題 14　正解　3　難易度 B

1．適切。2023年分の生命保険料控除の対象となる保険料は、2023年１月１日から同年12月31日までに、実際に支払われたものに限られる。本肢のように2022年12月分の保険料であっても、2023年中に支払われた保険料は、2023年分の生命保険料控除の対象となる。

2．適切。個人年金保険料控除は、

①年金受取人は、被保険者と同一であること

②年金の受取人は、契約者またはその配偶者であること

③保険料について、10年以上の期間にわたって定期に支払われるもの

④確定年金・有期年金の場合は、年金の受取開始年齢が60歳以上（終身年金は受取開始年齢を問わない）であり、10年以上にわたって支払われるもの

以上のすべてを満たす「個人年金保険料控除税制適格特約」が付加されたものに限られる。

ただし変額個人年金保険は、前述の①②③④の要件を満たしていても、個人年金保険料控除の対象とならず、一般の生命保険料控除の対象となる。

3．不適切。生命保険の保険料について、自動振替貸付によって保険料の払込みに充当された金額は、その年の生命保険料控除の対象となる。なお、自動振替貸付を受けた金額を保険会社に返済した場合、その返済額は生命保険料控除の対象とならない。

4．適切。2021年1月1日以後に締結した生命保険契約の保険料に係る生命保険料控除では、傷害特約、傷害入院特約等の傷害に関する保障に関する生命保険料については、介護医療保険料控除の対象とならない。

問題 15　正解　2　難易度 B

1．適切。契約者が法人、被保険者が役員・従業員全員である養老保険では、死亡保険金・満期保険金受取人によって、以下のとおり経理処理が異なる。本肢の契約形態では、主契約保険料の全額を保険料積立金として資産計上する。

保険金受取人		保険料の経理処理	
死亡保険金	満期保険金	主契約保険料	特約保険料
法人	法人	資産計上	損金算入
被保険者の遺族	被保険者	被保険者の給与・報酬	損金算入（※）
被保険者の遺族	法人	1／2資産計上 1／2損金算入（※）	損金算入（※）

※特定の役員・従業員を被保険者とする場合は、当該被保険者の給与・報酬となる。

2．不適切。契約者・死亡保険金受取人が法人である終身保険の支払保険料は、その全額を保険料積立金として資産に計上する。死亡保険金受取人が役員の遺族である場合は、その全額を当該役員の報酬として計上する。

3．適切。2019年7月8日以後の契約において、解約返戻金のない終身払の医療保険は、支払った日の属する事業年度の損金に算入することができる。

解約返戻金のない医療保険であっても短期払のものは、保険期間の開始の日から被保険者の年齢が116歳に達する日までを計算上の保険期間とし、「年間保険料×保険料払込期間÷計算上の保険期間」を損金の額とする。損金算入額を超える部分を資産計上（保険料積立金）し、保険料払込期間後、資産計上額を計算上の保険期間満了まで均等に取り崩して損金化する。ただし、その事業年度に支払った保険料の額が、被保険者１人当たり30万円以下であれば、その支払った日の属する事業年度の損金の額に算入することができる。

4．適切。2019年７月８日以後の契約から、死亡保険金受取人が法人で、最高解約返戻率が50％超70％以下である定期保険の支払保険料は、保険期間の前半の４割相当期間においては、その40％相当額を資産（前払保険料）に計上し、残額の60％相当額を損金（定期保険料）に算入する。

なお、最高解約返戻率に応じて以下のような取扱いとなっている。

<table>
<tr><th>最高解約返戻率
50％超70％以下</th><th>最高解約返戻率85％超</th></tr>
<tr><td>保険期間の当初40％まで
当期分保険料の40％：資産計上
60％：損金算入</td><td rowspan="3">以下①②のうちいずれか長い期間まで
①最高解約返戻率となる期間
②①の期間経過後「解約返戻金額の増加額÷年換算保険料」が70％を超える期間
（①②のうちいずれか長い期間が５年未満となる場合は５年間。保険期間10年未満は保険期間の50％）
＜保険期間の当初10年間＞
資産計上額＝当期分保険料×最高解約返戻率×90％
損金算入額＝当期分保険料－資産計上額
＜保険期間の当初11年目以降＞
資産計上額＝当期分保険料×最高解約返戻率×70％
損金算入額＝当期分保険料－資産計上額</td></tr>
<tr><th>最高解約返戻率
70％超85％以下</th></tr>
<tr><td>保険期間の当初40％まで
当期分保険料の60％：資産計上
40％：損金算入</td></tr>
<tr><th colspan="2">以下の期間まで当期分保険料の全額を損金算入</th></tr>
<tr><td>保険期間の75％経過後
・当期分保険料の全額を損金算入
・それまでに資産計上した分を均等に取り崩して損金算入</td><td>解約返戻金が最も高額となる時期を経過後
・当期分保険料の全額を損金算入
・それまでに資産計上した分を均等に取り崩して損金算入</td></tr>
</table>

※最高解約返戻率が50％以下、最高解約返戻率が70％以下かつ年換算保険料（支払保険料総額÷保険期間）が30万円以下、保険期間３年未満は全額損金。

問題 16 正解 1 難易度 B

1．不適切。火災保険では、隣家の火災の消火活動により住宅建物に収容されている家財が水濡れ等で損壊した場合、補償の対象となる。

2．適切。火災保険では、保険の対象が落雷により損害を被った場合に補償の対象となる。

3．適切。火災保険では、経年劣化による腐食で自宅建物に生じた損害は、補償の対象とならない。

4．適切。火災保険では、保険の対象が竜巻（風災）により損害を被った場合、補償の対象となる。

問題 17 正解 2 難易度 B

1．適切。一般条件の車両保険では、車同士の衝突、墜落・転覆、ガードレール・電柱等への衝突、当て逃げ、火災・爆発、いたずら・落書き・窓ガラス破損、台風・竜巻・洪水・高潮などにより車両に被った損害について幅広く補償する。本肢のように、当て逃げの相手が判明していなくても、その損害は一般車両保険の補償の対象となる。

2．不適切。一般条件の車両保険では、地震・噴火・津波による車両損害は補償の対象とならない。この損害については、特約を付帯すれば補償の対象となる。

3．適切。対物賠償保険は、被保険自動車を運転中に対物事故を起こした被保険者が法律上の賠償責任を負った場合に補償される。本肢のように、誤って店舗建物に衝突して損壊させ、当該建物自体の損害に加えて休業損害を与えた場合についても、それらの損害に対して対物賠償保険の補償の対象となる。

4．適切。対物賠償保険は、被保険自動車を運転中に対物事故を起こした被保険者が法律上の賠償責任を負った場合に補償される。ただし、記名被保険者および被保険自動車を運転中の者の配偶者・父母、子、被保険者の配偶者・父母・子の財物に対する損害については補償の対象とならない。本肢の場合は、被保険自動車を運転中の者の兄の所有する自宅の車庫に損害を与えたものであるので、補償の対象となる。

問題 18 正解 3 難易度 B

1．不適切。所得補償保険で被保険者が受け取った保険金は、傷病による損害にかかる保険金となり、非課税である。

2．不適切。保険の対象である家財が水災で損害が生じたことにより契約者が受け取る保険金は、当該家財を新たに購入しなくても、非課税である。

3．適切。契約者・被保険者が被保険自動車を運転中の交通事故により死亡し、契約者の配偶者が自動車保険の搭乗者傷害保険から受け取る死亡保険金は、相続税の課税対象となる。

4．不適切。自宅建物が全焼したことにより契約者が火災保険から受け取る保険金の額が、当該建物の時価額より多い場合でも、保険金額は非課税である。

問題 19　正解　1　難易度 B

1．不適切。所得補償保険は、被保険者が病気やケガで保険会社が定める就業不能の状態になった場合に、所定の保険金・給付金が一定期間支払われる。入院だけではなく、自宅療養などの就業不能状態であれば、保険金・給付金の支払いの対象となる。

2．適切。医療保険等の先進医療特約で先進医療給付金の支払対象とされている先進医療とは、契約時点ではなく、療養を受けた時点において厚生労働大臣によって定められたものをいう。したがって、契約時点で先進医療と定められていても、当該先進医療が保険診療に移行したり先進医療から除外されたりして、受診時に先進医療と認められていないものは、先進医療給付金の支払対象とならない。

3．適切。限定告知型の医療保険とは、被保険者の健康状態に関する告知の内容が、通常の保険契約と比較して限定されている。したがって、通常の契約では加入できない健康状態であっても、限定告知型の医療保険であれば加入できる場合がある。そのため、限定告知型ではない医療保険と比較して、保険料は割高となる。

4．適切。契約後90日または３ヵ月間の免責期間が設けられており、その期間中に被保険者ががんと診断確定された場合は、がん診断給付金、がん入院給付金、がん手術給付金、がん通院給付金等の各種給付金は支払われない。なお、がん保険では、被保険者ががんで入院したことにより受け取る入院給付金の日数に制限はない。

問題 20　正解　4　難易度 B

1．適切。国内旅行傷害保険は、特約を付保することなく細菌性食中毒による損害を補償する。なお、地震・噴火・津波による損害については、特約として付帯しなければ補償されない。

2．適切。個人賠償責任保険（特約）は、日常生活で第三者の身体や財物に損害を与えた場合の法律上の損害賠償責任を補償するもので、火災保険などに特約として付帯することができる。自転車を運転中に他人に接触してケガをさせた場合の損害賠償責任は、個人賠償責任保険（特約）で補償される。なお、個人賠償責任保険（特約）の被保険者は、本人、配偶者、本人または配偶者と生計を一にする同居の親族、本人または配偶者と生計を一にする別居の未婚の子となる。したがって、同居の子は被保険者として補償の対象となる。

3．適切。地震により発生した火災で自宅建物が損壊するリスクに備えるためには、火災保険に地震保険を付帯する必要がある。地震保険の保険金額は、火災保険の契約金額の30％～50％の範囲内で、建物は5,000万円、家財は1,000万円が契約の限度額である。

4．不適切。自宅の車庫に保管している自動車および排気量125ccを超えるバイクは、火災保険の補償の対象となる家財に含まれない。補償の対象とするためには、自動車保険の車両保険を契約する必要がある。この場合、一般条件またはエコノミー型のいずれでもよい。

問題 21　正解　1　難易度 A

1．不適切。物価の上昇（インフレ）は通貨価値の目減りを意味するので、インフレ率が高い国の通貨は売られやすくなる。日本の物価が米国と比較して相対的に上昇するということは、日本のインフレ率のほうが高い（＝日本円の通貨価値の目減りのほうが大きい）ということなので、一般に、円安米ドル高の要因となる。逆に、米国のインフレ率のほうが日本より高ければ、米ドルの通貨価値の目減りのほうが大きいということなので、一般に、円高米ドル安の要因となる。

2．適切。米国の金利が上昇し日本との金利差が拡大すれば、米ドル建てで資金運用する魅力が高まるので、円売り・米ドル買いとなり、一般に、円安米ドル高の要因となる。逆に、米国の金利が低下し日本との金利差が縮小すれば、米ドル建てで資金運用する魅力が以前より低下するので、円買い・米ドル売りとなり、一般に、円高米ドル安の要因となる。

3．適切。貿易収支の黒字拡大はその国の通貨の買い要因、貿易収支の赤字拡大はその国の通貨の売り要因となる。たとえば、日本の対米貿易赤字が拡大すれば、輸入のために必要な米ドルを確保するために、日本円を売って米ドルを買う動きが拡大する要因になるので、一般に、円安米ドル高の要因となる。逆に、日本の対米貿易黒字が拡大すれば、輸出で得た米ドルを売って日本円を買う動きが拡大する要因になるので、一般に、円高米ドル安の要因となる。

4．適切。日本銀行が金融市場調節として行う公開市場操作には、買いオペレーションと売りオペレーションがある。買いオペレーション（買いオペ）とは、日本銀行が民間金融機関が保有する国債などを買い上げるもので、日本銀行に国債などを売却した民間金融機関は日本銀行から売付代金を受け取れる。このため日本銀行から市場に資金が供給されることになり、市場における資金の需給関係は緩和するので、金利を低めに誘導する効果がある。

一方、売りオペレーション（売りオペ）とは、日本銀行が保有する国債などを民間金融機関に売却するもので、日本銀行が保有している国債などを購入した民間金融機関は買付代金を日本銀行に支払わなければならない。このため市場から資金が日本銀行に吸い上げられるので、市場における資金の需給関係は引き締まり、金利を高めに誘導する効果がある。

問題 22　正解　3　難易度 A

1．適切。株価が現在の資産価値や利益水準などから割安と評価される銘柄(割安株)に投資する手法は、バリュー投資と呼ばれる。一方、企業の成長性を重視し、将来の売上高や利益の成長性が市場平均よりも高いと見込まれる銘柄（成長株）に投資する手法は、グロース投資と呼ばれる。

2．適切。個別企業の業績の調査や財務分析によって投資対象となる銘柄を選定し、その積上げによってポートフォリオを構築する手法は、ボトムアップ・アプローチと呼ばれる。一方、マクロ的な環境要因等を基に国別組入比率や業種別組入比率などを決定し、その比率に応じて、個別銘柄を組み入れてポートフォリオを構築する手法は、トップダウン・アプローチと呼ばれる。

3．不適切。「割安」と「割高」の説明が逆になっている。正しくは、「割高」な銘柄の売建てと、「割安」な銘柄の買建てをそれぞれ同程度の金額で行い、市場の価格変動に左右されない絶対的な収益の確保を目指す手法を、マーケット・ニュートラル運用と呼ぶ。なお、買建てと売建ての金額が異なる手法は、「ロング・ショート運用」と呼ばれる。先行きの見通しが強気の場合は買い（ロング）の割合を高め、弱気の場合は売り（ショート）の割合を高めるといった手法である。

4．適切。パッシブ運用では、一般に、ベンチマークを構成している全銘柄、あるいは代表的な銘柄群を、ベンチマークの構成比率と同じ比率で保有することで、ベンチマークとの連動を目指す運用を行う。パッシブ運用はアクティブ運用に比べて、リサーチや銘柄分析の手間などを少なくできるため、運用管理費用（信託報酬）などの運用コストが低いという特徴がある。

問題 23　正解　4　難易度 B

4．が最も適切である。

（ア）他の条件が同一であれば、債券の表面利率が低いほど、また残存期間が長いほど、デュレーションは長くなる。逆に、表面利率が高いほど、また残存期間が短いほど、デュレーションは短くなる。

（イ）割引債券のデュレーションは、残存期間と等しくなる。利付債券のデュレーションは、残存期間より短くなる。

問題 24　正解　2　難易度 B

1．適切。東京証券取引所の株式市場には、市場第一部、市場第二部、マザーズ、ジャスダック（スタンダード・グロース）の４つの市場区分があったが、2022年４月４日より、プライム、スタンダード、グロースの３区分に変更された。また、プロ投資家向けの株式市場として「TOKYO PRO Market」がある。なお、名古屋証券取引所にも、市場第一部、市場第二部、セントレックスという株式の市場区分があったが、2022年４月４日より、プレミア、メイン、ネクストの３区分に変更されている。

2．不適切。日経平均株価は、東京証券取引所プライム市場に上場している銘柄のうち、代表的な225銘柄を対象として算出されている株価指標である。対象銘柄は、「時価総額上位」ではなく、流動性の高い銘柄を中心に業種間のバランスを考慮して選定されている。

3．適切。プライム市場が実質的な最上位市場であり、その上場維持基準は、株主数や流通株式数等において、スタンダード市場およびグロース市場よりも高い数値が設定されている。たとえば、株主数は、プライム市場800人以上、スタンダード市場400人以上、グロース市場150人以上が上場維持基準となっている。流通株式数については、プライム市場２万単位以上、スタンダード市場2,000単位以上、グロース市場1,000単位以上が上場維持基準となっている。

4．適切。プライム市場、スタンダード市場、グロース市場とも、他の市場の新規上場基準を満たせば、市場区分の変更が可能である。たとえば、グロース市場からスタンダード市場へ、あるいはグロース市場からプライム市場へ、といった変更が可能である。

問題 25　正解　1　難易度 A

1．不適切。ROE（自己資本当期純利益率）＝当期純利益÷自己資本×100

∴ROE（％）＝75億円÷2,500億円×100＝3.0（％）

2．適切。PER（株価収益率）＝株価÷１株当たり当期純利益

１株当たり当期純利益＝当期純利益÷発行済株式数＝75億円÷0.5億株＝150円

∴PER（倍）＝2,700円÷150円＝18（倍）

3．適切。PBR（株価純資産倍率）＝株価÷１株当たり純資産

1株当たり純資産＝自己資本÷発行済株式数＝2,500億円÷0.5億株＝5,000円

∴PBR（倍）＝2,700円÷5,000円＝0.54（倍）

4．適切。配当性向（％）＝配当金総額÷当期純利益×100

∴配当性向（％）＝30億円÷75億円×100＝40（％）

問題 26 正解 2 難易度 B

1．適切。外国株式の取引方法としては、外国取引（＝海外委託取引）、国内店頭取引、国内委託取引があるが、どの取引方法であっても、外国証券取引口座を開設する必要がある。

2．不適切。一般顧客が国内の証券会社を通じて購入した外国株式は、国内株式等と同様に、日本投資者保護基金による補償の対象となっている。

3．適切。国内の証券取引所に上場している外国株式を国内委託取引（普通取引）により売買する場合は、取引時間、売買委託手数料などは、すべて国内株式に準じている。受渡日も、国内株式と同様で、売買の約定日から起算して3営業日目となっている。

4．適切。外国証券は、国内の金融商品取引所に上場しているものや不特定多数の投資家に販売することを目的とした一部のものを除き、金融商品取引法に基づくディスクロージャー制度の適用を受けていない。金融商品取引業者等は、このような外国証券の勧誘を行う場合は、一定の手続きを取ることが求められている。

また、金融商品取引業者等はこのような外国証券の買付けの注文を受ける場合には、投資家に対して、「買い付けようとしている外国証券は、わが国の金融商品取引法に基づく企業内容の開示は行われていない」ことを説明することとされている。

問題 27 正解 3 難易度 B

1．適切。投資家にとって、リスクが同じであれば、期待リターンが高いほうが効用が高い。しかし、リスクの評価は投資家によって異なり、次の3つのタイプに分類できる。ポートフォリオ理論は、このうち、リスク回避者を前提としている

①リスク回避者…リスク回避的な投資家は、リターンが同じであれば、リスクの低いほうを選択する。

②リスク愛好者…リスク愛好的な投資家は、リターンが同じであれば、リスクの高いほうを選択する。

③リスク中立者…リスク中立的な投資家は、リターンにしか関心がなく、リスクの高低にかかわらず、リターンが高いほうを選択する。

2．適切。アセットアロケーション（資産配分）とは、リスクとリターンを勘案しながら、日本株式に30％、日本債券に20％、外国株式に30％、外国債券に20％投資するといった、どの資産クラスにどれだけの割合で投資するかという資産配分を意味している。

3．不適切。当初、各資産クラスへの配分比率を定めたとしても、その後の市場価格の変動により、各資産クラスへの配分比率は、運用の経過とともに当初の配分比率とはズレが生じてくる。値上がりした資産クラスの配分比率は当初より高まり、値下がりした資産クラスの配分比率は当初より低下する。そこで、「値上がり」した資産クラスを一部売却し、その資金で「値下がり」した資産クラスを購入することによって、当初の資産配分比率に戻すことをリバランスという。本肢の記述は、「値上がり」「値下がり」と売却・購入の関係が逆になっている。

4．適切。ポートフォリオに占める各資産クラスのリスク量が同等になるように資産配分比率を決める運用を、リスクパリティ運用という。株式や債券など異なる資産クラスのリスク量を揃えるため、各市場のボラティリティ（価格の変動率）の動きに合わせて、それぞれの組入比率をそのつど変更し調整をする。特定の資産クラスのボラティリティが上昇した場合、その資産クラスのリスクが高まったと判断されるので、リスクを低下させるために、その資産クラスの資産を一部売却し、保有量を減額させることになる。

問題 28　正解　3　難易度 A

3．が最も適切である。

ポートフォリオの期待収益率は、ポートフォリオに組み入れた各資産の期待収益率に組入比率（構成比）を掛けた加重平均値になる。

・ポートフォリオの期待収益率＝預金の期待収益率×預金の構成比＋債券の期待収益率×債券の構成比＋株式の期待収益率×株式の構成比

・見直し前のポートフォリオの期待収益率＝0.1％×0.6＋2.0％×0.2＋8.0％×0.2＝2.06％

・見直し後のポートフォリオの期待収益率＝0.1％×0.2＋2.0％×0.3＋8.0％×0.5＝4.62％

∴見直し後の期待収益率－見直し前の期待収益率＝4.62％－2.06％＝2.56％

問題 29　正解　4　難易度 B

1．不適切。NISA口座で保有する上場株式の配当金を非課税扱いにするためには、証券会社の取引口座で配当金を受け取る「株式数比例配分方式」を選択する必要がある。これ以外の配当金の受取方法（配当金領収証方式、個別銘柄指定方式、登録配当金受領口座方式）では、非課税扱いとならず、課税扱いとなる（この場合でも譲渡益は非課税扱い)。この扱いは、2024年以降の新NISAでも同じである。

2．不適切。NISA口座内の譲渡損失は、所得税および住民税の計算上ないものとされる。このため、その譲渡損失を、課税口座（特定口座や一般口座）で受け取った配当金、分配金、譲渡益等と通算することはできない。損失の繰越控除もできない。この扱いは、2024年以降の新NISAでも同じである。

3．不適切。口座開設可能な者は、2022年までは、NISA口座（一般NISA・つみたてNISA）は、口座を開設する年の1月1日時点で20歳以上、ジュニアNISA口座は20歳未満またはその年に生まれた者、とされていた。その後、成人年齢を20歳から18歳に引き下げる改正民法が2022年4月1日に施行されたことに伴い、2023年以降は、NISA口座は18歳以上、ジュニアNISA口座は18歳未満、と変更された。なお、2024年以降の新NISAは、1月1日時点で18歳以上の成人が利用できる（ジュニアNISAは、2023年をもって新規の口座開設を終了）。

4．適切。NISA口座を開設する金融機関は、毎年（1年ごとに)、変更できる。具体的には、変更したい年分の前年の10 月1日から変更したい年分の9月30 日までに、次の手続きを行うことにより変更できる。

①変更前の金融機関に「金融商品取引業者等変更届出書」を提出し、「勘定廃止通知書」の交付を受ける。

②新しくNISA口座を開設する金融機関に対して、上記①の「勘定廃止通知書」および「非課税口座開設届出書」を提出する。

この扱いは、2024年以降の新NISAでも同じである。

問題 30　正解　1　難易度 B

1．不適切。金融サービス仲介業者が行える業務は、顧客に対して、高度に専門的な説明を「必要としない」金融商品・サービスに限られている。

2．適切。金融商品取引法では、金融商品取引業者等が顧客と金融商品取引契約を締結しようとするときは、原則として、あらかじめ、重要事項を記載した契約締結前交付書面を交付することが義務付けられている。

3．適切。金、白金、大豆などを対象とした先物取引は大阪取引所に上場されており、これらは金融商品先物取引となり、市場デリバティブ取引として金融商品取引法の規制対象となっている。

4．適切。消費者契約法では、事業者の一定の行為により消費者が誤認し、または困惑した場合等について、契約の申込みまたはその承諾の意思表示を取り消すことができるとされている。

問題 31 正解 3 難易度 A

1．不適切。所得税では、課税対象となる所得を10種類に区分し、それぞれの所得の種類ごとに定められた計算方法により所得の金額を計算する。

2．不適切。相続税は、納税者が申告書に記載した被相続人の資産等の内容に基づき、納税者自らが税額を確定する申告納税方式を採用している。

3．適切。相続税は直接税に該当し、消費税は間接税に該当する。ちなみに税金を負担する人と納める人が同じ場合を直接税といい、異なる場合を間接税という。

4．不適切。固定資産税は地方税に該当し、登録免許税は国税に該当する。ちなみに国に課税権があるものを国税といい、地方自治体に課税権があるものを地方税という。

問題 32 正解 1 難易度 A

1．不適切。利子所得の金額は、収入金額そのものであり、「元本を取得するために要した負債の利子の額」は差し引くことはできない。ちなみに「元本を取得するために要した負債の利子の額」を差し引けるのは配当所得の金額である。

2．適切。不動産所得の金額は、原則として、「不動産所得に係る総収入金額－必要経費」の算式により計算される。

3．適切。一時所得の金額は、「一時所得に係る総収入金額－その収入を得るために支出した金額－特別控除額」の算式により計算される。

4．適切。退職所得の金額は、特定役員退職手当等および短期退職手当等に係るものを除き、「(退職手当等の収入金額－退職所得控除額)×１／２」の算式により計算される。

問題 33 正解 4 難易度 B

1．不適切。不動産所得の金額の計算上生じた損失の金額のうち、不動産所得を生ずべき土地等の取得に要した負債の利子に相当する部分の金額は損益通算の対象とならない。

2．不適切。雑所得の金額の計算上生じた損失の金額は、他の所得の金額と損益通算することはできない。一方、先物取引に係る雑所得の金額の計算上生じた損失の金額は他の先物取引に係る雑所得の金額と間での通算はできる。

3．不適切。一時所得の金額の計算上生じた損失の金額は、事業所得の金額と損益通算できない。損益通算の対象となる所得は不動産所得、事業所得、譲渡所得、山林所得の金額の計算上損失が生じた場合であって、一時所得は含まれない。

4．適切。事業所得の金額の計算上生じた損失の金額は、不動産所得の金額と損益通算することができる。設問上「農業に係る」となっているが、事業所得の金額の計算上生じた損失の金額は同様の取扱いとなる。

問題 34　正解　4　難易度 A

1．不適切。納税者が医師の診療に係る医療費を支払った場合、保険金などで補てんされる金額を差引き、かつ、総所得金額等の５パーセント（10万円を超える場合は10万円が限度）の金額を医療費控除として総所得金額等から控除することができる。全額ではない。

2．不適切。納税者が特定一般用医薬品等（スイッチOTC医薬品等）の購入費を支払った場合、実際に支払った特定一般用医薬品等購入費の合計額から保険金などで補てんされる金額を差引き、かつ、12,000円を差し引いた金額で最高88,000円までを総所得金額等から控除することができる。全額ではない。

3．不適切。納税者が確定拠出年金の個人型年金の掛金を支払った場合、総所得金額等から控除することができる所得控除項目は、社会保険料控除ではなく、小規模企業共済等掛金控除である。

4．適切。納税者が国民年金基金の掛金を支払った場合、その全額を社会保険料控除として総所得金額等から控除することができる。

問題 35　正解　2　難易度 A

1．適切。住宅ローン控除の適用を受けるためには、原則として、住宅を取得した日から６ヵ月以内に自己の居住の用に供し、適用を受ける年分の12月31日まで引き続き居住していなければならない。

2．不適切。住宅ローン控除の対象となる家屋は、床面積の2分の1以上に相当する部分がもっぱら自己の居住の用に供されるものでなければならない。店舗併用住宅であってもこの要件を満たせば対象となる。一方、住宅ローン控除を受ける年分の合計所得金額が1,000万円以下である者の場合は、住宅の床面積が40㎡以上であれば住宅ローン控除の適用要件を満たすが、合計所得金額が1,000万円超の者の場合は50㎡以上が要件となる。

3．適切。中古住宅を取得し、住宅ローン控除の適用を受ける場合、住宅ローン控除の適用を受けるためには、当該住宅は、1982年１月１日以降に建築された住宅、または一定の耐震基準に適合する住宅でなければならない。

4．適切。住宅ローン控除の適用を受ける場合、居住年およびその前２年の計３年間および居住年の翌年以後３年以内に譲渡所得の課税の特例の適用を受けていないことが要件として挙げられ、その特例の中には「居住用財産を譲渡した場合の

3,000万円の特別控除」あるいは「居住用財産を譲渡した場合の長期譲渡所得の課税の軽減税率の適用」などが含まれる。

問題 36　正解　2　難易度 A

1．不適切。法人税の納税地は、その法人の代表者の住所または居所の所在地ではなく、原則として、その法人の本店または主たる事務所の所在地である。
2．適切。法人税の納税地に異動があった場合、原則として、異動前の納税地の所轄税務署長にその旨を届け出なければならない。一方、法人税の申告書の提出先は移転後の所在地の所轄税務署長である。
3．不適切。法人税の確定申告書は、各事業年度終了の日の翌日から１ヵ月以内に、納税地の所轄税務署長に提出するのではなく、原則として、各事業年度終了の日の翌日から２ヵ月以内に、納税地の所轄税務署長に提出しなければならない。
4．不適切。期末資本金の額等が１億円以下の一定の中小法人に対する法人税については軽減税率が適用されるのであるが、その所得の金額は1,000万円以下ではなく、800万円以下である。

問題 37　正解　2　難易度 C

1．適切。法人が納付した法人税や地方法人税の額は損金の額に算入することができない。
2．不適切。法人が納付した法人住民税の本税の額は、損金の額に算入することができない。もちろん、法人住民税の本税の納付が遅れたことに対する延滞金の額も損金の額に算入することができない。
3．適切。法人が納付した法人事業税の本税の額は、損金の額に算入することができる。他に、損金に算入することができる税としては印紙税、固定資産税、自動車税などがある。
4．適切。法人が負担した従業員の業務中の交通違反に対して課された交通反則金の額は、損金の額に算入することができない。一方、その交通違反が業務以外で起こしたものである場合には、その従業員の給与となり所得税が課せられる。

問題 38　正解　3　難易度 B

1．適切。消費税には社会政策的配慮から、課税しない非課税取引が定められている、土地の譲渡や貸付け、有価証券等の譲渡、預貯金の利子および保険料を対価とする役務の提供等がこれに該当する。
2．適切。その事業年度の基準期間がない法人であっても、事業年度開始の日における資本金の額または出資の金額が1,000万円以上である法人については、消費税の課税義務が免除されることはない。つまり、消費税の課税事業者となる。

3．不適切。簡易課税制度の適用を受けることができるのは、基準期間における課税売上高が5,000万円以下の事業者である。

4．適切。課税事業者である個人事業者は、原則として、消費税の確定申告書をその年の翌年３月31日までに納税地の所轄税務署長に提出しなければならない。

問題 39　正解　4　難易度 B

1．適切。会社が株主総会の決議を経て役員に対して退職金を支給した場合、その退職金の額は、不相当に高額な部分の金額など一定のものを除き、その会社の所得金額の計算上、損金の額に算入することができる。

2．適切。会社が役員に無利息で金銭の貸付けを行った場合、原則として、その会社の所得の金額の計算上、適正な利率により計算した利息相当額が役員認定利息として益金の額に算入される。

3．適切。役員が所有する土地を適正な時価の２分の１未満の価額で会社に譲渡した場合、その役員は、適正な時価により当該土地を譲渡したものとして譲渡所得の計算を行う。一方、譲渡対価が２分の１以上であれば、譲渡対価を譲渡収入として計算できる。

4．不適切。役員が会社の所有する社宅に無償で居住している場合、原則として、通常の賃貸料相当額が、その役員の所得として課税されるのであるが、その所得区分は、雑所得ではなく、給与所得である。

問題 40　正解　2　難易度 A

1．適切。損益計算書において、営業利益の額は、売上総利益の額から販売費及び一般管理費の額を差し引いた額である。

2．不適切。損益計算書において、経常利益の額は、営業利益の額に営業外収益・営業外費用の額を加算・減算した額である。

3．適切。貸借対照表において、資産の部の合計額と、負債の部および純資産の部の合計額は一致する。

4．適切。キャッシュフロー計算書は、一会計期間における企業の資金の増減を示したものである。

問題 41 正解 4 難易度 B

1. 適切。不動産の価格は、一般に当該不動産の収益性を反映して形成されるものであり、収益は、不動産の経済価値の本質を形成するものであるため、収益還元法は、文化財の指定を受けた建造物等の一般的に市場性を有しない不動産以外のものには基本的にすべて適用すべきものとされている。
2. 適切。直接還元法は収益還元法の手法の１つであり、対象不動産の一期間の純収益を還元利回りで還元して対象不動産の価格を求める手法である。
3. 適切。原価法は、価格時点における対象不動産の再調達原価を求め、この再調達原価について減価修正を行って対象不動産の価格を求める手法である。
4. 不適切。取引事例比較法では、取引事例の取引時点が価格時点と異なり、その間に価格水準の変動があると認められる場合、当該取引時点の価格を価格時点の価格に修正しなければならない。この修正を時点修正という。

問題 42 正解 1 難易度 B

1. 不適切。宅地建物取引業者が、宅地・建物の賃借の媒介を行う場合に、貸主・借主の双方から受け取ることのできる報酬の合計額の上限は、賃料の１ヵ月分（＋消費税）となる。
2. 適切。宅地建物取引業者は、自ら売主となる宅地の売買契約の締結に際して、買主が宅地建物取引業者でないときは、代金の額の10分の２を超える額の手付を受領することができない。
3. 適切。買主が売主に解約手付を交付した場合、買主が契約の履行に着手するまでは、売主は、手付金の倍額を返還することにより契約の解除をすることができる。
4. 適切。不動産取引の媒介契約には、一般媒介契約、専任媒介契約、専属専任媒介契約の３つがあるが、専任媒介契約、専属専任媒介契約の有効期間は最長３ヵ月である。これより長い期間を定めて契約した場合は、有効期間は３ヵ月とみなされる。

問題 43 正解 4 難易度 B

1. 不適切。二重に売買契約が締結された場合、譲受人相互間においては、原則として、先に所有権移転登記を備えた者が所有権を取得する。
2. 不適切。改正民法では、目的物の引渡し前の危険負担は、債務者である売主が負うことになり、買主は売買代金の支払いを拒むことができるようになった。
3. 不適切。共有となっている建物について、自己が有している持分を第三者に譲渡するときは、他の共有者の同意を得る必要はない。

4．適切。履行不能の場合には、履行できる可能性は皆無で催告しても意味がないので、買主は履行の催告をすることなく、直ちに契約の解除をすることができる。

問題 44　正解　2　難易度 A

1．不適切。一般定期借地権は、利用目的による制限はなく、事業の用に供する建物の所有を目的とする場合も設定することができる。

2．適切。一般定期借地権の存続期間は50年以上である。

3．不適切。普通借地権の設定当初の存続期間は、契約で期間の定めがない場合、建物の構造による区別なく一律30年とされる。ただし、当事者が契約でこれより長い期間を定めたときは、その期間とする。

4．不適切。普通借地権の存続期間が満了する場合において、借地権者が契約の更新を請求し、借地権設定者に更新を拒絶する正当の事由がないときは、借地上に建物がある場合に限り、従前の契約と同一の条件（更新後の期間を除く）で契約を更新したものとみなす。

問題 45　正解　3　難易度 B

1．不適切。都市計画区域においては、市街化区域と市街化調整区域との区分（以下「区域区分」という）を定めることができるが、すべての都市計画区域において区域区分を定めなければならないわけではない。ただし、政令指定都市等においては区域区分を定めなければならない。

2．不適切。防火地域または準防火地域は、市街地における火災の危険を防除するため定める地域であり、用途地域の内外を問わず定めることができるが、用途地域が定められている区域について、防火地域または準防火地域を必ず定めなくてはならないわけではない。

3．適切。市街化調整区域において開発行為を行う場合は、規模にかかわらず原則として開発許可が必要であるが、農業を営む者の居住の用に供する建築物の建築を目的とする開発行為の場合、許可は必要ない。

4．不適切。市街地再開発事業、土地区画整理事業、都市計画事業、防災街区整備事業などや非常災害のための応急措置として行う開発行為は、規制対象外の開発行為で、許可は必要ない。

問題 46　正解　3　難易度 B

1．適切。建築基準法第42条第２項により道路境界線とみなされる線と道路までの間の敷地部分（セットバック部分）は、建築物を建築することができないだけではなく、建蔽率および容積率を算定する際の敷地面積に算入することもできない。ただし、前面道路による容積率の計算の際には、実際の幅員が４m未満であっても、幅員４mとして計算する。

2．適切。第一種・第二種低層住居専用地域および田園住居地域内の建築物は、10mまたは12mのうち、都市計画で定められた高さを超えてはならないとされている。

3．不適切。日影規制は、原則として、商業地域、工業地域、工業専用地域を除く用途地域における建築物に適用される。近隣商業地域には適用される。

4．適切。建築物が防火地域と準防火地域にわたる場合、原則としてその敷地全部について、防火地域の規定が適用される。

問題 47　正解　2　難易度 A

1．適切。家屋の固定資産税は、毎年１月１日における家屋の所有者に対して課される。納税義務者は、年の中途にその対象となる固定資産を取り壊したり売却した場合であっても、その年度分の固定資産税の全額を納付する義務がある。

2．不適切。地方税法において、固定資産税における小規模住宅用地（住宅用地で住宅１戸当たり200㎡以下の部分）の課税標準については、課税標準となるべき価格の６分の１相当額とする特例がある。３分の１ではない。

3．適切。都市計画税は、都市計画区域のうち、原則として市街化区域内に所在する土地および家屋の所有者に対して課される。

4．適切。土地および家屋の都市計画税は制限税率が0.3％とされており、各市町村は条例によってこれを超える税率を定めることはできない。

問題 48　正解　2　難易度 A

1．適切。相続により取得した土地の所有期間を判定する際の取得の日は、被相続人の取得の日がそのまま取得した相続人に引き継がれる。

2．不適切。長期譲渡所得に区分される場合、課税長期譲渡所得に対し、所得税15％（復興特別所得税を加えると15.315％）・住民税５％（計20.315％）の税率が適用される。

3．適切。土地建物等の譲渡に係る所得については、その土地建物等を譲渡した日の属する年の１月１日現在で、所有期間が５年以下の場合には短期譲渡所得、５年を超える場合には長期譲渡所得に区分され、適用される税率が異なっている。それぞれの税率は次のとおり。

	課税譲渡所得金額	所得税	住民税
短期譲渡	—	30% (30.63%)	9%
長期譲渡	—	15% (15.315%)	5%
10年超所有の 居住用財産の譲渡 (軽減税率)	6,000万円以下の部分 6,000万円超の部分	10%(10.21%) 15%(15.315%)	4% 5%

(注)カッコ内は、復興特別所得税(基準所得税額×2.1%)を加算した税率

4. 適切。土地を譲渡する際に不動産業者に支払った仲介手数料は、譲渡所得の金額の計算上、その土地の譲渡費用に含まれる。

問題 49　正解　1　難易度 B

1. 不適切。2023年中に取得した建物の減価償却費の計算においては、定額法のみが適用される。
2. 適切。不動産所得の金額の計算上、当該不動産所得に係る所得税および住民税の額は必要経費に算入されない。
3. 適切。不動産所得の収入のうち、賃貸料は原則として、その定められた支払日をもって収入に計上する。
4. 適切。事業的規模かどうかの判定において、アパート等については、貸与することのできる独立した室数がおおむね10室以上であれば、原則として事業として行われているものとして取り扱う。

問題 50　正解　4　難易度 C

1. 適切。レバレッジ効果とは、投資に対する収益率が借入金の金利を上回っている場合に、借入金の利用により自己資金に対する利回りが上昇する効果をいう。
2. 適切。DCF法は、連続する複数の期間に発生する純収益および復帰価格を、その発生時期に応じて現在価値に割り引いて、それぞれを合計して対象不動産の収益価格を求める手法である。
3. 適切。NPV法(正味現在価値法)による投資判断においては、対象不動産から得られる収益の現在価値の合計額が投資額を上回っている場合に、その投資は有利であると判定することができる。
4. 不適切。IRR法(内部収益率法)は、投資不動産から得られる収益の現在価値の

合計額と投資額が等しくなる割引率（内部収益率）を求める方法で、投資判断においては、内部収益率が対象不動産に対する投資家の期待収益率を上回っている場合、その投資は有利であると判定することができる。

問題 51　正解　3　難易度 B

1．不適切。贈与税の納付は、贈与税の申告書の提出期限までに受贈者が行う必要がある。

2．不適切。贈与税の申告書の提出期間は、原則として、贈与があった年の翌年の2月1日から3月15日までである。本肢記載の期間は所得税の申告期限である。

3．適切。記述のとおり。

4．不適切。贈与税において物納は認められていない。なお、相続税については物納は認められている。

問題 52　正解　2　難易度 A

（ア）：被相続人の配偶者および子の合計２人の場合、配偶者１／２、子１／２となる。

（イ）：被相続人の配偶者および母の合計２人の場合、配偶者２／３、母１／３となる。

（ウ）：被相続人の配偶者および兄の合計２人の場合、配偶者３／４、兄１／４となる。

以上のことから、選択肢２が正解となる。

問題 53　正解　3　難易度 C

1．適切。相続人が数人いるときは、相続財産はその共有に属し、相続が開始した後は、遺産は複数の相続人で共有している状態となり、その状態を共同相続という。そして、その場合の相続人を共同相続人という。共同相続人は、一定の場合を除き、遺産の全部ではなく一部の分割内容のみを定めた遺産分割協議書を作成することができる。

2．適切。記述のとおり。

3．不適切。代償分割とは、遺産の分割に当たって共同相続人などのうちの１人または数人に相続財産を現物で取得させ、その現物を取得した人が他の共同相続人などに対して自己の財産を交付する方法である。現物分割を困難とする事由がある場合に限らず、また、家庭裁判所への申し立てもすることなくできる分割方法である。

4．適切。記述のとおり。なお、代償財産として交付する財産が相続人固有の不動産の場合には、遺産の代償分割により負担した債務を履行するための資産の移転となるため、その履行した人については、その履行の時における時価によりその資産を譲渡したことになり、所得税が課税される。

問題 54　正解　4　難易度 A

1．適切。記述のとおり。
2．適切。遺言者は、いつでも、遺言の方式に従って（同一の方式である必要はない）、その遺言の全部または一部を撤回することができる。
3．適切。記述のとおり。
4．不適切。自筆証書遺言書保管制度により法務局に保管されている遺言については、検認は不要である。

問題 55　正解　2　難易度 B

1．不適切。債務控除することはできない。
2．適切。未払金として債務控除の対象となる。
3．不適切。社会通念上相当と認められるものであっても、初七日および四十九日の法要に要する費用は債務控除することはできない。
4．不適切。債務控除することはできない。

問題 56　正解　3　難易度 A

税法上の法定相続人（相続の放棄をした者を含む）は、妻Ｂさん、実子Ｃさん、実子Ｄさん、養子Ｅさん（実子がいる場合は養子を１人まで加えることができる。実子がいない場合は２人まで）の４人なので、基礎控除額は3,000万円＋600万円×４人＝5,400万円である。よって選択肢３が正解。

問題 57　正解　1　難易度 B

1．適切。記述のとおり。
2．不適切。大会社に区分される場合、類似業種比準方式で評価する。なお、類似業種比準方式より純資産価額方式の方が低い場合は、純資産価額方式を選択することができる。
3．不適切。小会社に区分される場合、原則として純資産価額方式により評価する。なお、純資産価額方式または併用方式のうち、評価額が小さくなる方式を選択できる。
4．不適切。同族株主のいる会社において、同族株主以外の株主が取得した株式の価額は、配当還元方式（特例的評価方式）によって評価する。

問題 58 正解 1 難易度 B

1．不適切。土地の所有者が、自らその土地を青空駐車場の貸駐車場として利用している場合には、その土地の自用地としての価額により評価する。

2．適切。記述のとおり。

3．適切。記述のとおり。

4．適切。記述のとおり。

問題 59 正解 4 難易度 C

1．適切。本特例では、事業承継における遺留分制度による制約を解決するため、その適用を受けることにより、後継者が旧代表者から贈与により取得した自社株式の全部または一部について、推定相続人全員の合意を前提として、その価額を、遺留分を算定するための財産の価額に算入しないことができる。これを除外合意という。

2．適切。後継者が旧代表者から贈与により取得した自社株式の全部または一部について、遺留分を算定するための財産の価額に算入すべき価額を、本特例の適用に係る合意をした時点の価額に固定することができる。これを固定合意という。

3．適切。推定相続人全員で合意した日から１ヵ月以内に経済産業大臣に一定の書類と申請書を提出し、確認を受けた１ヵ月以内に家庭裁判所の許可を受ける必要がある。

4．不適切。本特例を受けるためには、非上場会社でなければならない。

問題 60 正解 1 難易度 B

1．適切。記述のとおり。

2．不適切。配偶者居住権は、原則一身専属であるため、譲渡することはできない。

3．不適切。被相続人と配偶者以外の第三者が共有している建物については、配偶者居住権は適用できない。

4．不適切。被相続人の配偶者は、相続開始時に被相続人の住居に居住していたとき、その建物全部について、終身または一定期間、配偶者居住権を遺産分割協議や遺贈等により取得することができる。したがって、本肢のような相続開始時において居住していない場合は、配偶者居住権の取得はできない。

解答・解説編

2023年１月試験

解答一覧

問題１	問題２	問題３	問題４	問題５	問題６	問題７	問題８	問題９	問題10
3	4	1	2	4	3	3	2	4	2

問題11	問題12	問題13	問題14	問題15	問題16	問題17	問題18	問題19	問題20
1	3	4	3	2	1	4	2	1	2

問題21	問題22	問題23	問題24	問題25	問題26	問題27	問題28	問題29	問題30
3	4	1	2	4	2	1	3	1	4

問題31	問題32	問題33	問題34	問題35	問題36	問題37	問題38	問題39	問題40
2	4	2	1	1	4	3	4	3	1

問題41	問題42	問題43	問題44	問題45	問題46	問題47	問題48	問題49	問題50
3	4	4	2	3	3	1	2	2	4

問題51	問題52	問題53	問題54	問題55	問題56	問題57	問題58	問題59	問題60
3	4	2	1	4	1	3	3	2	4

〈合格基準〉60点満点で36点以上（各１点）

●参考

正解が「１」	正解が「２」	正解が「３」	正解が「４」
13問	15問	15問	17問

●試験問題の難易度（各問題について、ＡＢＣで難易度を判定しています）

A	易しいレベルの問題、点数をとりやすい問題	23問
B	２級の試験として通常レベルの問題	32問
C	難しい問題、新しい傾向の問題	5問

問題 1 正解 3 難易度 A

1．不適切。個人情報保護法により、個人を特定しうる情報を本人の承諾なしに第三者に提供することは禁じられている。

2．不適切。将来の為替レートの動きは不確実なものであり、「円安ドル高」が今後も継続的に続くといった断定的判断をもとに投資アドバイスを行うことは不適切。

3．適切。公的年金の説明や試算は、社会保険労務士の独占業務には該当しないため、適切。社会保険労務士の独占業務には、年金事務所や労働基準監督署などに提出する書類の作成、および提出手続きの代行などがある。

4．不適切。税理士の独占業務である「税理士業務」は、税務代理、税務書類の作成、税務相談を業として行うことである。本問の内容は独占業務にあたり不適切。

問題 2 正解 4 難易度 A

1．不適切。「可処分所得＝年収－(税金＋社会保険料)」であり、ここでの「税金」は、所得税と住民税を指す。また、住居費を考慮する必要はないため、不適切。

2．不適切。住宅ローンの元金均等返済方式とは、返済期間を通して「元金」を均等に返済していく方法で、借入時に近いほど毎回の返済額は大きくなる（返済額に占める利息相当分が多くなるため）。毎年の返済額が同額となるのは、元利均等返済方式の場合である。

3．不適切。家族構成に変更がなかったとしても、例えば住居が変わることで「基本生活費」に含まれる水道光熱費や交通費が変わる可能性はある。また、子供の成長に伴って教育方針に変更があれば「教育費」が変わることも十分に起こりうる。したがって、設問内容は不適切。

4．適切。設問のとおり。

問題 3 正解 1 難易度 A

1．適切。全国健康保険協会管掌健康保険（協会けんぽ）の一般保険料率は、2009年９月から都道府県単位保険料率に変更となった。保険料は、原則として、労使で折半して負担する。2023年度の一般保険料率は、最高が佐賀県の10.51％、最低は新潟県の9.33％である。なお、介護保険料率は、全国一律で、2023年度は、1.82％である。

2．不適切。自営業者や農林漁業従事者などが被保険者となる国民健康保険は、都道府県および市町村（特別区を含む）が保険者となる市町村国保と、業種ごとに組織される国民健康保険組合から構成されている。

3．不適切。退職により健康保険の被保険者資格を喪失した者が、健康保険の任意継続被保険者になるためには、資格喪失日の前日まで継続して２ヵ月以上の被保険者期間がなければならない。なお、任意継続被保険者は、原則として、資格喪失日から20日以内に住所地を管轄する全国健康保険協会の都道府県支部（協会けんぽの場合）に申請が必要である。

4．不適切。健康保険や国民健康保険の被保険者は、原則として、75歳に達したときに、その被保険者資格を喪失して後期高齢者医療制度の被保険者となる。なお、自動的に後期高齢者医療制度の被保険者となるため、加入手続きは不要である。

問題 4　正解　2　難易度 B

1．適切。労災指定病院で療養補償給付として受ける療養の給付については、労働者の一部負担金はない。なお、通勤労災の場合には、原則として初回は200円を超えない範囲で治療費を負担することとなっている。

2．不適切。労災保険の適用を受ける労働者とは、常用労働者、日雇労働者、アルバイト、パートタイマー、外国人労働者等、名称や雇用形態に関わらず、労働の対価として賃金を受ける人が対象となる。

3．適切。業務災害により労働者が死亡した場合、対象となる遺族に対し、遺族補償給付として遺族補償年金または遺族補償一時金が支給される。遺族補償年金の受給資格者とは、被災労働者の死亡当時、その労働者の収入によって生計を維持していた配偶者・子・父母・孫・祖父母・兄弟姉妹で、この順番で受給資格があり、最先順位者に支給される。

　なお、妻以外の遺族については、年齢等の受給要件がある。一方、被災労働者の死亡当時に遺族補償年金を受ける遺族がいないなどの場合、遺族補償一時金が支給される。

4．適切。労働者が業務上の負傷または疾病による療養のため労働することができず賃金を受けられない場合、賃金を受けられない日の第４日目から休業補償給付が支給される。なお、最初の３日間は、労働基準法に基づき事業主に休業補償を行う義務がある。

問題 5　正解　4　難易度 B

1．不適切。２つの事業所に雇用される65歳以上の労働者で、１つの事業所における１週間の所定労働時間がそれぞれ5時間以上20時間未満で、２つの事業所における１週間の所定労働時間の合計が20時間以上である者は、所定の申出により、雇用保険の高年齢被保険者となることができる。

　この制度は、「雇用保険マルチジョブホルダー制度」といい、複数の事業所で勤務する65歳以上の労働者が、そのうち２つの事業所での勤務を合計して次の①～③の要件をすべて満たす場合に、本人からハローワークに申出を行うことで、申出を行った日から特例的に雇用保険の被保険者（マルチ高年齢被保険者）となることができる制度である。

＜適用要件＞

①複数の事業所に雇用される65歳以上の労働者であること

②２つの事業所（１つの事業所における１週間の所定労働時間が５時間以上20時間未満）の労働時間を合計して１週間の所定労働時間が20時間以上であること

③２つの事業所のそれぞれの雇用見込みが31日以上であること

2．不適切。特定受給資格者等を除く一般の受給資格者に支給される基本手当の所定給付日数は、算定基礎期間が10年未満の場合、90日である。

基本手当の所定給付日数は、離職理由（自己都合、雇止め等）、被保険者期間、離職時の年齢等によって決まる。

●基本手当の所定給付日数

表①　一般の受給資格者（自己都合・定年・契約期間の満了などによる離職者）

被保険者であった期間／離職時の年齢	１年未満	１年以上10年未満	10年以上20年未満	20年以上
全年齢	―	90日	120日	150日

表②　特定受給資格者・特定理由離職者｛倒産・解雇（懲戒解雇を除く）・雇止めなどによる離職者）｝

（注）特定理由離職者のうち、正当な理由のある自己都合退職者であり、被保険者期間が12ヵ月以上ある者を除く

<table>
<tr><th>被保険者であった期間／離職時の年齢</th><th>１年未満</th><th>１年以上５年未満</th><th>５年以上10年未満</th><th>10年以上20年未満</th><th>20年以上</th></tr>
<tr><td>30歳未満</td><td rowspan="5">90日</td><td>90日</td><td>120日</td><td>180日</td><td>―</td></tr>
<tr><td>30歳以上35歳未満</td><td>120日</td><td>180日</td><td>210日</td><td>240日</td></tr>
<tr><td>35歳以上45歳未満</td><td>150日</td><td>180日</td><td>240日</td><td>270日</td></tr>
<tr><td>45歳以上60歳未満</td><td>180日</td><td>240日</td><td>270日</td><td>330日</td></tr>
<tr><td>60歳以上65歳未満</td><td>150日</td><td>180日</td><td>210日</td><td>240日</td></tr>
</table>

表③　障害者などの就職困難者（離職理由は問わない）

被保険者であった期間／離職時の年齢	１年未満	１年以上
45歳未満	150日	300日
45以上65歳未満	150日	360日

3．不適切。基本手当の受給期間中に、妊娠、出産、育児、病気等により、引き続き30日以上職業に就くことができない場合、最長４年まで受給期間を延長することができる。受給期間の延長は、本来の受給期間（１年）＋最長３年＝最長４年となっている。

4．適切。高年齢雇用継続基本給付金は、一般被保険者に対して支給対象月に支払われた賃金の額が、みなし賃金日額に30日を乗じて得た額の75％未満であること等の要件を満たす場合に支給される。

●雇用保険の高年齢雇用継続基本給付金

対象者	基本手当（再就職手当など基本手当を支給したとみなされる給付を含む）を受給していない人
支給要件	次の①～③のすべてに該当していること ①60歳以降も雇用保険の被保険者であること ②60歳時点で雇用保険の被保険者期間が通算して５年以上あること ③60歳時の賃金と比較して60歳以後の賃金が75％未満に低下していること
支給額	継続勤務時の賃金の最高で15％が支給 ※賃金が364,595円（注）を超える場合は不支給 （注）この額は毎年８月１日に変更される
支給調整	特別支給の老齢厚生年金と高年齢雇用継続基本給付金との間で調整が行われる場合、特別支給の老齢厚生年金の支給停止額は、最高で賃金（標準報酬月額）の６％相当額

問題 6　正解　3　難易度 A

1．不適切。公的年金および年金生活者支援給付金は、年６回に分けて支給される。支給される月は、原則として、毎年２月、４月、６月、８月、10月および12月で、それぞれの前月までの２ヵ月分が支給される。

2．不適切。国民年金の第１号被保険者は、日本国内に住所を有する20歳以上60歳未満の人のうち、第２号被保険者と第３号被保険者以外の人である。日本に住所を有する外国籍の20歳以上60歳未満の自営業者や学生なども国民年金の第１号被保険者の被保険者となる。

3．適切。産前産後休業を取得している厚生年金保険の被保険者の厚生年金保険料は、所定の手続きにより、被保険者負担分と事業主負担分がいずれも免除される。なお、育児休業を取得している厚生年金保険の被保険者の厚生年金保険料についても、所定の手続きにより、被保険者負担分と事業主負担分がいずれも免除される。また、健康保険についても、同様の取り扱いとなっている。

4．不適切。老齢厚生年金の繰上げ支給を請求する場合には、老齢基礎年金の繰上げ支給の請求を同時に行わなければならない。なお、共済組合加入期間がある場合、共済組合から支給される老齢年金についても、原則同時に繰上げ請求しなければならない。

問題 7　正解　3　難易度 B

1．適切。公的年金では、支給事由（老齢、障害、遺族）が異なる２つ以上の年金を受けられるようになったときは、原則、いずれか１つの年金を選択することになる。ただし、65歳以降で、「障害基礎年金」と「遺族厚生年金」の受給権を有している者は、障害基礎年金と遺族厚生年金を同時に受給することができる。この場合、「年金受給選択申出書」の提出が必要である。

2．適切。公的年金では、支給事由（老齢、障害、遺族）が異なる２つ以上の年金を受けられるようになったときは、原則、いずれか１つの年金を選択することになる。ただし、65歳以降で、「障害基礎年金」と「老齢厚生年金」の受給権を有している者は、障害基礎年金と老齢厚生年金を同時に受給することができる。この場合、「年金受給選択申出書」の提出が必要である。

3．不適切。同一の事由により、障害厚生年金と労働者災害補償保険法に基づく障害補償年金が支給される場合、障害補償年金は所定の調整率により減額され、障害厚生年金は全額支給される。これは、両制度からの年金が未調整のまま支給されると、受け取る年金額の合計が、被災前に支給されていた賃金よりも高額になるためである。

●労災年金と厚生年金保険等の調整率

労災年金		障害補償年金 障害年金	遺族補償年金 遺族年金
社会保険の種類	併給される年金給付		
厚生年金保険および国民年金	障害厚生年金および障害基礎年金	0.73	—
	遺族厚生年金および遺族基礎年金	—	0.80
厚生年金保険	障害厚生年金	0.83	—
	遺族厚生年金	—	0.84
国民年金	障害基礎年金	0.88	—
	遺族基礎年金	—	0.88

出典：厚生労働省ホームページ

4．適切。健康保険の傷病手当金の支給を受けるべき者が、同一の疾病または負傷およびこれにより発した疾病について障害厚生年金の支給を受けることができる場合、原則として傷病手当金は支給されない。なお、障害厚生年金の金額（障害等級１または２級の場合は、障害基礎年金との合計額）を360で割った金額が、傷病手当金の日額より少ない場合にはその差額が傷病手当金として支給される。

問題 8　正解　2　難易度 B

1．適切。企業型年金を実施する事業主は、企業型年金規約において、加入者に一定の資格を定めることができる。これは、特定の者に対して不当な差別とならないよう法令で定められた４つの加入資格「一定の職種」「一定の勤続期間」「一定の年齢」「希望者のみ」となっている。

2．不適切。企業型年金における加入者掛金（マッチング拠出により加入者が拠出する掛金）の上限額は、加入者が掛金を拠出することができることを規約で定める場合、加入者掛金の額は、その加入者に係る事業主掛金の額を超える額とすることができない。

3．適切。企業型年金の掛金は、年１回以上、定期的に拠出することとなっている。このため、月単位での拠出のほか、賞与時期のみの拠出や年１回の拠出も可能である。なお、個人型年金の掛金についても、年１回以上、定期的に拠出することとなっている。

4．適切。企業型年金や確定給付企業年金等を実施していない一定規模以下の中小企業の事業主は、労使の合意かつ従業員の同意を基に、従業員が加入している個人型年金の加入者掛金に一定額の事業主掛金を上乗せして納付することができる。これは、「iDeCo＋」（イデコプラス・中小事業主掛金納付制度）といい、企業年金（企業型確定拠出年金、確定給付企業年金および厚生年金基金）を実施していない中小企業（従業員300人以下に限る）の事業主が、iDeCoに加入している従業員の掛金に上乗せして、掛金を拠出できる制度である。

問題 9　正解　4　難易度 A

1．適切。貸与奨学金には、設問内容のとおり、返還が難しくなった場合に一定期間の返還金額を減額する「減額返還」の制度がある。また、一定期間の返還を猶予する「返還期限猶予」もある。なお、いずれの場合も利用の前後で返還予定総額は変わらない。

2．適切。設問のとおり、第一種奨学金の返還方式には２通りある。「所得連動返還方式」の場合、毎年の所得に応じて返還月額が決定されるため、返還期間は定まらない。

3．適切。日本政策金融公庫の教育一般貸付（国の教育ローン）の融資金利は固定金利のみで、借入時の金利が適用となる。ただし、交通遺児家庭、母子家庭、父子家庭等の一定の要件を満たす場合は、優遇金利が適用される。

4．不適切。国の教育ローンの返済期間は、最長18年である。

問題 10　正解　2　難易度 A

以下のとおり。

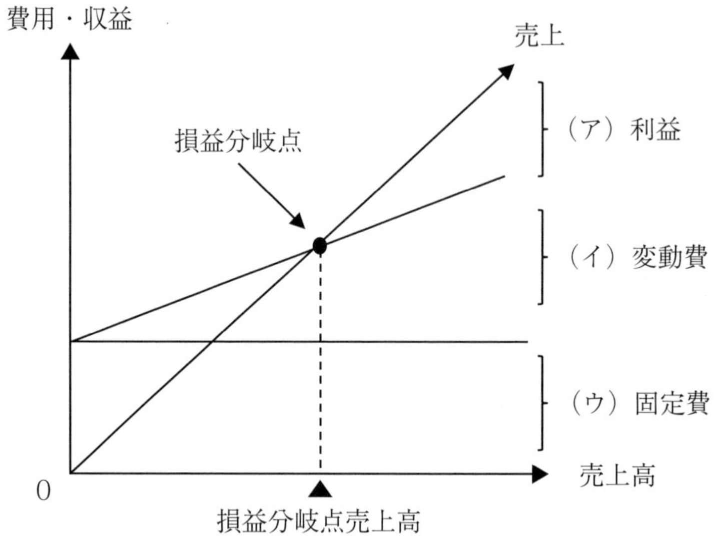

売上高に占める損益分岐点売上高の割合を損益分岐点比率といい、損益分岐点比率が（エ　低い）ほど、売上が低下しても赤字になりにくいとされる。

問題 11　正解　1　難易度 B

1．適切。少額短期保険業者が１人の被保険者から引き受けることができる保険金額の総額は、生命保険分野と損害保険分野を合計して原則として1,000万円が上限である。さらに低発生率保険（個人賠償責任保険）は別枠で被保険者１人当たり1,000万円を上限に加入することができる。

2．不適切。少額短期保険の保険期間は、生命保険・医療保険は１年、損害保険は２年が上限である。

3．不適切。少額短期保険は保障性商品のみを引き受けることができ、満期返戻金のある商品や個人年金等の資産性商品を引き受けることはできない。

4．不適切。少額短期保険業者は、生命保険契約者保護機構または損害保険契約者保護機構の会員となることはできない。したがって、破綻した少額短期保険業者と締結していた保険契約は、これらの機構による保護の対象とならない。また、少額短期保険独自の契約者保護の仕組みもない。

問題 12 正解 3 難易度 B

1．適切。生命保険の保険料は、将来の死亡保険金・満期保険金・年金等の支払いの財源となる純保険料と、保険会社が保険契約を維持・管理していくために必要な経費等の財源となる付加保険料で構成されている。

2．適切。生命保険事業では収支相等の原則が基本となっており、生命保険会社が受け取る保険料とその運用収益の総額が、保険会社が支払う保険金等と生命保険会社の運営経費の総額と等しくなるというものである。これらに基づき、予定死亡率、予定利率および予定事業費率の３つの基礎率を用いて保険料が算定される。純保険料は予定利率と予定死亡率に基づいて定められ、付加保険料は予定事業費率に基づいて定められる。

3．不適切。３つの基礎率のうち、予定死亡率と予定事業費率が高く設定された場合は、死亡保険金の支払いや事業費の支払いを多く見積もるため、その分新規契約の保険料は高くなる。一方、予定利率が高く設定されると、預かった保険料の運用収益を多く見積もるため、その分割引率が高くなり新規契約の保険料は安くなる。

4．適切。責任準備金は、保険業法に基づき、保険会社が将来の保険金等の支払いの財源とするために保険数理に基づいて算定し、積み立てることが義務付けられている。積立方式には、保険料払込期間にわたって平準的に積み立てる平準純保険料式と、初年度にかかる事業費を考慮して初年度の積み立てを少なくして、その後一定期間でその分を償却するチルメル方式がある。

問題 13 正解 4 難易度 B

1．不適切。逓減定期保険において、保険料は保険期間を通じて一定である。保険金額は保険期間の経過にともなって一定の割合で逓減する。

2．不適切。こども保険（学資保険）では、契約者である親などが死亡した場合、一般的に以降の保険料の払込は免除されるが、死亡給付金は支払われない。契約者が死亡した場合に、育英年金が子に支払われる特約があるが、本問の場合は特約について考慮しないこととなっている。

3．不適切。収入保障保険の死亡保険金を年金形式で受け取る場合の受取総額は、年金原資を所定の利率で運用しながら受取人に年金で支払うため、一時金で受け取る場合の受取額よりも多くなる。

4．適切。養老保険は、保険期間中に死亡・高度障害保険金が支払われた場合は、その時点で保険契約は終了する。また、死亡保険金・高度障害保険金の支払事由に該当せずに保険期間が満了した場合、死亡・高度障害保険金と同額の満期保険金を受け取ることができる。

問題 14　正解　3　難易度 B

1．不適切。確定年金では、年金受取期間中に被保険者が死亡した場合、相続人等の継続年金受取人が、残存期間分の年金または年金現価相当額を受け取る。一方、年金受取開始前に被保険者が死亡した場合、死亡給付金受取人が既払込保険料相当額を受け取る。

2．不適切。保証期間付終身年金において、契約時の被保険者の年齢・基本年金額、保険料払込期間、年金受取開始年齢など性別以外の契約内容が同一の場合、その保険料は、被保険者が男性であるよりも女性である方が高くなる。保険数理上、平均余命は男性より女性の方が長く、他の契約条件が同一の場合、保証期間付終身年金では男性より女性に対する年金の支払総額が多くなる可能性が高いことがその理由である。

3．適切。変額個人年金保険は、保険料や積立金の特別勘定による運用実績によって将来受け取る年金額や解約返戻金額が変動し、そのリスクは契約者が負う。ただし、年金受取開始前に被保険者が死亡した場合に支払われる死亡給付金については、基本保険金額が最低保証されている。

4．不適切。いわゆるトンチン年金は、年金受取前の死亡保障を行わないか、行う場合でも既に払い込んだ保険料相当額よりも低い金額となるよう設計されている。また、解約返戻金の額も、一般的な個人年金と比較して低くなるように設計されている。そのため、その分の年金原資を生存している人が受け取れることになる。

問題 15　正解　2　難易度 B

1．適切。被保険者がリビング・ニーズ特約に基づいて受け取った特約保険金は、傷病により受け取った保険金に該当し、非課税である。ただし、受け取った後に被保険者が死亡した場合は、既に受け取った保険金は現金として取り扱われ、相続財産にかかる軽減措置はない。

2．不適切。契約者（＝保険料負担者）と死亡給付金受取人が同一人であり、被保険者が異なる個人年金では、年金の受取開始前に契約者が受け取る死亡給付金は、所得税・住民税の課税対象となる。この場合、受け取った死亡給付金額から既払込保険料相当額と最高50万円の特別控除を差し引いた金額が一時所得となり、その２分の１相当額が他の所得と合算されて総合課税される。

3．適切。例えば契約者、被保険者および年金受取人が同一人である保証期間20年の終身年金において、年金受取開始後５年経過して被保険者が死亡した場合、保証期間の残存期間15年分に相当する年金受給権が、継続年金受取人である相続人等に対して相続税の課税対象となる。

4．適切。保険料の支払方法・解約時期を問わず、終身保険の解約返戻金を保険契約者が受け取ったときは、一時所得として所得税・住民税の対象となる。受け取った解約返戻金相当額から、既払込保険料相当額と最高50万円の特別控除を差し引いた金額が一時所得となり、その２分の１相当額が他の所得と合算されて総合課税される。

問題 16　正解　1　難易度 B

1．不適切。地震保険は単独で契約することはできず、火災保険に付帯して契約する必要がある。ただし、火災保険の契約時だけではなく、契約後の保険期間中に中途で付帯することも可能である。

2．適切。地震保険の保険料には、「建築年割引」（10％）、「耐震等級割引」（10％・30％・50％）、「免震建築物割引」（50％）、「耐震診断割引」（10％）の４種類の割引制度があるが、これらは重複して適用を受けることはできず、最も有利なものを１つ選択して適用する。

3．適切。保険始期が2017年１月１日以降となる地震保険における損害の程度の区分は、「全損」「大半損」「小半損」「一部損」である。支払われる保険金は、全損は100％、大半損は60％、小半損は30％、一部損は５％となっている。

4．適切。火災保険の保険料は、対象となる住宅用建物の構造によりM構造、T構造、H構造の３つに区分されて算定される。M構造はコンクリート造等の耐火建築物の共同住宅、T構造は耐火構造、H構造はM構造やT構造に該当しない非耐火構造をいう。M構造が最も耐火性が高く、保険料率が低い。

問題 17　正解　4　難易度 B

1．適切。車両保険の一般条件の場合、車同士の衝突、墜落・転覆、ガードレール・電柱等への衝突、当て逃げ、火災・爆発、いたずら・落書き・窓ガラス破損、台風・竜巻・洪水・高潮などにより車両に被った損害について補償する。本肢のように、飛び石により窓ガラスにひびが入った場合、一般車両保険の補償の対象となる。

2．適切。対物賠償保険は、被保険自動車を運転中に対物事故を起こした被保険者が法律上の賠償責任を負った場合に補償される。通行人が連れていたペットに誤って衝突して死亡させ、法律上の損害賠償責任を負った場合も補償の対象となる。ただし、記名被保険者・被保険自動車を運転中の者の配偶者・父母・子、被保険者の配偶者・父母・子の財物に対する損害については補償の対象とならない。

3．適切。人身傷害（補償）保険は、被保険自動車を運転中に交通事故で被保険者が死傷した場合、被保険者自身の過失割合にかかわらず、示談を待たずにその死傷による医療費・休業損害・逸失利益などの損害の全額が、保険金額を限度として補償の対象となる。

4．不適切。対人賠償保険は、被保険自動車を運転中に対人事故を起こした被保険者が法律上の賠償責任を負った場合に補償される。ただし、記名被保険者・被保険自動車を運転中の者の配偶者・父母・子、被保険者の配偶者・父母・子が被害者の場合は、補償の対象とならない。本肢の場合は被保険者が被保険自動車の運転中に事故を起こして、その配偶者がケガをしたものであるので、補償の対象とならない。

問題 18　正解　2　難易度 B

1．適切。がん保険では、被保険者ががんで入院したことにより受け取る入院給付金の日数に制限はない。なお、契約後90日または３ヵ月間の免責期間が設けられており、その期間中に被保険者ががんと診断確定された場合は、がん診断給付金、がん入院給付金、がん手術給付金、がん通院給付金等の各種給付金は支払われない。

2．不適切。医療保険等の先進医療特約で先進医療給付金の支払対象とされている先進医療とは、契約時点ではなく、療養を受けた時点において厚生労働大臣によって定められたものをいう。したがって、契約時点で先進医療と定められていても、当該先進医療が保険診療に移行したり先進医療から除外されたりして、受診時に先進医療と認められていないものは、先進医療給付金の支払対象とならない。

3．適切。医療保険では、入院による人間ドックの受診で異常が認められ、医師の指示の下でその治療を目的として入院した場合、その追加の入院については当該医療保険の入院給付金の支払いの対象となる。単なる検査のみを目的とした人間ドックで入院し、異常が発見されなかった場合は、入院給付金は支払われない。

4．適切。特定（三大）疾病保障定期保険では、保険期間中にがん（悪性新生物）、急性心筋梗塞、脳卒中により所定の状態と診断されて特定（三大）疾病保険金が支払われた場合、当該保険契約は消滅する。したがって、その後当該保険金を受け取った人が死亡・高度障害状態となっても、死亡保険金・高度障害保険金は支払われない。

問題 19 正解 1 難易度 C

1．適切。圧縮記帳とは、法人が保険金を使って滅失した資産を再取得した際、保険差益に一時的に課税されないように課税を繰り延べることができる制度である。工場建物および建物内に収容されている機械が全焼し、その滅失があった日から３年以内に支払いが確定した火災保険金で、焼失前と同様の工場建物および同一の機械を新たに取得した場合、当該工場建物・機械ともに圧縮記帳の対象となる

2．不適切。工場建物が全焼し、その滅失があった日から３年以内に支払いが確定した火災保険金で、焼失前と同一種類に区分される倉庫建物を新築した場合は、当該倉庫建物は圧縮記帳の対象となる。

3．不適切。工場建物が全焼し、その滅失があった日から３年以内に支払いが確定した火災保険金で、当該工場建物が滅失等したときにおいて建設中であった他の工場建物は、完成後も圧縮記帳の対象とならない。

4．不適切。保険金で取得した代替資産の圧縮限度額の計算式は、

$$保険差益 \times \frac{代替資産の取得価額（分母が限度）}{保険金額 - 滅失により支出した経費}$$

となっている。分母の「支出した経費」とは、所有固定資産の滅失損壊に関連して支出した経費であり、ケガ人に対する見舞金を含めることはできない。

問題 20 正解 2 難易度 B

1．適切。従業員が就業中や通勤途上でケガをする場合に備えて、すべての従業員を被保険者として普通傷害保険を契約する方法がある。本肢のように保険金が支払われる要件を就業中のみとすることで、就業中以外も補償する契約と比較して保険料負担を軽減させることができる。本肢のリスクをカバーする別の方法として、労働災害に認定されることを条件に、政府労災（労働者災害補償保険）に上乗せして就業中のケガを補償する「労働災害総合保険」に加入する方法もある。

2．不適切。機械保険は、火災・火災による爆発以外の不測かつ突発的な事故が原因で、機械設備、装置に損害が発生した場合を補償する。火災等以外の原因とは、点火ミス、過負荷、モーターの焼付き、操作ミス等である。本肢のリスクに備えるためには、ビル内の機械を保険の目的として火災保険に加入する。

3．適切。本肢の事例のように、事業者が施設の管理不備による事故によって、顧客に対して法律上の損害賠償責任を負うリスクに備えるためには、施設所有（管理）

者賠償責任保険に加入する。

4．適切。製造業者等が製造した製品の欠陥が原因で顧客に損害を与え、法律上の損害賠償責任を負うリスクに備えるため、生産物賠償責任保険（PL保険）に加入する。ただし、当該製造物を回収する等のリコール費用は、補償の対象外である。

問題 21　正解　3　難易度 B

1．不適切。貯蓄預金は、普通預金やゆうちょ銀行の通常貯金と同じように、いつでもお金の出し入れができるが、普通預金や通常貯金と違って、給与、年金等の自動受取口座や公共料金等の自動振替口座として指定することはできないという決済性の制限がある。

2．不適切。「無利息」「要求払い」「決済サービスを提供できること」という３つの条件を満たす預金を決済用預金といい、一般預金等とは別枠で全額が預金保険制度によって保護される。当座預金、無利息型（金利がゼロ％）普通預金などが決済用預金に該当するが、いずれの商品とも、個人でも法人でも利用できる。

3．適切。期日指定定期預金は、据置期間１年、最長預入期間３年の定期預金で、預入後１年間据え置けば、１ヵ月以上前に預金者が満期日を銀行に通知することによって、いつでも満期扱いで換金できる定期預金である。つまり、据置期間経過後から最長預入期日までの任意の日を預金者が満期日として指定することができる定期預金である。

4．不適切。総合口座において、紙の通帳の代わりにオンライン上で入出金の明細や残高を確認することができるサービスは、ネット専業銀行に限らず、一般の銀行等からも提供されている。

問題 22　正解　4　難易度 C

1．適切。レバレッジ型ETFとは、レバレッジ指数に連動した運用成果を目指して運用されるETFである。レバレッジ指数とは、原指標（日経平均株価など）の日々の変動率に一定の正の倍数を乗じて算出される指数をいう。たとえば、日経平均レバレッジ・インデックスは、変動率が日経平均株価の日々の変動率の２倍となるように算出されている（例：日経平均株価が１％上昇すれば指数は２％上昇、日経平均株価が１％下落すれば指数は２％下落する）。このため、原指標である日経平均株価と連動するETFと比較すると、日経平均レバレッジ・インデックスと連動するETFの変動率は大きくなる。

2．適切。インバース型ETFとは、インバース指数に連動した運用成果を目指して運用されるETFである。インバース指数とは、原指標（日経平均株価など）の日々の変動率に一定の負の倍数を乗じて算出される指数をいう。たとえば、日経平均インバース・インデックスは、変動率が日経平均株価の日々の変動率の－１倍となるように算出されている（例：日経平均株価が１％上昇すれば指数は逆に１％下落、日経平均株価が１％下落すれば指数は逆に１％上昇する）。この指数と連動するETFは日経平均株価が下落すれば値上がりし、日経平均株価が上昇すれば値下がりする。

また、日経平均ダブルインバース・インデックスは、変動率が日経平均株価の日々の変動率の－２倍となるように算出されている（例：日経平均株価が１％上昇すれば指数は逆に２％下落、日経平均株価が１％下落すれば指数は逆に２％上昇する）。ダブルインバース指数と連動するETFは、相場の下落率が大きいほど、上昇率が大きくなる。

3．適切。リンク債型ETFとは、所定の指標に連動した投資成果を目的とする債券（リンク債）に投資することで、ETFの１口あたり純資産額の変動率を対象指標の変動率に一致させる運用手法を採用するETFである。

4．不適切。ETFの分配金については、非上場の株式投資信託と違って、普通分配金と元本払戻金（特別分配金）といった区分はない。全額が配当所得として課税対象となる。なお、非上場の株式投資信託の普通分配金については配当所得として課税対象、元本払戻金（特別分配金）については必ず非課税扱いになる。

問題 23　正解　1　難易度 A

1．が最も適切である。

（ア）債券は、市場金利が低下すると価格が上昇し、市場金利が上昇すると価格は下落する。本問の場合、５年後の市場金利が上昇しているため、債券価格は下落している。

（イ）５年後の価格は下落しているため、新規発行時の価格（＝100円）より安い99.03円が適切である。

（ウ）所有期間利回りの計算式は次のとおり。

$$\text{所有期間利回り（\%）} = \frac{\text{表面利率} + \dfrac{\text{売却価格} - \text{購入価格}}{\text{所有期間}}}{\text{購入価格}} \times 100$$

本問の場合、表面利率は0.50％、売却価格は（イ）より99.03円、購入価格は発行時の発行価格（＝100円）、所有期間は５年なので、所有期間利回りは次のとおり0.31％となる。

$$\text{所有期間利回り（\%）} = \frac{0.50 + \dfrac{99.03 - 100}{5}}{100} \times 100$$

$$= 0.306 \fallingdotseq 0.31\text{（\%）（小数点以下第3位四捨五入）}$$

問題 24　正解　2　難易度 B

1．不適切。東証株価指数（TOPIX）は、東京証券取引所第一部に上場されていた全銘柄を対象として算出されていたが、2022年4月4日（月）に、東京証券取引所における株式の市場区分がプライム、スタンダード、グロースの3区分に変更されたことに伴い、見直しが行われた。具体的には、2022年4月1日（金）時点の構成銘柄（第一部上場全銘柄）については、新市場区分施行後も継続して採用銘柄とされた。

　採用銘柄の追加については、プライム市場に新規上場あるいは市場区分を変更した銘柄に限られている。つまり、東証株価指数は、旧第一部上場全銘柄およびプライム市場上場銘柄を対象として算出されている。

2．適切。プライム市場のコンセプトに関する説明である。プライム市場が実質的な最上位市場に当たる。

3．不適切。「高い成長可能性を実現するための事業計画及びその進捗の適時・適切な開示が行われ一定の市場評価が得られる一方、事業実績の観点から相対的にリスクが高い企業向けの市場」は、スタンダード市場ではなく、グロース市場のコンセプトである。グロース市場は、新興企業向けの市場に当たる。

4．不適切。「公開された市場における投資対象として一定の時価総額（流動性）を持ち、上場企業としての基本的なガバナンス水準を備えつつ、持続的な成長と中長期的な企業価値の向上にコミットする企業向けの市場」は、グロース市場ではなく、スタンダード市場のコンセプトである。スタンダード市場は、中堅企業向けの市場に当たる。

問題 25　正解　4　難易度 A

1．不適切。PER（株価収益率）＝株価÷1株当たり当期純利益

∴1株当たり当期純利益＝株価÷PER＝12,000円÷20＝600円

2．不適切。ROE（自己資本当期純利益率）＝当期純利益÷自己資本×100

当期純利益＝1株当たり当期純利益×発行済株式数＝600円×12億株＝7,200億円

∴ROE（％）＝7,200億円÷60,000億円×100＝12.0（％）

　あるいは、ROE（自己資本当期純利益率）＝1株当たり当期純利益÷1株当

たり自己資本×100

1株当たり自己資本＝自己資本÷発行済株式数＝60,000億円÷12億株＝5,000円

∴ROE（％）＝600円÷5,000円×100＝12.0（％）

3．不適切。PBR（株価純資産倍率）＝株価÷1株当たり純資産

1株当たり純資産＝自己資本÷発行済株式数＝60,000億円÷12億株＝5,000円

∴PBR（倍）＝12,000円÷5,000円＝2.4（倍）

4．適切。配当利回り＝1株当たり年間配当金÷株価×100

1株当たり年間配当金＝配当金総額÷発行済株式数＝720億円÷12億株＝60円

∴配当利回り（％）＝60円÷12,000円×100＝0.5（％）

問題 26　正解　2　難易度 A

2．が最も適切である。

（ア）為替ヘッジなしの米ドル建て債券を保有しているとき、米ドルに対する円の為替レートが円安に変動すると、為替差益が得られるので、当該債券の円換算の投資利回りの上昇要因となる。

（イ）為替レートが円高に変動すると、為替差損を被るので、当該債券の円換算の投資利回りの低下要因となる。

（ウ）外国通貨と自国通貨間の相対的な価値の変動により、外貨建て債券の自国通貨換算額が変動して利益や損失が生じる不確実性のことを為替変動リスクという。

問題 27　正解　1　難易度 A

1．が最も適切である。

シャープレシオの計算式は次のとおりで、数値が大きいほうが、とったリスクに比べてリターンが優れていたことになり、効率よく運用されていたと評価される。

$$\text{シャープレシオ} = \frac{\text{（ファンドの収益率）}-\text{（無リスク資産の金利）}}{\text{（ファンドの標準偏差）}}$$

（ア）ファンドAのシャープレシオ＝$\frac{3.2\% - 1.0\%}{1.0\%}$＝2.2

（イ）ファンドBのシャープレシオ＝$\frac{12.0\% - 1.0\%}{5.0\%}$＝2.2

ファンドAとファンドBのシャープレシオは2.2で同じなので、運用効率は同等であったと判断される。

問題 28 正解 3 難易度 B

1．不適切。上場株式の配当について、総合課税を選択して確定申告をした場合、上場株式等の譲渡損失との損益通算は認められない。申告分離課税を選択した場合は、譲渡損失との損益通算ができる。

●配当金の税金の扱い

	譲渡損失との損益通算	配当控除
①申告不要	×（できない）	×（適用なし）
②申告分離課税	○（できる）	×（適用なし）
③総合課税	×（できない）	○（適用あり）

2．不適切。損益通算してもなお控除しきれない上場株式等の譲渡損失の金額は、確定申告することにより、翌年以後5年間ではなく、3年間にわたって繰り越すことができる。

3．適切。NISA口座で保有する上場株式の配当金を非課税扱いにするためには、証券会社の取引口座で配当金を受け取る「株式数比例配分方式」を選択する必要がある。これ以外の配当金の受取方法（配当金領収証方式、個別銘柄指定方式、登録配当金受領口座方式）では、非課税扱いとならず、課税扱いとなる（この場合でも譲渡益は非課税扱い）。

4．不適切。NISA口座内の譲渡損失は、所得税および住民税の計算上ないものと見なされる。このため、その譲渡損失を、課税口座（特定口座や一般口座）で受け取った配当金、分配金、譲渡益等と通算することはできない。損失の繰越控除もできない。

問題 29 正解 1 難易度 B

1．適切。確定拠出年金で運用されている円預金も、預金保険制度の保護の対象となっている。同じ金融機関に一般の預金と確定拠出年金で預け入れられている預金の両方がある場合は、一般の預金を優先して保護する。

2．不適切。生命保険契約者保護機構による補償の対象となる保険契約については、高予定利率契約を除き、原則として、破綻時点の責任準備金等の80％ではなく、90％まで補償される。

3．不適切。日本投資者保護基金による補償は、一般顧客1人当たり1,000万円が上限である。

4．不適切。日本投資者保護基金は、証券会社を会員とする基金であり、銀行は加入していない。このため、銀行で購入した投資信託は、日本投資者保護基金による保護の対象にはならない。ただし、投資信託では投資家の財産は保全される仕組みが整っている。

問題 30 正解 4 難易度 B

1．不適切。契約締結前交付書面の交付義務は、特定投資家（プロ）に対しては適用されないが、一般投資家（アマ）に対しては適用されるので、顧客が「書面の交付は不要である」旨を申し出ても、交付義務は免除されない（必ず交付する必要がある）。

2．不適切。金融サービス仲介業者は、銀行、証券、保険、貸金業の分野のサービスを仲介できるが、特定の金融機関に所属する所属制は適用されない。所属制では、所属先の金融商品取引業者、保険会社等に、所属する金融商品仲介業者や保険募集人等が顧客に与えた損害の賠償責任が課されるが、金融サービス仲介業者には所属制の適用がないため、金融サービス仲介業者に損害賠償責任が課される可能性がある。この損害賠償資力を確保するため、金融サービス仲介業者には保証金の供託が義務付けられている。

3．不適切。消費者契約法では、事業者の一定の行為により消費者が誤認し、または困惑した場合等について、契約の申込みまたはその承諾の意思表示を取り消すことができるとされている。法律の効果は、契約等の取消しであり、損害賠償の請求ではない。

4．適切。犯罪収益移転防止法の対象事業者（銀行、信用金庫、保険会社など）を特定事業者といい、犯罪収益移転防止法の義務の対象となる業務を特定業務という。特定事業者は顧客と特定業務に係る取引を行った場合には、原則として、直ちに当該取引に関する記録を作成し、当該取引の行われた日から７年間保存しなければならないとされている。

問題 31 正解 2 難易度 B

1．不適切。非永住者以外の居住者は、所得が生じた場所が日本国の内外を問わず、そのすべての所得に対して課税される。国内源泉所得に加え、国外源泉所得のうち国内において支払われたものおよび国外から送金されたものに限り、所得税の納税義務があるのは、非永住者である。

2．適切。青色申告制度では、納税者に正規の簿記の原則等による記帳義務および帳簿書類保存義務が課されている。

3．不適切。各種所得の金額の計算上、収入金額には、原則として、その年において収入すべきことが確定したものであれば、未収入の金額も含める。

4．不適切。所得税は納税者が自ら所得等の申告を行うことにより税額が確定し、この確定した税額を自ら納付する申告納税制度を採用している。

問題 32　正解　4　難易度 A

1．適切。事業所得の金額は、原則として、その年中の「事業所得に係る総収入金額－必要経費」の算式により計算される。

2．適切。給与所得の金額は、原則として、その年中の「給与等の収入金額－給与所得控除額」の算式により計算される。

3．適切。不動産所得の金額は、原則として、その年中の「不動産所得に係る総収入金額－必要経費」の算式により計算される。

4．不適切。一時所得の金額は、原則として、その年中の「一時所得に係る総収入金額－その収入を得るために支出した金額の合計額－特別控除額（最高50万円）」の算式により計算される。

問題 33　正解　2　難易度 B

1．損益通算できる。損益通算できないのは不動産所得の金額の計算上生じた損失の金額のうち、不動産所得を生ずべき土地等の取得に要した負債の利子に相当する部分の金額である。

2．損益通算できない。所得税法では、自己又はその配偶者その他の親族の生活用動産を譲渡した場合、譲渡益が生じても非課税とされている。したがって、逆に、譲渡損が出ても出ていなかったものとみなされるため、損益通算できない。

3．損益通算できる。損益通算とは、不動産所得・事業所得・譲渡所得・山林所得の計算上損失が生じた場合、他の所得から通算、つまり差し引きできる制度である。不動産所得や譲渡所得の場合は制約があるが、一方、本問のようにコンサルティング事業を行ったことによる事業所得の金額の計算上生じた損失の金額であれば、損益通算の対象となる。

4．損益通算できる。山林所得とは、山林を取得してから５年を超えて伐採または譲渡した場合、生ずる所得である。山林所得も、不動産所得・事業所得・譲渡所得と同じく、計算上生じた損失の金額は損益通算できる。

問題 34　正解　1　難易度 A

1．適切。医療費はその年中に実際に支払った金額が医療費控除の対象となり、未払いとなっている医療費は控除の対象とならない。

2．不適切。入院に際し必要となる寝巻きや洗面具などの身の回り品の購入費用は、診療などの対価ではないことから、医療費控除の対象とならない。

3．不適切。自家用車で通院する場合のガソリン代や駐車場の料金などは、医療費控除の対象とならない。

4．不適切。給与所得者は、医療費控除の適用を受けるためには、確定申告する必要がある。

問題 35　正解　1　難易度 A

1．不適切。住宅ローンの一部繰上げ返済を行い、借入金の償還期間が当初の借入れの日から10年未満となった場合、償還期間や賦払期間の10年以上という住宅ローンの要件を満たさなくなるので、残りの控除期間については住宅ローン控除の適用を受けることができない。

2．適切。中古住宅を取得した場合であっても、当該住宅が一定の耐震基準に適合するとき、あるいは家屋が建築された日からその取得の日までが一定期間以内であれば、住宅ローン控除の適用を受けることができる。

3．適切。転勤に伴う転居等のやむを得ない事由により、住宅ローン控除の適用を受けていた者が、その住宅を居住の用に供しなくなった場合に、翌年以降に再び当該住宅を居住の用に供すれば、原則として再入居した年以後の控除期間内について住宅ローン控除の適用を受けることができる。

4．適切。納税者が住宅ローン控除の適用を受ける最初の年分は、必要事項を記載した確定申告書に一定の書類を添付し、納税地の所轄税務署長に提出しなければならないが、２年目以降より、勤務先における年末調整により受けることができる。

問題 36　正解　4　難易度 B

1．不適切。その年中の公的年金等の収入金額の合計額が400万円以下で、公的年金等に係る雑所得以外の所得が20万円以下の場合には、所得税の確定申告は必要ない。本問の場合、公的年金等の収入金額の合計が450万円とされているので所得税の確定申告が必要となる。

2．不適切。年の中途で死亡した者のその年分の所得税について確定申告を要する場合、原則として、その相続人は、死亡した者に代わって確定申告をしなければならないが、その期限は、相続の開始があったことを知った日の翌日から４ヵ月以内である。

3．不適切。その年の１月16日以後新たに業務を開始した者が、その年分から青色申告の適用を受けようとする場合、「所得税の青色申告承認申請書」を納税地の所轄税務署長に提出しなければならない期限は、その業務の開始をした日から２ヵ月以内である。

4．適切。前年からすでに業務を行っている者が、本年分から新たに青色申告の適用を受けるために、提出期限までに「所得税の青色申告承認申請書」を提出した場合、その年の12月31日までに、その申請につき承認または却下の処分がなかったときは、青色申告の承認があったものとみなされる。

問題 37　正解　3　難易度 C

1．適切。法人が国または地方公共団体に対して支払った寄附金は、確定申告書に当該寄附金の明細を記載した書類を添付することで、その全額を損金の額に算入することができる。

2．適切。得意先への接待のために支出した飲食費で、参加者１人当たりの支出額が5,000円以下であるものについては、一定の書類を保存している場合、その全額を損金の額に算入することができる。

3．不適切。法人が役員に支給した給与を損金の額に算入するために、所定の時期に確定額を支給する旨の定めの内容をあらかじめ税務署長に届け出なければならないのは、定期同額給与ではなく事前確定届出給与である。

4．適切。損金の額に算入される租税公課のうち、事業税については、原則として、その事業税に係る納税申告書を提出した日の属する事業年度の損金の額に算入することができる。

問題 38　正解　4　難易度 A

1．適切。基準期間における課税売上高が1,000万円を超える法人は、消費税の免税事業者となることができない。

2．適切。特定期間における給与等支払額の合計額および課税売上高がいずれも1,000万円を超える法人は、消費税の免税事業者となることができない。

3．適切。基準期間における課税売上高が5,000万円を超える課税事業者は、簡易課税制度の適用を受けることができない。

4．不適切。消費税の免税事業者が「消費税課税事業者選択届出書」を提出して消費税の課税事業者となったとき、事業を廃止した場合を除き、消費税の免税事業者に戻ることができないのは、原則として２年間である。

問題 39　正解　3　難易度 B

1．適切。会社が役員からの借入金について債務免除を受けた場合、会社はその債務免除を受けた金額を益金の額に算入する。

2. 適切。会社が役員に対して無利息で金銭の貸付けを行った場合、原則として、通常収受すべき利息に相当する金額が、会社の益金の額に算入される。

3. 不適切。役員が所有する建物を適正な時価の2分の1以上かつ時価未満の価額で会社に譲渡した場合、譲渡対価を譲渡価額で譲渡所得の計算を行う。一方、譲渡対価が2分の1未満であれば、時価を譲渡価額として譲渡所得の計算を行う。

4. 適切。会社が役員に対して支給した退職金は、不相当に高額な部分の金額など一定のものを除き、損金の額に算入することができる。

問題 40 正解 1 難易度 A

1. 不適切。流動比率（%）は、流動負債に対する流動資産の割合を示す指標であり、「流動資産÷流動負債×100」の算式で計算される。

2. 適切。当座比率（%）は、流動負債に対して現金化しやすい当座資産がどのくらいあるかを示す指標であり、「当座資産÷流動負債×100」の算式で計算される。

3. 適切。固定比率（%）は、自己資本のうち固定資産に投入されている割合を示す指標であり、「固定資産÷自己資本×100」の算式で計算される。

4. 適切。自己資本比率（%）は、総資産に対する自己資本の割合を示す指標であり、「自己資本÷総資産×100」の算式で計算される。

問題 41 正解 3 難易度 A

1. 不適切。地価公示の公示価格は、毎年1月1日を価格判定の基準日として、毎年3月に国土交通省の土地鑑定委員会が公表している。

2. 不適切。都道府県地価調査の基準地の標準価格は、都道府県知事が毎年7月1日における標準価格を判定し、9月に公表している。

3. 適切。相続税路線価は、地価公示の公示価格の80%を価格水準の目安として設定されている。

4. 不適切。評価替えの基準年度における固定資産税評価額の価格水準は、前年の公示価格等の70%を目安としている。

不動産の４つの価格

価格の種類	公示価格	基準値標準価格	相続税路線価	固定資産税評価額
実施機関	国土交通省 土地鑑定委員会	都道府県知事	国税庁・国税局長	総務省・市町村長
評価時点	毎年１月１日 （３月公示）	毎年７月１日 （９月公表）	毎年１月１日 （７月発表）	１月１日時点 （３年に１度評価替）
評価水準	――	――	公示価格の 80％程度	公示価格の 70％程度
目的	一般の 土地取引の指標	一般の 土地取引の指標	相続税や贈与税の 課税のため	固定資産税等の 課税のため

問題 42　正解　4　難易度 A

1．不適切。不動産に抵当権設定登記をした場合、債権額や抵当権者の氏名または名称などが記録されるのは権利部乙区である。

2．不適切。だれでも、登記官に対し、手数料を納付して、登記事項証明書の交付を請求することができる。

3．不適切。一戸建てなど区分建物ではない建物の場合、床面積は、各階ごとに壁その他の区画の中心線で囲まれた部分の水平投影面積（壁芯面積）により算出される。

4．適切。二重に売買契約がなされた場合、譲受人相互間の優劣は、売買契約締結の先後ではなく、所有権移転登記具備の先後によって判断される。

問題 43　正解　4　難易度 B

1．適切。改正民法では、目的物の引渡し前の危険負担は、債務者である売主が負うことになり、買主は売買代金の支払いを拒むことができるようになった。

2．適切。共有となっている建物について、自己が有している持分を第三者に譲渡するときは、他の共有者の同意を得る必要はない。

3．適切。履行不能の場合には、履行できる可能性は皆無で催告しても意味がないので、買主は履行の催告をすることなく、直ちに契約の解除をすることができる。

4．不適切。売買の目的物において、種類または品質に関して契約内容との不適合があった場合、買主はその不適合を知った時から１年以内にその旨を売主に通知しなければ、その不適合を理由として契約の解除をすることができない。しかし、売主が引渡しの時にその不適合を知っていたなど悪意・重過失の場合は１年以内の通知がなくても解除することができる。

問題 44　正解　2　難易度 A

1．不適切。普通借地権の設定当初の存続期間は、契約で期間の定めがない場合、建物の構造による区別なく一律30年とされる。ただし、当事者が契約でこれより長い期間を定めたときは、その期間とする。50年超の場合もその期間となる。

2．適切。普通借地権の設定契約が更新されなかったときは、借地権者は借地権設定者に対し、建物その他借地権者が権原により土地に附属させた物を時価で買い取るべきことを請求することができるが、借地権者の債務不履行により契約が解除された場合は、買い取るよう請求することはできない。

3．不適切。一般定期借地権の存続期間は50年以上である。

4．不適切。事業用定期借地権等においては、建物の用途は事業用に限定されており、一部でも居住用があってはならず、従業員向けの社宅であっても同様である。

問題 45　正解　3　難易度 A

1．適切。普通借家契約では、当事者が存続期間を定めた場合、原則としてその合意に従うが、期間を1年未満とする建物の賃貸借は、期間の定めがない建物の賃貸借とみなされる。

2．適切。定期借家契約においても、賃借人は、その建物の賃借権の登記がなくても、引渡しを受けていれば、その後その建物について物件を取得した者に賃借権を対抗することができる。

3．不適切。定期借家契約を締結するときは、賃貸人は賃借人に対し、契約書とは別に「この契約は更新がなく期間満了により賃貸借が終了する」旨を記載した書面を「契約前に」交付し、説明をする必要がある。この書面の交付を怠ると、契約の更新がない旨の定めは無効となり、普通借家契約となってしまうため注意が必要である。

4．適切。定期借家契約は、公正証書等の書面によって締結しなければならないが、必ず公正証書で締結しなければならないわけではない。

問題 46　正解　3　難易度 A

1．適切。敷地の前面道路の幅員が12m未満である建築物の容積率は、原則として、「都市計画で定められた容積率」と「前面道路の幅員により定まる容積率」（当該道路幅員〈m〉×6／10（住居系用途地域内では4／10））とのいずれか低い方が上限となる。

2．適切。隣地斜線制限は、第一種・第二種低層住居専用地域および田園住居地域においては適用されない。

<参考：建築物の各部分の高さの制限～３種の斜線制限>

①道路斜線制限	建物の各部分の高さは、その部分から前面道路の反対側の境界線までの水平距離に1.5（用途地域が住居系の場合は1.25）を乗じた数値以下でなければならない。
②隣地斜線制限	隣地の日当たりおよび風通しを維持することを目的としたもので、隣地の境界線を起点として「高さ」と「斜線の勾配（角度）」によって規制される。第一種・第二種低層住居専用地域および田園住居地域では適用はない。
③北側斜線制限	南側に高い建物を建てられると、北側の家は日照を妨げられることとなるので、日照が重要視される第一種・第二種低層住居専用地域、第一種・第二種中高層住居専用地域および田園住居地域に限って、この制限規定が設けられている。北側隣地境界線を起点として「高さ」と「斜線の勾配（角度）」によって規制される。

3．不適切。第一種・第二種低層住居専用地域および田園住居地域内の建築物は、10mまたは12mのうち、都市計画で定められた高さを超えてはならないとされている。第一種住居地域内ではない。

4．適切。都市計画区域および準都市計画区域内の建築物の敷地は、原則として建築基準法上の道路（自動車のみの交通の用に供する道路等は除かれる）に２m以上接しなければならない。

問題 47　正解　1　難易度 A

1．不適切。敷地利用権が数人で有する所有権その他の権利（地上権、賃借権）である場合には、区分所有者は、原則としてその有する専有部分とその専有部分に係る敷地利用権とを分離して処分することができない。ただし、規約に別段の定めがあるときは、この限りでないとされている。

2．適切。区分所有者は、規約に別段の定めがない限り、集会の決議によって管理者を選任し、または解任することができる。

3．適切。区分所有建物の建替えは、集会において、区分所有者および議決権の各５分の４以上の多数により、その旨の決議をすることができる。

4．適切。マンションなどの共有部分に対する各区分所有者の共有持分は、原則として各共有者が有する専有部分の床面積の割合によるが、規約で別段の定めをすることはできる。

問題 48　正解　2　難易度 B

1．不適切。不動産取得税は、土地や家屋の購入、贈与、家屋の建築などで不動産を取得したときに、取得者に対して課される税金である。相続により取得した場合は課されないが、贈与により取得した場合は課される。

2．適切。所定の要件を満たす戸建住宅（認定長期優良住宅を除く）を新築した場合、不動産取得税の算定にあたっては、１戸につき最高1,200万円を価格から控除することができる。認定長期優良住宅の場合、１戸につき最高1,300万円を価格から控除することができる。

3．不適切。登録免許税は、贈与により不動産を取得した場合の所有権移転登記においても課される。登録免許税の税率は、贈与・遺贈による所有権移転登記では1,000分の20（2.0％）であるのに対し、相続による所有権移転登記の場合は1,000分の４（0.4％）であり、贈与による場合は相続による場合に比べて高くなる。

4．不適切。建物表題登記を申請する場合、登録免許税はかからない。

問題 49　正解　2　難易度 A

1．適切。3,000万円特別控除は、居住用財産を配偶者や直系血族に譲渡した場合には適用を受けることができない。

2．不適切。3,000万円特別控除は、所有期間に関係なく適用を受けられる。

3．適切。軽減税率の特例では、課税長期譲渡所得が6,000万円以下の部分について、所得税10％（復興特別所得税を加えると10.21％）・住民税４％の軽減税率が適用される。6,000万円を超える部分については所得税15％（同15.315％）・住民税５％の税率が適用される。

＜不動産の譲渡所得の税率＞

土地建物等の譲渡に係る所得については、その土地建物等を譲渡した日の属する年の１月１日現在で、所有期間が５年以下の場合には短期譲渡所得、５年を超える場合には長期譲渡所得に区分され、適用される税率が異なっている。それぞれの税率は次のとおり。

	課税譲渡所得金額	所得税	住民税
短期譲渡	—	30％ （30.63％）	９％
長期譲渡	—	15％ （15.315％）	５％
10年超所有の 居住用財産の譲渡 （軽減税率）	6,000万円以下の部分 6,000万円超の部分	10％（10.21％） 15％（15.315％）	４％ ５％

（注）カッコ内は、復興特別所得税（基準所得税額×2.1％）を加算した税率

4．適切。3,000万円特別控除と軽減税率の特例は、重複して適用を受けることができる。

問題 50　正解　4　難易度 A

1．適切。事業受託方式は、土地所有者の依頼を受けたデベロッパー等が、建物・施設などのプランニング、事業収支計画、施工、入居者募集、完成後の管理運営などの業務を総合的に引き受ける方式であるが、建設資金の調達や返済は土地所有者が行う。

2．適切。建設協力金方式は、土地所有者が建設する建物を借り受ける予定のテナント等から、建設資金の全部または一部を建設協力金として借り受けて建物を建設する方式であり、当該建物の所有名義は土地所有者である。テナントからの賃貸料で借入金を返済するため、自己資金が少なくても賃貸事業を行うことができる。

3．適切。定期借地権方式は、土地に定期借地権を設定して借地人に賃貸し、資金調達および事業については借地人が行う方式で、土地を一定期間貸し付けることによる地代収入を得ることができ、当該土地上に建設される建物の建設資金を負担する必要がない。

4．不適切。等価交換方式は、土地所有者が所有している土地を出資して、その土地にデベロッパーが建物を建設し、建物が完成した後に、土地所有者とデベロッパーが、それぞれの出資比率に応じた割合で土地・建物を取得する方式であり、土地所有者は建設資金の調達を要しない。

問題 51　正解　3　難易度 C

1．不適切。書面によらない贈与は、各当事者が解除をすることができる。ただし、履行の終わった部分については、解除することはできない。

2．不適切。定期贈与とは、一定の時期ごとに無償で財産を与える契約をいい、贈与者または受贈者の死亡によって、その効力を失う。

3．適切。受贈者が負担を履行しないときは、贈与者は契約を解除できる。

4．不適切。死因贈与では、民法の遺贈に関する規定が準用されるが、すべての規定が準用されるわけではなく、準用されるのは効力に関する規定である。死因贈与の契約は、受贈者の承諾が必要となる（遺贈は受贈者の承諾は不要）。

問題 52　正解　4　難易度 B

1．適切。記述のとおり。贈与税の課税対象にはならないが、所得税の課税対象になる。

2．適切。記述のとおり。

3．適切。記述のとおり。

4．不適切。本肢のケースの場合、子が受け取った死亡保険金は、母から子へのみなし贈与財産として贈与税の課税対象となる。

問題 53　正解　2　難易度 B

1．適切。贈与税額の計算は、受贈者単位で行う。

2．不適切。相続時精算課税制度の適用を受けた贈与財産に係る贈与税額の計算上、特別控除額は特定贈与者ごとに、累計2,500万円である。なお、令和５年度税制改正により、特別控除額とは別に、年間110万円まで控除することができ、相続財産に加算する価額は、当該控除額の合計を差し引いた額となる（令和６年１月１月以降）。

3．適切。記述のとおり。

4．適切。贈与税の計算における速算表は、一般贈与財産（特例贈与財産以外の贈与財産：夫婦間、兄弟姉妹間、未成年への贈与など）に適用するものと、特例贈与財産（その年の１月１日において18歳以上の者が直系尊属から受ける贈与財産）に適用するもの（特例税率を適用）とがあり、本肢の場合は、後者に該当する。

問題 54　正解　1　難易度 B

1．不適切。養子の法定相続分は、実子の法定相続分と同じである。

2．適切。父母の一方のみを同じくする兄弟姉妹（半血兄弟姉妹）の法定相続分は、父母の双方を同じくする兄弟姉妹（全血兄弟姉妹）の相続分の２分の１である。

3．適切。記述のとおり。

4．適切。記述のとおり。

問題 55　正解　4　難易度 B

1．不適切。相続人全員の意思で遺産分割協議を合意解除することは認められている。

2．不適切。代償分割は共同相続人の１人または数人が相続により財産の現物を取得し、その現物を取得した者が他の共同相続人に対し債務を負担する分割の方法をいい、共同相続人が家庭裁判所に申立て・審判を受ける必要はない。

3．不適切。相続財産である不動産を、共同相続人間で遺産分割するために譲渡して換価した場合、各相続人がその代金の配分の割合で譲渡したこととなるため、譲渡所得として所得税の課税対象となる。

4．適切。記述のとおり。

問題 56　正解　1　難易度 C

1．適切。相続が開始すると、被相続人の相続財産は、相続人に承継されることになるが、相続人の有無が不明の場合、相続財産の管理・清算をし、相続人を捜索する必要がある。これらの手続きを民法では「相続人の不存在」として規定している。当該規定により、相続人のあることが明らかでないときは、相続財産は法人となる。なお、被相続人と生計を同じくしていた者、被相続人の療養看護に努めた者など、相続人ではないが、実際上被相続人と深い縁故をもっていた者を特別縁故者といい、特別縁故者の請求によって、被相続人の相続財産の全部または一部が分与されることがある。

2．不適切。相続の単純承認をした相続人は、被相続人の財産のうち、積極財産のみならず消極財産も相続する。

3．不適切。限定承認は、相続人が複数いる場合、相続人全員で行う必要がある。単独ですることはできない。

4．不適切。相続の放棄をする場合は、相続人は相続の開始があったことを知った時から原則として3ヵ月以内に家庭裁判所に申述しなければならない。

問題 57　正解　3　難易度 B

1．不適切。遺産に係る基礎控除額の計算上、法定相続人の数に含めることができる養子（実子とみなされる者を除く）の数は、実子がいる場合、1人に制限される。

2．不適切。相続または遺贈により財産を取得した者が、次の者以外の場合には、その相続人等の算出税額の100分の20に相当する金額を加算（2割加算）する。2割加算の対象にならない者は、①被相続人の配偶者、②被相続人の1親等の血族（代襲相続人を含む）なので、本肢の場合、2割加算の対象にはならない。

3．適切。記述のとおり。

4．不適切。「配偶者に対する相続税額の軽減」の適用を受けることができる配偶者は、被相続人と法律上の婚姻の届出をした者に限られ、いわゆる内縁の配偶者は含まれない。

問題 58　正解　3　難易度 B

1．適切。記述のとおり。

2．適切。記述のとおり。

3．不適切。Aさんが、自己が所有する宅地の上に店舗用建物を建築し、当該建物を第三者に賃貸していた場合、この宅地は、貸家建付地として評価する。

4．適切。記述のとおり。

問題 59　正解　2　難易度 B

1．適切。特定居住用宅地等に該当する宅地等として本特例の適用を受けることができる。

2．不適切。特定居住用宅地等の要件のうち、配偶者の申告期限までの継続要件に、居住と所有の要件はない。

3．適切。記述のとおり。

4．適切。記述のとおり。

問題 60　正解　4　難易度 B

1．適切。相続税の延納の担保には、国債、有価証券、土地、建物等を提供することができる。なお、担保として提供できる財産は、相続等で取得した財産に限らず、納税申請者の固有の財産や共同相続人または第三者の所有する財産でも可能である。ただし、延納は、申告期限までに延納申請書を提出し、所轄税務署長の許可を得ることが必要である。

2．適切。記述のとおり。

3．適切。物納に充てることのできる財産の種類には順位があり、第１順位：不動産、国債、上場株式等、第２順位：非上場株式等、第３順位：動産、となっている。

4．不適切。小規模宅地等についての相続税の課税価格の計算の特例の適用を受けた相続財産を物納する場合の収納価額は、特例適用後の価額となる。

解答・解説編

2022年９月試験

解答一覧

問題１	問題２	問題３	問題４	問題５	問題６	問題７	問題８	問題９	問題10
3	2	4	4	3	2	4	1	4	4

問題11	問題12	問題13	問題14	問題15	問題16	問題17	問題18	問題19	問題20
4	3	4	1	1	4	2	1	1	3

問題21	問題22	問題23	問題24	問題25	問題26	問題27	問題28	問題29	問題30
1	3	2	2	2	2	3	3	4	1

問題31	問題32	問題33	問題34	問題35	問題36	問題37	問題38	問題39	問題40
3	2	2	2	4	2	3	1	3	1

問題41	問題42	問題43	問題44	問題45	問題46	問題47	問題48	問題49	問題50
4	1	4	4	3	1	2	3	1	2

問題51	問題52	問題53	問題54	問題55	問題56	問題57	問題58	問題59	問題60
1	2	1	4	1	4	3	2	3	1

〈合格基準〉60点満点で36点以上（各１点）

●参考

正解が「1」	正解が「2」	正解が「3」	正解が「4」
16問	15問	14問	15問

●試験問題の難易度（各問題について、ＡＢＣで難易度を判定しています）

A	易しいレベルの問題、点数をとりやすい問題	26問
B	２級の試験として通常レベルの問題	30問
C	難しい問題、新しい傾向の問題	4問

問題 1　正解　3　難易度 A

1．適切。老齢基礎年金や老齢厚生年金といった「公的年金」の受給要件や請求方法について説明することは、社会保険労務士の独占業務には該当しないため、適切。社会保険労務士の独占業務には、年金事務所や労働基準監督署などに提出する書類の作成、および提出手続きの代行などがある。
2．適切。任意後見人には成人であれば基本的に誰がなってもよく、法律上の制限はないとされる。弁護士の資格は要しないため、適切。
3．不適切。「投資顧問契約」を結んで「投資助言行為」を行うには、金融商品取引業の登録を受ける必要がある。本問では投資情報を不特定多数相手に行っているものの、個別・相対性の高い情報であることや、それに対する報酬を受け取っていることから、投資顧問契約を要する行為と考えられ、金融取引業の登録を受けていないのは不適切。一般的な景気動向や業界動向、企業業績などの情報提供に関しては、業法に抵触しない。
4．適切。生命保険の一般的な商品性や活用方法を説明するのに生命保険募集人の資格を有する必要はない。保険の募集を目的として、具体的な保険商品の説明を行う場合は、保険募集人の資格を要する。

問題 2　正解　2　難易度 A

・健康保険の被保険者資格を喪失した者で、喪失日の前日までに引き続き２ヵ月以上被保険者であった者は、所定の申出により、最長で（ア．２）年間、健康保険の任意継続被保険者となることができる。
・全国健康保険協会管掌健康保険（協会けんぽ）の場合、（イ．一般）保険料率は、都道府県ごとに定められているのに対して、（ウ．介護）保険料率は、全国一律に定められている。
・国民健康保険の被保険者が（エ．75歳）に達すると、その被保険者資格を喪失し、後期高齢者医療制度の被保険者となる。

（ア）について

健康保険の任意継続被保険者となるためには、健康保険の被保険者資格を喪失した日の前日までに継続して２ヵ月以上の被保険者期間がなければならない。なお、任意継続被保険者は、原則として、資格喪失日から20日以内に住所地を管轄する全国健康保険協会の都道府県支部（協会けんぽの場合）に申請が必要である。

（イ）と（ウ）について

協会けんぽの一般保険料率は、2009年９月から都道府県単位保険料率に変更となった。2023年度の一般保険料率は、最高が佐賀県の10.51％、最低は新潟県の9.33％である。

なお、介護保険料率は、全国一律で、2023年度は、1.82％である。

（エ）について

健康保険や国民健康保険の被保険者が75歳に達すると、原則として、その被保険者資格を喪失して後期高齢者医療制度の被保険者となる。なお、自動的に後期高齢者医療制度の被保険者となるため、加入手続きは不要である。

問題 3　正解　4　難易度 C

1．不適切。育児休業給付金は、一般被保険者が１歳または１歳２ヵ月（支給対象期間の延長に該当する場合は１歳６ヵ月または２歳）未満の子を養育するために育児休業を取得した場合に、休業開始前の２年間に賃金支払基礎日数が11日以上ある完全月が12ヵ月以上あるか、もしくは賃金の支払の基礎となった時間数が80時間以上である完全月が12ヵ月以上なければ支給されない。

2．不適切。育児休業給付金の支給額は、１支給単位期間について、休業開始日から休業日数が通算して180日に達するまでの間は、原則として、休業開始時賃金日額に支給日数を乗じて得た額の67％相当額となっている。

なお、181日目以降については、１支給単位期間当たり、「休業開始時賃金日額×支給日数×50％」相当額となる。

3．不適切。介護休業給付金は、同一の対象家族について介護休業を分割して取得する場合、休業開始日から休業日数が通算して93日に達するまでに３回を限度として支給される。

なお、介護休業給付金は、次の①および②を満たす介護休業について支給される。

①負傷、疾病または身体上もしくは精神上の障害により、２週間以上にわたり常時介護（歩行、排泄、食事等の日常生活に必要な便宜を供与すること）を必要とする状態にある家族を、介護するための休業であること

②被保険者が、その期間の初日および末日とする日を明らかにして事業主に申し出を行い、これによって被保険者が実際に取得した休業であること

4．適切。一般被保険者の配偶者の父母は、介護休業給付金の支給対象となる家族に該当する。

なお、介護休業給付金の支給対象となる家族とは、被保険者の、配偶者（事実上の婚姻関係と同様の状況の者を含む。）、父母（養父母を含む。）、子（養子を含

む。)、配偶者の父母、被保険者の祖父母、兄弟姉妹、孫となっている。

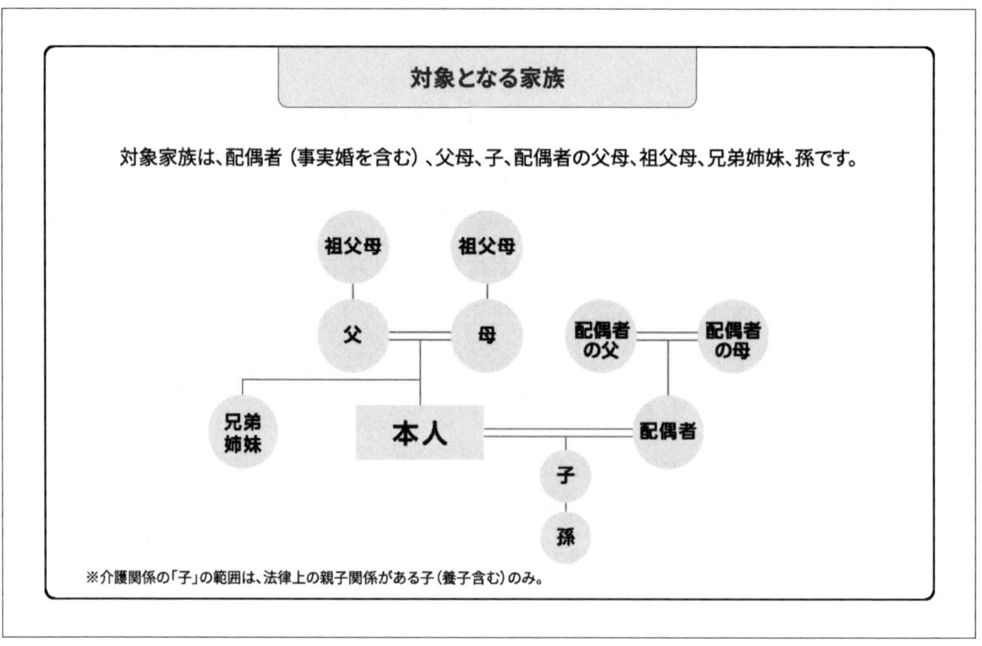

出典：厚生労働省ホームページ

問題 4　正解　4　難易度 B

1．適切。国民年金の付加保険料は、将来の一定期間の保険料を前納することができ、前納する期間に応じて所定の額が控除される。

付加保険の納付方法には、現金、クレジットカード納付、口座振替があり、それぞれ前納する期間に応じて所定の額が割り引かれる。

2．適切。第1号被保険者で障害基礎年金または障害等級1級もしくは2級の障害厚生年金を受給している者は、原則として、所定の届出により、保険料の納付が免除される。

国民年金の保険料免除には、法定免除、申請免除、産前産後期間の免除の3種類がある。

法定免除の対象者は、次のとおりである。

①障害基礎年金（または障害厚生年金・障害共済年金）の1・2級を受けているとき

②生活保護法による生活扶助を受けるとき

③厚生労働大臣が指定する施設（ハンセン病療養所等）に入所しているとき

3．適切。第1号被保険者が出産する場合、所定の届出により、出産予定月の前月から4ヵ月間（多胎妊娠の場合は出産予定月の3ヵ月前から6ヵ月間）、保険料の納付が免除される。

なお、免除期間については、保険料を納付した期間として扱われ、老齢基礎年金の受給額に反映される。

4．不適切。保険料の免除を受けた期間の翌年度から起算して、３年度目以降に保険料を追納する場合には、承認を受けた当時の保険料額に経過期間に応じた加算額が上乗せされる。

よって、本肢の記述に「追納保険料は、追納する時期にかかわらず、免除された時点における保険料の額となる」とあるのは誤りである。

なお保険料免除期間に係る保険料のうち、追納することができる保険料は、追納に係る厚生労働大臣の承認を受けた日の属する月前10年以内の期間に係るものに限られる。

問題 5　正解　3　難易度 B

1．適切。遺族厚生年金の受給権者が、65歳到達日に老齢基礎年金の受給権を取得した場合、遺族厚生年金が支給される際には老齢基礎年金も併給される。

公的年金は、支給事由（老齢、障害、遺族）が異なる２つ以上の年金を受けられるようになったとき、原則、いずれか１つの年金を選択することになる。

ただし、65歳以後は、遺族厚生年金の受給権者が、老齢基礎年金の受給権を取得した場合、特例的に支給事由が異なる２つ以上の年金を受けられる。

2．適切。同一の事由により、障害厚生年金と労働者災害補償保険法に基づく障害補償年金が支給される場合、障害補償年金は所定の調整率により減額され、障害厚生年金は全額支給される。

これは、両制度からの年金が未調整のまま支給されると、受け取る年金額の合計が、被災前に支給されていた賃金よりも高額になるためである。

●労災年金と厚生年金保険等の調整率

労災年金		障害補償年金 障害年金	遺族補償年金 遺族年金
社会保険の種類	併給される年金給付		
厚生年金保険 および国民年金	障害厚生年金および 障害基礎年金	0.73	—
	遺族厚生年金および 遺族基礎年金	—	0.80
厚生年金保険	障害厚生年金	0.83	—
	遺族厚生年金	—	0.84
国民年金	障害基礎年金	0.88	—
	遺族基礎年金	—	0.88

出典：厚生労働省ホームページ

3．不適切。3号分割とは、2008年5月1日以後に離婚等をし、次の①と②の条件に該当したときに、国民年金の第3号被保険者であった人からの請求で、2008年4月1日以後の婚姻期間中の第3号被保険者期間における相手の人の厚生年金記録（標準報酬月額・標準賞与額）を2分の1ずつ、当事者間で分割することができるという制度である。

①婚姻期間中に2008年4月1日以後の国民年金の第3号被保険者期間中の厚生年金記録（標準報酬月額・標準賞与額）があること

②請求期限（原則、離婚等をした日の翌日から起算して2年以内）を経過していないこと

よって、3．の記述中、「1986年4月以降の国民年金の第3号被保険者であった期間における」とある部分が誤りである。

なお、分割の対象となるのは、婚姻期間中の記録のみであり、請求ついては、当事者双方の合意は必要ない。

4．適切。老齢厚生年金や遺族厚生年金等の年金給付を受ける権利（基本権）は、原則として、その支給すべき事由が生じた日から5年を経過したときに時効により消滅する。

なお、死亡一時金を受ける権利の時効は、死亡日の翌日から2年となっている。

問題 6　正解　2　難易度 B

1．不適切。国民年金基金に加入できる人は、次の人である。

・20歳以上60歳未満の自営業者、フリーランスなどの国民年金の第1号被保険者

・日本国内に住所を有する60歳以上65歳未満の国民年金の任意加入被保険者およ

び海外居住者であって国民年金の任意加入被保険者

したがって、第３号被保険者は、加入することができない。

2．適切。国民年金基金には、国内に住所を有する60歳以上65歳未満の国民年金の任意加入被保険者も加入することができる。

なお、国民年金基金に加入できる人は、1．の解説のとおりだが、国民年金の第１号被保険者であっても、次の人は加入できない。

・国民年金の保険料を免除されている人（一部免除・学生納付特例・若年者納付猶予を含む。）

・農業者年金の被保険者

3．不適切。小規模企業共済に加入した場合、支払った掛金額の全額が小規模企業共済等掛金控除として所得税の所得控除の対象となる。よって、「支払った掛金額に２分の１を乗じた額」が所得控除の対象になるとした本肢の記述は誤り。

●小規模企業共済制度について

項目	小規模企業共済制度
加入対象者	常時使用する従業員の数が20人以下（商業・サービス業の場合は５人以下）の個人事業主または会社等の役員
掛金の税法上の取り扱い	「小規模企業共済等掛金控除」として全額所得控除の対象
掛金の負担者	加入者本人
掛金月額上限額	月額70,000円以内で選択

4．不適切。新規で中小企業退職金共済に加入すると、加入後４ヵ月目から１年間、掛金月額の２分の１相当額（従業員ごとに5,000円が上限）が国から助成される。

よって、本肢の記述中、「加入月から１年間～国の助成を受けることができる」とあるのは誤りである。

●中小企業退職金共済制度について

項目	中小企業退職金共済制度
加入対象者	中小企業の従業員
掛金の税法上の取り扱い	法人の場合は全額損金、個人事業の場合は全額必要経費
掛金の負担者	事業主
掛金月額上限額	月額30,000円以内で選択。 短時間労働者は月額4,000円以内で選択

問題 7 正解 4 難易度 A

1．不適切。年金受取開始前に被保険者（＝年金受取人）が死亡した場合、それまでに支払った既払保険料総額が死亡保険金として支給されるタイプが一般的。契約内容によっては、さらなる死亡保険金を上乗せされて支給される場合もある。したがって、将来の年金受取総額を死亡給付金として受け取ることができるとした本肢の記述は不適切。

2．不適切。変額個人年金の保険料の一部は「特別勘定」で資産運用される。その運用リスクは解約返戻金にも及ぶため、本問は不適切。運用実績が芳しくなければ、既払保険料総額＞解約返戻金となることもあり、運用実績が好調であれば、既払保険料総額＜解約返戻金となることもある。

3．不適切。「夫婦年金」は、夫婦の双方が死亡した時点で契約が消滅して年金支払いが終了する年金。つまり、夫婦の一方が生存していれば年金を受け取り続けることができる。したがって、不適切。

4．適切。「終身年金」とは、一生涯に渡り年金を受け取れる年金の支給方法を指す。女性の方が男性に比べて平均寿命が長いため、本肢のとおり保険料は女性の方が高くなる。

問題 8 正解 1 難易度 A

1．不適切。老齢基礎年金および老齢厚生年金は、その年中に受け取る当該年金の収入金額から公的年金等控除額を控除した金額が雑所得として所得税の課税対象となる。よって、「一時所得として所得税の課税対象となる」とした本肢の記述は誤りである。

なお、雑所得となる主な公的年金等には、次のものがある。

①国民年金法、厚生年金保険法、公務員等の共済組合法などの規定による年金

②過去の勤務により会社などから支払われる年金

③確定給付企業年金法の規定に基づいて支給を受ける年金

④外国の法令に基づく保険または共済に関する制度で①に掲げる法律の規定による社会保険または共済制度に類するものに基づいて支給を受ける年金

2．適切。障害基礎年金および障害厚生年金は、所得税の非課税所得となる。なお、遺族基礎年金および遺族厚生年金についても、所得税の非課税所得となる。

3．適切。老齢基礎年金および老齢厚生年金の受給者が死亡した場合において、その者に支給されるべき年金給付のうち、まだ支給されていなかったもの（未支給年金）は、当該年金を受け取った遺族の一時所得として所得税の課税対象となる。

未支給年金とは、死亡した人に支給されるはずであった年金が未払いのまま（未

請求者も含む)、残っている年金のことである。

年金は、死亡した日の属する月の分まで支払われるため、必ず未支給年金が生じることになる。

4．適切。国民年金の保険料および国民年金基金の掛金は、いずれも社会保険料控除として所得税の所得控除の対象となる。

なお、配偶者や家族の負担すべき国民年金保険料を納めたときは、納めた人がその保険料額を申告することができる。

問題 9　正解　4　難易度 A

1．不適切。フラット35の融資額は最高8,000万円である。

2．不適切。返済方法は元利均等方式、元金均等方式のいずれかを選択できる。

3．不適切。店舗付き住宅などの併用住宅の場合、住宅部分の床面積が非住宅部分の床面積以上であることが必要とされるため、不適切。

4．適切。「買取型」の場合、記述のとおり。

問題 10　正解　4　難易度 A

1．適切。企業が資金調達するのに発行する債券を「社債」という。中でも少数の特定の投資家に直接勧誘を行って資金調達するものを「私募債」という。これに対し、不特定多数の投資家に対して広く勧誘を行うものを「公募債」という。

2．適切。「信用保証協会保証付融資（マル保融資)」とは、企業が金融機関から融資を受ける際に、信用保証協会の保証を付けることにより、万が一当該企業の返済が滞った場合に、代わりに信用保証協会が貸主である金融機関に返済する仕組み。企業は信用保証協会に保証料を負担しなければならないが、金融機関にとっては安心して融資を行えることから、取引の浅い中小企業や小規模事業者が融資を受けるのに用いられることが多い。保証を受けるには、一定の要件を満たす必要があり、「企業規模」「業種」「区域・業歴」といった３つの基準が設けられている。

3．適切。記述のとおり。従来は融資担保といえば不動産であったが、不動産を保有しない企業も、新しい資金調達方法としてABL（動産・債権担保融資）を活用することにより、融資を受ける幅が広がった。

4．不適切。「インパクトローン」とは、資金使途に制限のない外貨貸付をいう。したがって、不適切。輸入の決済や為替のリスクヘッジなどの目的で企業が金融機関から借り入れるのが一般的である。

問題 11　正解　4　難易度 B

1．適切。大数の法則とは、人の死亡など一見して偶然に見える事象も、そのサンプルを多数集めると一定の確率（性別・年齢別の死亡率など）に近づくという法則である。生命保険事業における収支相等の原則とは、生命保険会社が受け取る保険料とその運用収益の総額が、保険会社が支払う保険金等と生命保険会社の運営経費の総額と等しくなるというものである。これらに基づき、予定死亡率、予定利率および予定事業費率の３つの基礎率を用いて保険料が算出される。

2．適切。記述のとおり。なお、純保険料は予定利率と予定死亡率に基づいて定められ、付加保険料は予定事業費率に基づいて定められる。

3．適切。予定利率を低く設定すると、預かった保険料の運用収益を少なく見積もるため、その分新規契約の保険料は高くなる。逆に予定利率を高く設定すると、新規契約の保険料は低くなる。予定死亡率や予定事業費率を低く設定した場合は、死亡保険金の支払いや事業費の支払いを少なく見積もるため、その分新規契約の保険料は低くなる。

4．不適切。保険会社が実際に要した事業費率と死亡率が、予定事業費率や予定死亡率よりも多かった場合は、費差損、死差損が生じる。逆に保険会社が実際に得られた運用利率が予定利率よりも高かった場合は利差益が生じる。

問題 12　正解　3　難易度 B

1．適切。変額保険は終身型・有期型とも、死亡・高度障害状態で支払われる保険金について、契約時に定めた保険金額（基本保険金額）が保証されている。運用実績によって、死亡・高度障害保険金の額が基本保険金額を上回る場合があるが、基本保険金額を下回ることはない。なお、解約返戻金と有期型の満期保険金について最低保証金額はない。

2．適切。収入保障保険の死亡保険金を一時金で受け取る場合の受取額は、年金総額を所定の利率で割り戻した年金原資に相当する金額となる。したがって、その金額は、年金原資を所定の利率で運用しながら受取人に支払われる年金の総額と比較すると少なくなる。

3．不適切。生存給付金付定期保険では、被保険者が保険期間中に死亡した場合、契約時に定めた死亡保険金が支払われる。その間に支払われた生存給付金の額が差し引かれることはない。

4．適切。定期保険特約付終身保険において、定期保険特約の保険期間満了時に保険金額を同額で更新する場合、被保険者の健康状態についての告知や診査は不要である。増額して更新する場合は、告知・診査が必要となる。なお、定期保険特約の更新の際は、適用される被保険者の年齢が更新前よりも高くなるため、更新後の保険料は更新前よりも高くなる。

問題 13 正解 4 難易度 B

1．適切。養老保険は、保険期間中に死亡保険金・高度障害保険金が支払われた場合は、その時点で保険契約は終了する。また養老保険は、死亡保険金・高度障害保険金の支払事由に該当せずに保険期間が満了した場合、死亡・高度障害保険金と同額の満期保険金を受け取ることができ、保険契約が終了する。

2．適切。積立利率変動型終身保険では、契約後に積立利率が変動する場合がある。そのため、積立利率が契約時より高くなった場合、契約時に定めた保険金額（基本保険金額）を上回る保険金額を受け取れることがある。

3．適切。記述のとおり。外貨建て個人年金保険では、年金を円貨で受け取る場合、外貨と円貨の為替レートの変動により、年金受取総額が払込保険料相当額を下回ったり、逆に上回ったりする為替差損益が発生することがある。

4．不適切。外貨建て終身保険の円換算支払特約は、死亡保険金が円貨で支払われる特約である。この特約を付保しても、為替変動があった場合には、円貨で受け取る死亡保険金額が変動し、既払込保険料相当額を下回ることがある。したがって円換算支払特約は、当該保険契約の締結後から保険金を受け取るまでの為替リスクを回避するものではない。

問題 14 正解 1 難易度 B

1．適切。団体定期保険（Bグループ保険）は、従業員等が任意に加入することができる保険期間1年の定期保険である。従業員等を保険料負担者・被保険者とする。役員・従業員の自助努力による遺族保障を目的とした保険商品であり、企業（団体）の福利厚生制度のひとつとして活用されている。

2．不適切。総合福祉団体定期保険のヒューマン・ヴァリュー特約は、被保険者の死亡により、企業（団体）が死亡した者の代替者の採用・教育研修などにかかる経済的損失に備えるものである。特約死亡保険金は主契約と同額まで設定することが可能で、保険金受取人は被保険者の遺族ではなく、企業（団体）となる。

3．不適切。団体信用生命保険は、被保険者を住宅ローン利用者（債務者）、死亡保険金受取人を住宅ローンの貸し出しを行っている金融機関（債権者）とする団体保険である。保険金額を住宅ローンの残高とすることで債務者が住宅ローン支払い中に死亡・高度障害状態となった場合には保険金が金融機関に支払われ、遺族に住宅ローンが残らない。

4．不適切。勤労者財産形成貯蓄積立保険（一般財形）は、従業員の自助努力による資産形成を行う財形制度における保険商品である。保険会社と企業の契約にもとづき、従業員の給与から控除して積み立てを行う。資金の使い道は自由である。

従業員が不慮の事故で死亡・高度障害状態となった時は、払込保険料累計額の５倍相当額の保険金が支払われる。利子差益については20.315％の源泉分離課税が行われる。したがって、利子差益が非課税となる取扱いはない。住宅財形や年金財形の場合は、要件を満たす引き出しを行う場合に、利子差益が非課税となる。

問題 15　正解　1　難易度 B

1．適切。生命保険の保険料の払込みにおいて、自動振替貸付で保険料に充当された金額は、その年の生命保険料控除の対象となる。なお、自動振替貸付を受けた金額を保険会社に返済した場合、その返済額は生命保険料控除の対象とならない。

2．不適切。2012年１月１日以後に締結した生命保険契約に係る一般の生命保険料控除、個人年金保険料控除、介護医療保険料控除の控除限度額は、所得税では各４万円である。

3．不適切。財形制度に係る生命保険商品（勤労者財産形成貯蓄積立保険、勤労者財産形成住宅貯蓄積立保険、勤労者財産形成年金積立保険）については、いずれも生命保険料控除の対象外である。

4．不適切。死亡保障と医療保障を兼ねた組込型保険商品については、次のいずれかの条件を満たす場合に介護医療保険料控除の対象となる。

・死亡保険金の額が、入院給付金日額の100倍に相当する額を限度とする場合
・死亡保険金の額が、「保険料積立金の額」または「既支払保険料の累計額」のいずれか大きい額を限度とする場合
・死亡保険金の額が、がんに罹患したことに基因して支払われる保険金の額の５分の１に相当する額を限度とする場合

特定（三大）疾病保障定期保険の保険料は、これらのいずれにも該当しないため、介護医療保険料控除の対象ではなく、一般の生命保険料控除の対象となる。

問題 16　正解　4　難易度 C

1．適切。契約者・死亡保険金受取人が法人である終身保険の支払保険料は、その全額を保険料積立金として資産に計上する。死亡保険金受取人が役員の遺族である場合は、その全額を当該役員の給与として計上する。

2．適切。契約者が法人、被保険者が役員・従業員全員である養老保険では、死亡保険金・満期保険金受取人によって、以下のとおり経理処理が異なる。本肢の契約

形態では、主契約保険料の全額を保険料積立金として資産計上する。

<table>
<tr><th colspan="2">保険金受取人</th><th colspan="2">保険料の経理処理</th></tr>
<tr><th>死亡保険金</th><th>満期保険金</th><th>主契約保険料</th><th>特約保険料</th></tr>
<tr><td>法人</td><td>法人</td><td>資産計上</td><td>損金算入</td></tr>
<tr><td>被保険者の遺族</td><td>被保険者</td><td>被保険者の給与・報酬</td><td>損金算入（※）</td></tr>
<tr><td>被保険者の遺族</td><td>法人</td><td>1／2資産計上
1／2損金算入（※）</td><td>損金算入（※）</td></tr>
</table>

※特定の役員・従業員を被保険者とする場合は、当該被保険者の給与・報酬となる。

3．適切。2019年7月8日以後の契約から、死亡保険金受取人が法人で、最高解約返戻率が70%超85%以下である定期保険の支払保険料は、保険期間の前半の4割相当期間においては、その60%相当額を資産（前払保険料）に計上し、残額の40%相当額を損金（定期保険料）に算入する。

なお、最高解約返戻率に応じて以下のような取扱いとなっている。

<table>
<tr><th>最高解約返戻率
50%超70%以下</th><th>最高解約返戻率85%超</th></tr>
<tr><td>保険期間の当初40%まで
当期分保険料の40%：資産計上
60%：損金算入</td><td rowspan="3">以下①②のうちいずれか長い期間まで
①最高解約返戻率となる期間
②①の期間経過後「解約返戻金額の増加額÷年換算保険料」が70%を超える期間
（①②のうちいずれか長い期間が5年未満となる場合は5年間。保険期間10年未満は保険期間の50%）
<保険期間の当初10年間>
資産計上額＝当期分保険料×最高解約返戻率×90%
損金算入額＝当期分保険料－資産計上額
<保険期間の当初11年目以降>
資産計上額＝当期分保険料×最高解約返戻率×70%
損金算入額＝当期分保険料－資産計上額</td></tr>
<tr><th>最高解約返戻率
70%超85%以下</th></tr>
<tr><td>保険期間の当初40%まで
当期分保険料の60%：資産計上
40%：損金算入</td></tr>
<tr><td colspan="2">以下の期間まで当期分保険料の全額を損金算入</td></tr>
<tr><td>保険期間の75%経過後
・当期分保険料の全額を損金算入
・それまでに資産計上した分を均等に取り崩して損金算入</td><td>解約返戻金が最も高額となる時期を経過後
・当期分保険料の全額を損金算入
・それまでに資産計上した分を均等に取り崩して損金算入</td></tr>
</table>

※最高解約返戻率が50%以下、最高解約返戻率が70%以下かつ年換算保険料（支払保険料総額÷保険期間）が30万円以下、保険期間3年未満は全額損金。

4．不適切。2019年7月8日以後の契約において、解約返戻金のない終身払いの医療保険の支払保険料は、支払った日の属する事業年度の損金に算入することができる。

なお、解約返戻金のない医療保険であっても短期払いのものは、保険期間の開始の日から被保険者の年齢が116歳に達する日までを計算上の保険期間とし、「年間保険料×保険料払込期間÷計算上の保険期間」を損金の額とする。損金算入額を超える部分を資産計上（保険料積立金）し、保険料払込期間後、資産計上額を計算上の保険期間満了まで均等に取り崩して損金化する。ただし、その事業年度に支払った保険料の額が被保険者1人当たり30万円以下であれば、その支払った日の属する事業年度の損金の額に算入することができる。

問題 17　正解　2　難易度 B

1．適切。火災保険の保険料は、対象となる住宅用建物の構造によりM構造、T構造、H構造の3つに区分されて算定される。M構造とはコンクリート造等の耐火建築物の共同住宅、T構造は耐火構造、H構造はM構造やT構造に該当しない非耐火構造をいう。M構造が最も耐火性が高く、保険料率が低い。

2．不適切。保険金額が保険価額と同額の2,000万円の火災保険に加入した後、火災により住宅建物が損害を被り、損害保険金2,000万円が支払われた場合は、保険契約は消滅する。一方、本肢のように、1回の事故による保険金の支払額が保険金額に満たない場合では、一般的に保険金額から支払われた保険金額が減額されることはなく、2回目以降に保険事故が発生した場合でも、保険金額が変わらないものとして取り扱われる。

3．適切。火災保険では、隣家の火災の消火活動により住宅建物に収容されている家財が損壊した場合、補償の対象となる。

4．適切。火災保険では、雪災により住宅用建物の屋根が損壊して一般的に20万円以上の損害が発生した場合、補償の対象となる。最近では損害の金額にかかわらず補償される火災保険もある。

問題 18　正解　1　難易度 B

1．不適切。家族傷害保険では、保険期間中に記名被保険者に子が生まれた場合、その子について追加保険料を支払うことなく補償される。家族傷害保険の被保険者は、記名被保険者、記名被保険者の配偶者、記名被保険者またはその配偶者と生計を共にする同居の親族、記名被保険者またはその配偶者と生計を共にする別居の未婚の子である。

2．適切。普通傷害保険は、業務中・業務外を問わず、日本国内外での不慮の事故によるケガを補償する。ただし、地震・噴火またはこれらによる津波によって生じたケガについては、特約を付保しなければ補償の対象外である。なお、特約により、就業中のみ補償、就業中は補償しないという付保の仕方もある。

3．適切。国内旅行傷害保険では、細菌性食中毒については、特約を付保することなく補償の対象となる。国内旅行行程中の地震・噴火・津波によるケガは、特約を付保しなければ補償の対象外である。

4．適切。海外旅行傷害保険では、海外旅行行程中の地震・噴火・津波によるケガによる損害について、特約を付保することなく補償の対象となる。なお、海外旅行行程中とは、自宅等を出てから自宅等に帰着するまでの間であり、国内で移動中の事故によって被った損害も補償の対象となる。

問題 19　正解　1　難易度 B

1．適切。就業不能保険は、被保険者が病気やケガで保険会社が定める就業不能の状態になった場合に、所定の保険金・給付金が一定期間支払われる。入院だけではなく、自宅療養などでも、就業不能状態であれば保険金・給付金の支払いの対象となる。

2．不適切。医療保険等の先進医療特約において、先進医療給付金の支払いの対象とされている先進医療とは、契約時点ではなく、療養を受けた時点において厚生労働大臣によって定められたものをいう。したがって、契約時点で先進医療と定められていても、受診前に保険診療に移行していたり先進医療から除外されたりして、先進医療に該当していないものは、先進医療給付金の支払いの対象とならない。

3．不適切。限定告知型の医療保険とは、被保険者の健康状態に関する告知の項目が、通常の保険契約と比較して少ないものをいう。したがって、通常の条件で契約できない健康状態であっても、限定告知型の医療保険であれば契約できる場合がある。そのため、保険料は割高となる。

4．不適切。がん保険では、被保険者ががんで入院したことにより受け取る入院給付金の日数に制限はない。なお、がん保険では契約後通常90日または3ヵ月間の免責期間が設けられており、その期間中に被保険者ががんと診断確定された場合は、がん診断給付金、がん入院給付金、がん手術給付金、がん通院給付金等の各種給付金は支払われない。

問題 20 正解 3 難易度 B

1．適切。自動車の運転中に誤って単独事故を起こして車両が破損するリスクに備えるためには、自動車保険の一般条件の車両保険が適している。車対車の事故に限定したエコノミー型の車両保険では、単独事故、当て逃げ、転覆・墜落、自転車との接触については補償されない。

2．適切。地震による津波で自宅が損壊するリスクに備えるためには、火災保険に地震保険を付帯する必要がある。地震保険の契約金額は、火災保険の契約金額の30％～50％の範囲内で、建物は5,000万円、家財は1,000万円が契約の限度額である。

3．不適切。個人賠償責任保険は、日常生活で第三者の身体や財物に損害を与えたときに、法律上の損害賠償責任を補償するものである。原動機付自転車を含む自動車の運転により他人に接触してケガをさせた場合の損害賠償責任は、原動機付自転車に付保されている自賠責保険で補償し、その金額を超える部分については任意のバイク保険や自動車保険のファミリーバイク特約に加入して補償する。

4．適切。被保険者が病気やケガで会社の業務にまったく従事することができなくなるリスクに備えるためには、所得補償保険や就業不能保険が適している。保険会社が定める就業不能の状態になった場合に、所定の保険金・給付金が一定期間支払われる。

問題 21 正解 1 難易度 A

1．不適切。貿易収支の黒字拡大はその国の通貨の買い要因、貿易収支の赤字拡大はその国の通貨の売り要因となる。たとえば、日本の対米貿易黒字が拡大すれば、輸出で得た米ドルを売って日本円を買う動きが拡大する要因になるので、一般に、円高・米ドル安要因となる。

2．適切。物価の上昇（インフレ）は通貨価値の目減りを意味するので、インフレ率が高い国の通貨は売られやすくなる。日本の物価が米国と比較して相対的に上昇するということは、日本のインフレ率のほうが高い（＝日本円の通貨価値の目減りのほうが大きい）ということなので、一般に、円安・米ドル高要因となる。

3．適切。米国の金利が上昇し日本との金利差が拡大すれば、米ドル建てで資金運用する魅力が高まるので、円売り・米ドル買いとなり、一般に、円安・米ドル高要因となる。

4．適切。日本銀行が金融市場調節として行う公開市場操作には、買いオペレーションと売りオペレーションがある。買いオペレーション（買いオペ）とは、日本銀行が民間金融機関が保有する国債などを買い上げるもので、日本銀行に国債などを売却した民間金融機関は日本銀行から売付代金を受け取れる。このため日本銀行から市場に資金が供給されることになり、市場における資金の需給関係は緩和するので、金利を低めに誘導する効果がある。

一方、売りオペレーション（売りオペ）とは、日本銀行が保有する国債などを民間金融機関に売却するもので、日本銀行が保有している国債などを購入した民間金融機関は買付代金を日本銀行に支払わなければならない。このため市場から資金が日本銀行に吸い上げられるので、市場における資金の需給関係は引き締まり、金利を高めに誘導する効果がある。

問題 22　正解　3　難易度 A

1．適切。約款上の投資対象に株式が含まれている証券投資信託を株式投資信託という。実際の株式組入比率がゼロであっても、株式を組み入れて運用することが可能な証券投資信託は、すべて株式投資信託に分類される。一方、約款で株式を組み入れて運用することを認めていない証券投資信託を公社債投資信託という。したがって、公社債投資信託の運用対象は公社債等に限定されており、株式を組み入れて運用することはできない。

2．適切。信託契約に基づいて運営される契約型投資信託は、委託者指図型と委託者非指図型に大別される。委託者指図型投資信託とは、信託財産を委託者の指図に基づいて、有価証券、不動産その他の資産に対して運用を行う信託である。投資信託委託会社が委託者として、受託者である信託銀行等に対して、運用の指図を行う。受託者である信託銀行等は、委託者からの指図に基づいて、実際に株式や債券等を売買するとともに、信託財産の名義人となって自己の名で管理する。投資家は受益者という立場になる。

一方、委託者非指図型投資信託とは、一つの信託約款に基づいて、受託者が複数の委託者との間に締結する信託契約により受け入れた金銭を、合同して、委託者の指図に基づかず、運用を行う信託である。投資家が委託者・受益者という立場になり、信託銀行等が受託者となる。投資信託委託会社は存在しない。このタイプは、信託財産を主として有価証券で運用することは認められていないので、主に不動産等で運用することになる。

3．不適切。「単位型」と「追加型」の説明が逆になっている。「投資信託が運用されている期間中いつでも購入できる投資信託」を「追加型」、「当初募集期間にのみ購入できる投資信託」を「単位型」という。

4．適切。運用の目標基準、あるいはパフォーマンス（運用実績）の評価基準となるものをベンチマークという。多くの投資信託では、所定の市場指数（インデックス）をベンチマークとして定めている。このベンチマークに連動する運用成果を目指して運用される投資信託を、パッシブ型投資信託という。一方、銘柄選択や売買のタイミングなどを上手に行うことによってベンチマークを上回る運用成果を目指して運用される投資信託は、アクティブ型投資信託という。

問題 23　正解　2　難易度 A

2．が最も適切である。

（ア）所有期間利回りの計算式は次のとおり。

$$所有期間利回り（\%）= \frac{表面利率 + \dfrac{売却価格 - 購入価格}{所有期間}}{購入価格} \times 100$$

設問の場合、表面利率：1.00％、売却価格：101円、購入価格：102円、所有期間：２年なので、所有期間利回りは次のとおり0.49％となる。

$$所有期間利回り（\%）= \frac{1.00 + \dfrac{101 - 102}{2}}{102} \times 100 = 0.490\cdots \fallingdotseq 0.49（\%）$$

（イ）最終利回りの計算式は次のとおり。

$$最終利回り（\%）= \frac{表面利率 + \dfrac{額面金額 - 購入価格}{残存期間}}{購入価格} \times 100$$

設問の場合、償還までの残存期間が５年の債券を、額面100円当たり102円で購入した場合の最終利回りとなるので、表面利率：1.00％、額面金額：100円、購入価格：102円、残存期間：５年となり、最終利回りは次のとおり0.59％となる。

$$最終利回り（\%）= \frac{1.00 + \dfrac{100 - 102}{5}}{102} \times 100 = 0.588\cdots \fallingdotseq 0.59（\%）$$

したがって、所有期間利回り（0.49％）のほうが、最終利回り（0.59％）よりも低い。

問題 24　正解　2　難易度 B

1．適切。イールドカーブに関する基本的な説明である。

2．不適切。一般的には、期間が長くなるほど金利（＝債券の利回り）は高くなるため、イールドカーブは通常は右上がり（順イールド）の形状になる。このイールドカーブの傾きがさらに急になること（＝長短金利差が拡大すること）をスティープ化といい、イールドカーブの傾きが緩やかになること（＝長短金利差が縮小すること）をフラット化という。

好況時に中央銀行が金融引締めを行うと、金融政策との連動性が高い短期金利は上昇するが、短期金利ほど長期金利は上昇しないため、イールドカーブはフラット化する。一方、不況時に中央銀行が金融緩和を行うと短期金利は低下するが、短期金利ほど長期金利が低下しないため、イールドカーブはスティープ化する。

3．適切。将来の景気拡大が予想されると、通常は長期金利が先に上昇するため、イールドカーブはスティープ化し、将来の景気後退が予想されると、通常は長期金利が先に低下するため、イールドカーブはフラット化する傾向がある。

4．適切。イールドカーブの形状は、通常は、右上がりの順イールドである。しかし、中央銀行が急激な金融引締めを行うと、短期金利が急激に上昇する一方で、長期金利は金融引締めによる将来の景気後退を織り込んで短期金利ほど上昇せず、長期金利のほうが短期金利より低い逆イールド(右下がりの曲線＝長短金利の逆転)の形状になることがある。

問題 25　正解　2　難易度 B

1．不適切。金融商品取引法では、信用取引を行う際の委託保証金の額は30万円以上、かつ、約定代金に対する委託保証金の割合は100分の30以上（30％以上）でなければならないと規定されている。

2．適切。信用取引で、証券会社に当初差し入れた委託保証金から相場変動による損失額等を差し引いた額が証券会社が定める最低委託保証金維持率を下回った場合、追加で保証金を差し入れるなどの方法により、委託保証金の不足を解消する必要がある。

3．不適切。信用取引とは、株式の買付代金や売る株式を証券会社から借りて行う取引であり、現物株式を所有していなくても、その株式を証券会社から借りて「売り」から取引を開始することができる。

4．不適切。信用取引には制度信用取引と一般信用取引の２種類があり、投資家は信用取引による売買を委託する際に、いずれかを選択しなければならない。制度信用取引は証券取引所の規則に基づいて行われる取引であり、弁済（決済）までの期限や品貸料、さらに対象となる銘柄も証券取引所が定めている。これらを各証券会社が任意に決めることができるのが、一般信用取引である。

制度信用取引と一般信用取引とでは取引ルールが異なるため、途中で一般信用取引から制度信用取引へ、あるいは制度信用取引から一般信用取引へ変更することはできない。

問題 26　正解　2　難易度 A

1．適切。PER（株価収益率）＝株価÷１株当たり当期純利益

　１株当たり当期純利益＝当期純利益÷発行済株式数＝12億円÷600万株＝200円

　∴PER（倍）＝2,500円÷200円＝12.5（倍）

2．不適切。PBR（株価純資産倍率）＝株価÷１株当たり純資産

　１株当たり純資産＝自己資本÷発行済株式数＝300億円÷600万株＝5,000円

　∴PBR（倍）＝2,500円÷5,000円＝0.5（倍）

3．適切。配当利回り（％）＝１株当たり配当金÷株価×100

　１株当たり配当金＝配当金総額÷発行済株式数＝４億5,000万円÷600万株＝75円

　∴配当利回り（％）＝75円÷2,500円×100＝3.0（％）

4．適切。ROE（自己資本当期純利益率）＝当期純利益÷自己資本×100

　∴ROE（％）＝12億円÷300億円×100＝4.0（％）

問題 27　正解　3　難易度 B

1．適切。現在保有している現物資産が将来値下がりすることに備えるためには、先物取引で売建てを行えばよい（売りヘッジ）。売り建てた場合、価格が安くなればなるほど利益が大きくなるので、現物資産の値下がりによって生じる評価損を、先物取引の利益で相殺または軽減することができる。

2．適切。将来保有しようとする現物資産が将来値上がりすることに備えるためには、先物取引で買建てを行えばよい（買いヘッジ）。買い建てた場合、価格が高くなればなるほど利益が大きくなるので、現物資産の取得前の値上がりによる機会損失を、先物取引の利益で相殺または軽減することができる。

3．不適切。プット・オプションとは、取引の対象となっている資産を、あらかじめ決められた価格（＝権利行使価格、ストライクプライス）で売れる権利の取引である。

　プット・オプションの買い手は、オプションの対象となっている資産の価格が下落すればするほど、安い価格のものを高い権利行使価格で売れるので、大きな利益が得られる。逆に、プット・オプションの売り手は、利益は買い手から受け取ったプレミアム（オプション料）に限定され、オプションの対象となっている資産の価格が下落すればするほど、安い価格のものを高い権利行使価格でオプションの買い手から購入しなければいけなくなり、大きな損失を被る。

　現在保有している現物資産が将来値下がりすることに備えるためには、プット・オプションを売るのではなく、買う必要がある。

4．適切。コール・オプションとは、取引の対象となっている資産を、あらかじめ決

められた価格（＝権利行使価格、ストライクプライス）で買える権利の取引である。将来保有しようとする現物資産が将来値上がりすることに備えるためには、コール・オプションを購入すればよい。

コール・オプションの買い手は、オプションの対象となっている資産の価格が上昇すればするほど、高い価格のものを安い権利行使価格で買えるので、大きな利益が得られる。逆に、コール・オプションの売り手は、利益は買い手から受け取ったプレミアム（オプション料）に限定され、オプションの対象となっている資産の価格が上昇すればするほど、高い価格のものを安い権利行使価格でオプションの買い手に売ってあげなければいけなくなり、大きな損失を被る。

問題 28 正解　3　難易度 A

3．が最も適切である。

ファンドの運用パフォーマンスを評価する場合は、リターンだけではなく、リスクも考慮に入れたリスク調整後リターンを用いるのが一般的であり、代表的なリスク調整後リターンとして、シャープレシオがある。計算式は次のとおり。

$$\text{シャープレシオ} = \frac{(\text{ファンドの収益率}) - (\text{無リスク資産の金利})}{(\text{ファンドの標準偏差})}$$

式の分子は安全な資産（無リスク資産）で運用した場合と比べたファンドの超過収益率を示し、分母はリスクの大きさを示している。数値が大きいほうが、とったリスクに比べてリターンが優れていたことになり、効率よく運用されていたと評価される。

（ア）ファンドAのシャープレシオ＝$\frac{4.2\% - 1.0\%}{4.0\%} = 0.80$

（イ）ファンドBのシャープレシオ＝$\frac{8.8\% - 1.0\%}{12.0\%} = 0.65$

（ウ）ファンドAのシャープレシオのほうがファンドBより大きいので、ファンドAのほうが効率的な運用であったと判断される。

問題 29 正解　4　難易度 B

NISAについては、2023年度税制改正により、2024年１月から新制度（新NISA）に移行したが、本問は2022年９月の出題であり、2022年４月１日現在施行の法令等に基づいて解答するものとされているため、以下の解説も2022年４月１日現在の法令に基づいて行う。

1．不適切。一般NISA口座に受け入れることができるのは、新規で投資した商品に限られ、特定口座や一般口座で保有している株式や株式投資信託等をNISA口座に移管することはできない。なお、一般NISA口座では投資をした年の１月１日から起算して５年以内の配当金や分配金、譲渡益が非課税となる。

2．不適切。一般NISA口座内の譲渡損失は、所得税および住民税の計算上ないものと見なされる。このため、その譲渡損失を、一般NISA口座以外の課税口座（特定口座や一般口座）で受け取った配当金、分配金、譲渡益等と通算することはできない。損失の繰越控除もできない。

3．不適切。一般NISA口座内の譲渡損失は、所得税および住民税の計算上ないものと見なされるので、他の配当所得や譲渡所得等と損益を通算することはできない。

なお、一般NISA口座で上場株式の配当金を非課税で受け取るためには、証券会社の取引口座で配当金を受け取る「株式数比例配分方式」を選択する必要がある。これ以外の配当金の受取方法（配当金領収証方式、個別銘柄指定方式、登録配当金受領口座方式）では、非課税扱いとならず、課税扱いとなる（この場合でも譲渡益は非課税扱い）。

4．適切。一般NISA口座で、新規で投資する場合の非課税枠は年間120万円までだが、非課税期間終了時に翌年の非課税管理勘定に移す（ロールオーバーする）場合は、時価が120万円を超えていても、その全額を移すことができた。なお、2024年１月からスタートした新NISA制度では、2023年までに投資した商品は、2024年以降の新NISAの外枠となり、現行の一般NISAから新NISAへのロールオーバーはできない（2023年以降に非課税期間が終了したものは、新NISAへのロールオーバーはできない）。

問題 30　正解　1　難易度 B

1．適切。円建ての仕組預金も、預金保険制度による保護の対象となっている。ただし、仕組預金の利息等については、預入時における通常の円定期預金（仕組預金と同一の期間および金額）の店頭表示金利までが保護の対象となり、それを超える部分は保護の対象外となる。

2．不適切。ゆうちょ銀行の預金保険制度による保護の対象は、他の金融機関と同じで、元本1,000万円までとその利息等である。なお、ゆうちょ銀行の預入限度額は、通常貯金（通常貯蓄貯金を含む）と定期性貯金（定額貯金と定期貯金）について、それぞれ1,300万円、計2,600万円となっている（別枠で財形貯金が550万円まで可能）。したがって、通常貯金に1,300万円まで預入れ可能だが、預金保険制度による保護は、元本1,000万円までとその利息となる。

3．不適切。金融機関同士が合併した場合、合併存続金融機関において、預金保険制度による保護の対象となる預金の額は、合併後１年間に限り、全額保護される決済用預金を除き、預金者1人当たり元本「1,000万円×合併にかかわった金融機関の数」までとその利息等とする特例が適用される。例えば、2行合併の場合は、元本2,000万円までとその利息等となる。

4．不適切。日本投資者保護基金は、証券会社を会員とする基金であり、銀行は加入していない。このため、銀行で購入した投資信託は、日本投資者保護基金による補償対象にはならない。ただし、投資信託では投資家の財産は保全される仕組みが整っている。

問題 31 正解 3 難易度 B

1．適切。不動産所得の金額は、原則として、「不動産所得に係る総収入金額－必要経費」の算式により計算される。

2．適切。賃貸の用に供している土地の所有者が、当該土地を取得した際に支出した仲介手数料は、当該土地の取得価額に算入されるため、その支払った年分の不動産所得の金額の計算上、必要経費に算入することはできない。一方、建物の購入に係る部分の金額は、その建物の取得価額に算入されるため、減価償却の仕組みを通じて、必要経費に算入されることとなる。

3．不適切。個人による不動産の貸付けが事業的規模である場合であっても、その賃貸収入による所得は、事業所得に該当せず、不動産所得に該当する。

4．適切。立退料は資産の消滅の対価補償としての性格のものは譲渡所得に該当し、収入金額または必要経費の補填としての性格のものは事業所得等に該当する。一方、上記に該当しないものは一時所得に該当する。

問題 32 正解 2 難易度 A

1．不適切。納税者が本特例の適用を受けるためには、譲渡した居住用財産の所有期間が、譲渡した日の属する年の1月1日時点で5年を超えていれば適用となる。

2．適切。本特例の適用を受けるためには、買換資産を取得した日の属する年の12月31日時点において、買換資産に係る住宅借入金等の金額を有していなければならない。

3．不適切。本特例のうち納税者のその年分の合計所得金額が3,000万円以下でなければならないと適用を受けることができないのは、損益通算ではなく、繰越控除である。

4．不適切。本特例の適用を受けていても、買換資産に係る住宅借入金等の金額を有していれば、住宅借入金等特別控除の適用を受けることはできる。

問題 33　正解　2　難易度 A

1．適切。所得税法上の障害者に該当する納税者は、その年分の合計所得金額の多寡にかかわらず、障害者控除の適用を受けることができる。

2．不適切。基礎控除は、納税者本人の合計所得金額が2,400万円を超えると徐々に逓減され、2,500万円を超えると適用を受けることができなくなる。

3．適切。納税者は、その年分の合計所得金額が500万円を超える場合、ひとり親控除の適用を受けることができない。

4．適切。納税者は、その年分の合計所得金額が1,000万円を超える場合、配偶者の合計所得金額の多寡にかかわらず、配偶者控除、配偶者特別控除のいずれの適用も受けることができない。

問題 34　正解　2　難易度 A

1．不適切。住宅ローン控除の対象となる家屋は、床面積の２分の１以上を専ら自己の居住の用に供していれば対象となる。

2．適切。2022年以降に契約、居住開始の住宅を新築した場合の住宅ローン控除の控除額の計算上、借入金等の年末残高に乗じる控除率は0.7%である。

3．不適切。2022年以降に契約、居住開始の住宅ローン控除の適用を受けようとする場合、納税者のその年分の合計所得金額は3,000万円以下ではなく、2,000万円以下であれば適用される。

4．不適切。住宅ローン控除の適用を受けていた者が、転勤等のやむを得ない事由により転居したため、取得した住宅を居住の用に供しなくなった場合、翌年以降に再び当該住宅をその者の居住の用に供したときには、再び居住の用に供した年以後の各年について、住宅ローン控除の再適用を受けることができる。ただし、再び居住の用に供した日の属する年にその家屋を賃貸の用に供していた場合には、その年の翌年以後に住宅ローン控除が再適用となる。

問題 35　正解　4　難易度 A

1．適切。給与所得者が、医療費控除の適用を受けることにより、給与から源泉徴収された税金の還付を受けようとする場合、納税地の所轄税務署長に確定申告書を提出する必要がある。

2．適切。年間の給与収入の金額が2,000万円を超える給与所得者は、年末調整の対象とならない。

3．適切。確定申告書を提出した納税者が、法定申告期限後に計算の誤りにより所得税を過大に申告していたことに気づいた場合、原則として、法定申告期限から５

年以内に限り、更正の請求をすることができる。

4．不適切。納税者が確定申告に係る所得税について延納の適用を受けようとする場合、納期限までに納付すべき所得税額は3分の1相当額以上ではなく、2分の1相当額以上である。

問題 36 正解 2 難易度 B

1．不適切。法人の納税地は内国法人の場合、その法人の本店または主たる事務所の所在地であり、内国法人以外の法人で国内に事務所等を有する法人の場合、その事務所等の所在地である。

2．適切。法人税の各事業年度の所得の金額は、その事業年度の益金の額からその事業年度の損金の額を控除した金額である。

3．不適切。期末資本金の額等が1億円以下の一定の中小法人に対する法人税の税率は、所得金額のうち年800万円以下の部分について軽減税率が適用される。

4．不適切。法人税の確定申告書は、原則として、各事業年度終了の日の翌日から2ヵ月以内に、納税地の所轄税務署長に提出しなければならない。

問題 37 正解 3 難易度 C

1．不適切。法人が特定公益増進法人に支払った寄附金は、一般の寄附金とは別枠で損金の額に算入されるものの、その額は損金算入限度額の算式にあてはめて求めるため、全額を損金に算入することはできない。

2．不適切。法人がその全額を損金の額に算入することができるのは法人事業税、印紙税、固定資産税、自動車税などである。一方、法人税および法人住民税を納付した場合には損金不算入となる。

3．適切。法人が減価償却費として損金経理した金額のうち、償却限度額に達するまでの金額は、その全額を損金の額に算入することができる。

4．不適切。期末資本金の額等が1億円以下の一定の中小法人が支出した交際費等のうち、損金の額に算入することができるのは、年1,000万円までではなく、年800万円までの金額である。

問題 38 正解 1 難易度 B

1．適切。消費税の課税期間に係る基準期間は、個人事業者についてはその年の前々年、法人においてはその前々事業年度である。

2．不適切。住宅の貸付は消費税の非課税取引であり、ここでいう住宅とは人の居住の用に供する家屋または家屋のうち人の居住の用に供する部分をいい、一戸建ての住宅のほかマンション、アパート、社宅、寮等を含む。ただし、その貸付期間が1ヵ月に満たない場合は非課税取引から除かれる。

3．不適切。消費税の課税事業者である個人が、消費税の確定申告書を納税地の所轄税務署長に提出しなければならないのは、原則として、その年の翌年3月15日まではなく、その年の翌年3月31日までである。

4．不適切。簡易課税制度の適用を受けることができるのは、消費税の課税期間に係る基準期間における課税売上高が1億円以下の事業者ではなく、基準期間における課税売上高が5,000万円以下の事業者である。

問題 39　正解　3　難易度 B

1．適切。会社が株主総会の決議を経て役員に対して退職金を支給した場合、その退職金の額は、不相当に高額な部分の金額など一定のものを除き、その会社の所得金額の計算上、損金の額に算入することができる。

2．適切。会社が役員の所有する土地を時価未満の価額で譲り受けた場合、時価と譲受対価の差額相当額は、その会社の所得金額の計算上、益金の額に算入される。

3．不適切。役員が会社へ無利息で金銭の貸付けを行った場合、原則として、通常収受すべき利息に相当する金額について役員に課税されることはない。一方、会社が役員に無利息または低い利息で金銭を貸し付けた場合には、貸付けを行った日の属する年に応じて適正な利率を課していないと給与所得として課税される。

4．適切。役員が会社の所有する社宅に無償で居住している場合、原則として、通常の賃料相当額が、その役員の給与所得の収入金額に算入される。

問題 40　正解　1　難易度 A

1．適切。損益計算書の売上総利益の額は、売上高の額から売上原価の額を差し引いた額である。

2．不適切。損益計算書の営業利益の額は、売上総利益の額から販売費及び一般管理費の額を差し引いた額である。一方、経常利益の額は営業利益の額に営業外収益を加算し、営業外費用を減算して求める。

3．不適切。損益計算書の税引前当期純利益の額は、営業利益の額から特別損益の額を加算・減算して求めるのではなく、経常利益の額から特別損益の額を加算・減算した額である。

4．不適切。貸借対照表の資産の部の合計額と一致するのは負債の部の合計額ではなく、負債の部・純資産の部の合計額である。

問題 41　正解　4　難易度 A

1．適切。二重に売買契約がなされた場合、譲受人相互間の優劣は、売買契約締結の先後ではなく、所有権移転登記具備の先後によって判断される。
2．適切。不動産に抵当権設定登記をした場合、債権額や抵当権者の氏名または名称などが記録されるのは権利部乙区である。
3．適切。公図は、登記所に備えつけられており、一般に、対象とする土地の位置関係等を確認する資料として利用されている。しかし、明治時代に作成された地図をもとにしているため、正確性に欠ける。現在、地籍調査を基に作られ、正確性を有する14条地図への入れ替えが順次進んでいる。
4．不適切。だれでも、登記官に対し、手数料を納付して、登記事項証明書の交付を請求することができる。

問題 42　正解　1　難易度 A

1．不適切。鑑定評価に当たっては、鑑定評価の手法を当該案件に即して適切に適用すべきであり、この場合、地域分析及び個別分析により把握した対象不動産に係る市場の特性等を適切に反映した複数の鑑定評価の手法を適用することとされている。
2．適切。最有効使用の原則は、不動産の価格がその不動産の効用が最高度に発揮される可能性に最も富む使用（最有効使用）を前提として把握される価格を標準として形成される、とする原則である。この場合の最有効使用は、現実の社会経済情勢の下で、客観的にみて、良識と通常の使用能力を持つ人による合理的かつ合法的な最高最善の使用方法に基づくものである。
3．適切。原価法は、価格時点における対象不動産の再調達原価を求め、この再調達原価について減価修正を行って対象不動産の価格を求める手法である。
4．適切。収益還元法は、対象不動産が将来生み出すであろうと期待される純収益の現在価値の総和を求めることにより対象不動産の価格を求める手法である。不動産の価格は、一般に当該不動産の収益性を反映して形成されるものであり、収益は不動産の経済価値の本質を形成するものである。したがって、収益還元法は、自用の不動産といえども賃貸を想定することにより適用されるものである。

問題 43　正解　4　難易度 B

1．適切。履行不能の場合には、履行できる可能性は皆無で催告しても意味がないので、買主は履行の催告をすることなく、直ちに契約の解除をすることができる。
2．適切。売買の目的物において、種類または品質に関して契約内容との不適合があった場合、買主はその不適合を知った時から１年以内にその旨を売主に通知しなければ、その不適合を理由として契約の解除をすることができない。しかし、売主が引渡しの時にその不適合を知っていたなど悪意・重過失の場合は１年以内の通知がなくても解除することができる。

3．適切。買主が売主に解約手付を交付した場合でも、その後買主が売買代金を支払った場合、売主は受領した代金を返還し、かつ、手付金の倍額を返還したとしても契約の解除をすることはできない。

4．不適切。改正民法では、目的物の引渡し前の危険負担は、債務者である売主が負うことになり、買主は売買代金の支払いを拒むことができるようになった。

問題 44　正解　4　難易度 A

1．不適切。普通借家契約では、当事者が存続期間を定めた場合には、原則としてその合意に従うが、期間を１年未満とする建物の賃貸借は、期間の定めがない建物の賃貸借とみなされる。

2．不適切。賃貸人が普通借家契約を更新しない旨の通知を行う場合には、正当の事由が必要であるが、賃借人の場合は必要がない。正当な事由とは、次のようなことをいう。

①賃貸人および賃借人が借地・建物の使用を必要とする事情
②借地・建物の賃貸借に関する従前の経過
③借地・建物の利用状況、建物の現況
④賃貸人が明渡しの条件としてまたは明渡しと引換えに賃借人に対して財産上の給付（立退料）をする旨の申出をした場合には、その申出

3．不適切。定期借家契約を結ぶことのできる建物は、住宅だけではなく、オフィスビルの一室、自営のための店舗でもよく、事業用の建物の場合も定期借家契約を結ぶことができる。

4．適切。普通借家の場合と異なり、定期借家の場合、賃料増減請求権を排除することが可能であり、経済事情の変動があっても賃料を増減額しないこととする特約をした場合、その特約は有効である。

問題 45　正解　3　難易度 B

1．不適切。都市計画区域においては、市街化区域と市街化調整区域との区分（以下「区域区分」という）を定めることができるが、すべての都市計画区域において区域区分を定めなければならないわけではない。ただし、政令指定都市等においては区域区分を定めなければならない。

2．不適切。開発行為とは、主として、（1）建築物の建築、（2）第1種特定工作物（コンクリートプラント等）の建設、（3）第2種特定工作物（ゴルフコース、1ha以上の墓園等）の建設を目的とした「土地の区画形質の変更」をいう。「土地の区画形質の変更」とは、道路・水路等による区画の変更、または切土、盛土等による土地の形質の変更などをいう。分筆そのものはこれらに当たらず、開発行為には該当しない。

3．適切。市街地再開発事業、土地区画整理事業、都市計画事業、防災街区整備事業などのほか、非常災害のための応急措置として行う開発行為は、規制対象外の開発行為で、都道府県知事等の許可を必要としない。

4．不適切。市街化調整区域内において、農業を営む者の居住の用に供する建築物の建築の用に供する目的で行う開発行為は、都道府県知事等の許可が不要である。

問題 46　正解　1　難易度 A

1．不適切。日影規制は、原則として、商業地域、工業地域、工業専用地域を除く用途地域における建築物に適用される。準工業地域には適用される。

2．適切。北側斜線制限（北側高さ制限）は、第一種・第二種低層住居専用地域、田園住居地域および第一種・第二種中高層住居専用地域に限って適用される。商業地域には適用されない。

<参考：建築物の各部分の高さの制限～3種の斜線制限>

①道路斜線制限	建物の各部分の高さは、その部分から前面道路の反対側の境界線までの水平距離に1.5（用途地域が住居系の場合は1.25）を乗じた数値以下でなければならない。
②隣地斜線制限	隣地の日当たりおよび風通しを維持することを目的としたもので、隣地の境界線を起点として「高さ」と「斜線の勾配（角度）」によって規制される。第一種・第二種低層住居専用地域および田園住居地域では適用はない。
③北側斜線制限	南側に高い建物を建てられると、北側の家は日照を妨げられることとなるので、日照が重要視される第一種・第二種低層住居専用地域、第一種・第二種中高層住居専用地域および田園住居地域に限って、この制限規定が設けられている。北側隣地境界線を起点として「高さ」と「斜線の勾配（角度）」によって規制される。

3．適切。建築物の敷地が異なる2つの用途地域にわたる場合の建築物の用途は、その建築物の全部について、敷地の過半の属する用途地域の建築物の用途に関する規定が適用される。

4．適切。敷地の前面道路の幅員が12m未満である建築物の容積率は、原則として、

「都市計画で定められた容積率」と「前面道路の幅員により定まる容積率」（当該道路幅員（m）×６／10（住居系用途地域内では４／10））とのいずれか低い方が上限となる。

問題 47 正解 2 難易度 A

1．適切。区分所有者は、全員で、建物ならびにその敷地および附属施設の管理を行うための団体（管理組合）を構成し、集会を開き、規約を定め、および管理者を置くことができるとされている。

2．不適切。区分所有建物のうち、構造上の独立性と利用上の独立性を備えた部分は、区分所有権の目的となる専有部分の対象となるが、規約により共用部分とすることができる。ただしこの場合には、その旨の登記をしなければ、これをもって第三者に対抗することができない。

3．適切。マンションなどの共有部分に対する各区分所有者の共有持分は、原則として各共有者が有する専有部分の床面積の割合によるが、規約で別段の定めをすることはできる。

4．適切。規約の設定、変更または廃止は、区分所有者および議決権の各４分の３以上の多数による集会の決議によってすることができるが、この場合において、規約の設定、変更または廃止が一部の区分所有者の権利に特別の影響を及ぼすべきときは、その承諾を得なければならない。

問題 48 正解 3 難易度 A

1．不適切。土地および家屋の固定資産税は、毎年１月１日における土地および家屋の所有者に対して課される。納税義務者は、年の中途にその対象となる固定資産を売却した場合であっても、その年度分の固定資産税の全額を納付する義務がある。

2．不適切。地方税法において、固定資産税における小規模住宅用地（住宅用地で住宅１戸当たり200㎡以下の部分）の課税標準については、課税標準となるべき価格の６分の１の額とする特例がある。400㎡以下ではない。

3．適切。土地および家屋の都市計画税は制限税率が0.3％とされており、各市町村は条例によってこれを超える税率を定めることができない。

4．不適切。都市計画税は、都市計画区域のうち、原則として市街化区域内に所在する土地または家屋の所有者に対して課される。市街化調整区域および非線引きの区域内ではない。

問題 49 正解 1 難易度 A

1．不適切。土地の譲渡所得の金額の計算上、取得費が不明な場合には、譲渡収入金額の５％相当額を取得費とすることができる。10％ではない。

2．適切。土地建物等の譲渡に係る所得については、その土地建物等を譲渡した日の属する年の１月１日現在で、所有期間が５年以下の場合には短期譲渡所得、５年を超える場合には長期譲渡所得に区分され、適用される税率が異なっている。それぞれの税率は次のとおり。

	課税譲渡所得金額	所得税	住民税
短期譲渡	—	30％ （30.63％）	９％
長期譲渡	—	15％ （15.315％）	５％
10年超所有の 居住用財産の譲渡 （軽減税率）	6,000万円以下の部分 6,000万円超の部分	10％（10.21％） 15％（15.315％）	４％ ５％

（注）カッコ内は、復興特別所得税（基準所得税額×2.1％）を加算した税率

3．適切。長期譲渡所得に区分される場合、課税長期譲渡所得に対し、所得税15％（復興特別所得税を加えると15.315％）・住民税５％（計20.315％）の税率が適用される。

4．適切。土地を譲渡する際に不動産業者に支払った仲介手数料は、譲渡所得の金額の計算上、その土地の譲渡費用に含まれる。

問題 50 正解 2 難易度 A

1．適切。建設協力金方式は、土地所有者が建設する建物を借り受ける予定のテナント等から、建設資金の全部または一部を建設協力金として借り受けて建物を建設する方式である。テナントからの賃貸料で借入金を返済するため、自己資金が少なくても賃貸事業を行うことができる。

2．不適切。定期借地権方式は、土地に定期借地権を設定して借地人に賃貸し、資金調達および事業については借地人が行う方式で、土地を一定期間貸し付けることによる地代収入を得ることができるが、借地期間中の当該土地上の建物の所有名義は借地人となる。

3．適切。事業受託方式は、土地所有者の依頼を受けたデベロッパー等が、建物・施設などのプランニング、事業収支計画、施工、入居者募集、完成後の管理運営などの業務を総合的に引き受ける方式であるが、建設資金の調達や返済は土地所有

者が行う。

4．適切。等価交換方式における全部譲渡方式は、土地所有者がいったん土地の全部をデベロッパーに譲渡し、その対価としてその土地上にデベロッパーが建設した建物およびその土地の一部を譲り受ける方式である。

問題 51　正解　1　難易度 C

1．適切。記述のとおり。

2．不適切。書面によらない贈与は、各当事者が解除をすることができる。ただし、履行の終わった部分については、解除することはできない。

3．不適切。相続税法上、書面によらない贈与における財産の取得時期は、原則として、その履行の終了の時点が財産の取得時点とされる。

4．不適切。債務免除等による利益を受けた場合であっても、債務者が資力を喪失して債務を弁済することが困難である場合において、債務の免除を受けたまたは債務者の扶養義務者に債務の引受けまたは弁済をしてもらったときは、その債務の弁済をすることが困難である部分の金額については、贈与により取得したものとはみなされず、贈与税の課税対象にはならない。

問題 52　正解　2　難易度 B

1．不適切。本肢の場合、子が受け取った死亡保険金は、みなし相続財産として相続税の課税対象となる。

2．適切。記述のとおり。

3．不適切。個人から著しく低い価額の対価で財産を譲り受けた場合、その財産の時価と支払った対価との差額に相当する金額が、財産を譲渡した人から贈与により取得したものとみなされる。なお、時価とは、その財産が土地や借地権などである場合および家屋や構築物などである場合には通常の取引価額に相当する金額を、それら以外の財産である場合には相続税評価額をいう。本肢の場合、土地を譲り受けたとあるにもかかわらず、「相続税評価額」とあるので不適切である。

4．不適切。離婚による財産分により財産を取得した場合、社会通念上相当な額の範囲内であれば、贈与税はかからない。

問題 53　正解　1　難易度 B

1．適切。記述のとおり。遺産の分割の基準である。

2．不適切。遺産の分割について、共同相続人間で協議が調わないとき、または協議をすることができないときは、各共同相続人は、その全部または一部の分割を家庭裁判所に請求することができる。公証人ではない。

3．不適切。被相続人は、遺言で、相続開始の時から５年を超えない期間を定めて、遺産の分割を禁ずることができる。

4．不適切。相続財産である不動産を、共同相続人間で遺産分割するために譲渡して換価した場合、その譲渡による所得は、譲渡所得として所得税と住民税の課税対象となる。

問題 54　正解　4　難易度 B

1．できない。墓碑や墓地の購入未払金は債務控除できない。

2．できない。遺言執行費用は債務控除できない。

3．できない。初七日法要、四十九日法要などの法会費用は債務控除できない。

4．できる。被相続人に係る所得税、住民税、固定資産税等の被相続人の死亡の際に納税義務が確定しているものについては、債務控除できる。

問題 55　正解　1　難易度 B

あてはまる語句を適切に入れると以下のようになる。

・相続税法では、財産評価の原則として、特別の定めのあるものを除き、相続、遺贈または贈与により取得した財産の価額は、当該財産の取得の時における時価によるとされている。また、「特別の定めのあるもの」として、地上権および永小作権、（ア：配偶者居住権等）、給付事由が発生している（イ：定期金）に関する権利、給付事由が発生していない（イ：定期金）に関する権利、立木の評価方法を規定している。

・財産評価基本通達では、「時価」とは、課税時期において、それぞれの財産の現況に応じ、（ウ：不特定多数の当事者間で自由な）取引が行われる場合に通常成立すると認められる価額をいい、その価額は、この通達の定めによって評価した価額によるとされている。

問題 56　正解　4　難易度 B

1．不適切。小会社の評価方法は、原則として１株当たりの純資産価額で評価し、「類似業種比準価額×0.5＋１株当たりの純資産価額×0.5」による方式の併用方式によって評価することもできる。

2．不適切。中会社の評価は、中会社の規模に応じたＬの割合（類似業種比準価額に乗じる割合：0.90、0.75、0.60）を用いた類似業種比準方式と純資産価額方式の併用方式か、純資産価額方式の低い方で評価する。

3．不適切。土地保有特定会社は、純資産価額方式により評価する。

4．適切。記述のとおり。

問題 57　正解　3　難易度 B

1．適切。借地権が発生しているので、借地権として評価する。

2．適切。記述のとおり。

3．不適切。使用貸借による評価となるため、自用地として評価する。

4．適切。記述のとおり。

問題 58　正解　2　難易度 A

あてはまる語句を適切に入れると以下のようになる。

・宅地の相続税評価額の算定方法には、路線価方式や倍率方式がある。路線価方式とは、その宅地の面する路線に付された路線価を基とし、宅地の奥行距離や道路付けの状況等に応じた画地調整率により補正した後に、その宅地の面積を乗じて計算した金額によって評価する方式である。一方、倍率方式とは、宅地の固定資産税評価額に（ア：国税局長）が一定の地域ごとに定めた倍率を乗じて計算した金額によって評価する方式である。

・宅地の相続対策の１つとして、生前贈与が挙げられる。宅地の贈与を受けた場合、贈与税額の計算上、その宅地の価額は、原則として（イ：相続税評価額）によって評価する。ただし、負担付贈与により宅地を取得した場合、贈与税額の計算上、その宅地の価額は、（ウ：通常の取引価額）によって評価する。

問題 59　正解　3　難易度 B

1．適切。会社からの死亡退職金や弔慰金を相続税の納税資金に充てるために準備する方法である。

2．適切。記述のとおり。

3．不適切。経営者が死亡した場合に遺族が支給を受けた死亡退職金で、相続税額の計算上、退職手当金等の非課税限度額の適用対象となるものは、その死亡後３年以内に支給額が確定したものである。

4．適切。自社株の株価対策として、遺族に死亡退職金を支給することで、会社の純資産価額が減るため、相続税額の計算上、評価額を引き下げる効果が期待できる。

問題 60 正解 1 難易度 A

あてはまる語句を適切に入れると以下のようになる。

株式会社（内国法人である普通法人）を設立する場合、設立の登記をして初めて法人格を得ることができる。また、設立の日以降（ア：２）ヵ月以内に、定款等の写し等を添付した「法人設立届出書」を納税地の所轄税務署長に提出する必要があり、設立第１期目から青色申告の承認を受けようとする場合には、設立の日以降（イ：３）ヵ月を経過した日と設立第１期の事業年度終了の日とのうちいずれか（ウ：早い日）の前日までに、「青色申告の承認申請書」を納税地の所轄税務署長に提出する必要がある。

MEMO

書籍の正誤についてのお問い合わせ

内容について、万一誤りと思われる箇所がありましたら、以下の方法でご確認いただきますよう、お願い申し上げます。

なお、正誤のお問い合わせ以外の内容に関する解説・受検指導等は行っていません。そのようなお問い合わせにつきましては、お答え致しかねますので、ご了承ください。

❶ 正誤表の確認方法

当社ホームページのトップページから「正誤表」コーナーにアクセスいただき、正誤表をご確認ください。

https://www.kindai-sales.co.jp/

❷ 正誤のお問い合わせ方法

正誤表がない場合、あるいは正誤表があっても疑問の箇所が掲載されていない場合は、書名、発行年月日、お客様のお名前、ご連絡先を明記の上、下記のいずれかの方法でお問い合わせください。

なお、回答までに時間を要する場合もございますので、あらかじめご了承ください。

文書でのお問い合わせ	郵送先：〒165-0026　東京都中野区新井2-10-11 ヤシマ1804ビル4階 （株）近代セールス社 出版企画室 正誤問い合わせ係
FAXでのお問い合わせ	FAX番号：**03－6866－7593**
e-mailでのお問い合わせ	アドレス：book-k@kindai-sales.co.jp

＊お電話でのお問い合わせは、お受けできませんので、ご了承ください。

解説部分執筆協力者
（50音順、敬称略）

置鮎謙治
佐藤正明
田中卓也
深澤　泉
目黒政明
望月厚子
八ツ井慶子

2024年度版
ＦＰ技能検定２級過去問題集
＜学科試験＞

2024年５月10日　初版発行

編　者――ＦＰ技能検定試験研究会
発行者――楠　真一郎
発　行――株式会社　近代セールス社
〒165－0026 東京都中野区新井2－10－11 ヤシマ1804ビル４階
電話（03）6866－7586
FAX（03）6866－7596
https://www.kindai-sales.co.jp

DTP・印刷――株式会社　アド・ティーエフ
製本――株式会社　新寿堂

Kindai Sales-Sha Co., Ltd. ©2024
乱丁・落丁本はお取り替えいたします
ISBN 978－4－7650－2388－7